U0302277

英国学派的
国际社会理论

章前明　著

中国社会科学出版社

图书在版编目（CIP）数据

英国学派的国际社会理论／章前明著.—北京：中国社会科学出版社，2009.5
ISBN 978－7－5004－7450－0

Ⅰ.英… Ⅱ.章… Ⅲ.国际关系理论—研究—英国
Ⅳ.D80

中国版本图书馆 CIP 数据核字（2008）第 196124 号

责任编辑　冯　斌
特约编辑　郗艳菊
责任校对　肖　寒
封面设计　王　华
版式设计　戴　宽

出版发行	中国社会科学出版社		
社　　址	北京鼓楼西大街甲 158 号	邮　编	100720
电　　话	010—84029450（邮购）		
网　　址	http://www.csspw.cn		
经　　销	新华书店		
印　　刷	北京新魏印刷厂	装　订	广增装订厂
版　　次	2009 年 5 月第 1 版	印　次	2009 年 5 月第 1 次印刷
开　　本	880×1230　1/32		
印　　张	10.75	插　页	2
字　　数	280 千字		
定　　价	28.00 元		

凡购买中国社会科学出版社图书，如有质量问题请与本社发行部联系调换

南京大学"经济全球化与国际关系"创新基地课题成果
和浙江省哲学社会科学规划课题成果

目　　录

前　言

英国学派（The English School）是战后唯一在美国以外发展起来的研究纲领最为完整的一个国际关系理论学派。近十多年来，这个学派曾引起了国内外学术界广泛的研究兴趣，不仅因为这个理论重新发现了国际社会的规则和制度的重要性，为人们从国际社会而不是国际体系的视角去分析国际关系，提供了一个重要的理论框架，而且由于人们仍然可以从这个历经半个世纪而依然保持着重要生命力的理论中获得一些借鉴。然而，对于像英国学派这样一个学术特色鲜明、研究议题丰富的理论流派，与其对它的国际关系理论进行全面探讨，不如选择它的国际社会理论作为研究题目。这有两方面的理由。首先，国际社会是英国学派的核心概念，是形成国际关系研究中的英国学派的理论硬核，是区别于其他国际关系理论的根本标志。① 正是战后英国大批学者对国际社会这个核心概念的系统阐述，并以此为理论研究的中心问

---

① 理论硬核的提法是由秦亚青教授提出并阐述的。他认为，理论是知识系统，是概念、原理的体系，是系统化了的理性知识，理论的生成始于一个核心。系统的核心是系统形成过程中最早出现的部分，核心出现之后，经繁衍伸展，系统才会逐渐形成。系统的核心被称为理论的硬核，理论硬核的形成始于理论的核心问题。参见秦亚青：《国际关系理论的核心问题与中国学派的生成》，载《中国社会科学》，2005 年第 3 期。

题分析了它与国际体系和世界社会之间的关系，才最终形成了英国学派的国际关系理论。因此，搞清楚国际社会理论，无疑是准确把握英国学派理论的内涵和特点的关键。其次，近年来，在对英国学派理论的研究中，邓恩（Tim Dunne）、布赞（Barry Buzan）、林克莱特（Andrew Linklater）和苏格拉米（Hidemi Suganami）等人的著作，对英国学派理论某个方面进行的深入探讨而确立了它们的学术价值。他们的研究要么是对英国学派代表人物的思想作了较为系统的阐述，要么是系统阐述了世界社会概念，从而在发展英国学派的国际体系的社会理解方面为我们提供许多有益的东西。但他们的研究存在一个重大缺憾，就是缺乏对国际社会理论的系统研究，这是导致目前人们对英国学派理论缺乏准确理解的重要原因。

　　本书试图从历史和理论的角度全面系统地论述英国学派的国际社会理论，旨在揭示英国学派作为一种不同于美国主流学派的国际关系理论，它所具有的独特的研究方法、理论视野和伦理取向。笔者认为，研究英国学派的国际社会理论，厘清这个理论涉及的基本概念以及各种变量之间的逻辑关系是十分必要的，因为概念是理论研究的起点，理论意在解释和预测在一定领域的各种变量之间关系的一系列具有内在逻辑关系的命题，[1] 每种理论都按照不同的概念来划分和理解这个世界。但对国际社会理论的研究，如果仅仅凭借一些概念或术语来加以理解，那也是远远不够的，因为英国学派所说的国际社会是由国家之间的共同价值、共同规范和制度构成的，而这些价值、规范和制度是在一定的历史和文化背景下形成和发展起来的，它很大程度上是历史和文化的

---

　　① ［美］康威·汉得森：《国际关系：世纪之交的冲突与合作》，金帆译，海南出版社 2004 年版，第 28 页。

产物。因此对国际社会理论的研究，我们除了从理论角度探讨国际社会运行的普遍原则及其各种要素之间的联系外，还必须把国际社会置于它的历史发展和当代结构中去，详细考察国际社会从欧洲扩张到全球的历史演变过程，并对其规范和制度进行历史诠释。唯有如此，才能准确把握国际社会理论。基于此种考虑，本书的研究没有满足于对国际社会理论进行纯抽象的理论分析，而是结合国际社会的历史和国际关系思想史，注意史论结合，力求从理论和历史相结合的角度去阐述国际社会理论的本质和特点，避免空泛之论。

其次，对国际社会理论的研究，还必须把它放在西方国际关系理论的背景下加以考察。因为只有通过对国际社会理论与新现实主义、新自由制度主义和建构主义的比较研究，我们才能准确把握英国学派的学术价值以及它在西方国际关系理论中的学术地位。实际上，国际社会理论本身就是在批判现实主义和自由主义的过程中发展起来的，因而它不可避免地带有现实主义和自由主义理论的许多特点。而新现实主义也是在继承现实主义的一些核心概念的基础上，通过对它的"科学"改造而逐渐形成的；新自由制度主义则是在批判现实主义和新现实主义的过程中发展起来的。因此，英国学派与新现实主义和新自由制度主义有着这样或那样的联系也就不足为奇了。不过，英国学派与建构主义的联系，则是由于后者借鉴了英国学派的一些思想所致。正是由于国际社会理论与这些学派存在一些相似之处，才使有些学者错误地将英国学派与现实主义、新自由制度主义和建构主义混同起来（这至少是产生这种错误解读的一个重要原因）。这从另一个侧面说明了加强英国学派与西方主流学派之间关系研究的必要性。为此，本书研究不仅坚持从理论和历史的角度去系统阐述英国学派的国际社会理论，而且主张通过比较研究去发现和揭示英国学派的学术价值。

本书共七章。

第一章扼要概述了英国学派的历史演变、英国学派与国际社会的关系，学术界对英国学派的各种批评，以及 20 世纪 90 年代以来英国学派出现的三种最新发展趋势。

第二章探讨了格劳秀斯的理性主义思想，尤其是其核心国际社会思想的基本内容和哲学基础，并论述了格劳秀斯传统与英国学派的国际社会理论之间的关系，旨在从国际关系思想史的角度阐述英国学派既是对格劳秀斯主义的继承，也是对它的发展。

第三章从理论上论述了英国学派的方法论和本体论的特点，以及两者的内在联系，并分析了英国学派代表人物关于国际体系、国际社会和世界社会三个重要概念之间的联系和区别。

第四章从历史角度考察了国际社会从欧洲向全球扩张的演变过程，并详细阐述了基督教国际社会的对外扩张并逐渐走向瓦解的过程，欧洲国际社会的形成、特点和基本制度，以及欧洲国际社会向全球国际社会转变过程中发生的非西方对西方的"造反"及影响。

第五章阐述了英国学派所涉及的制度类型以及它们在国际社会中的地位和作用，并探讨了英国学派所涉及的规范概念的含义和特点，以及英国学派代表人物，尤其是布尔和文森特在秩序与正义、主权、人权与干涉的关系上的基本观点和存在的内在紧张。

第六章探讨了英国学派与美国主流理论存在的共同点和重大分歧，以及它们之间存在分歧的重要原因，指出英国学派虽然与新现实主义、新自由制度主义和建构主义存在一定的联系，但它并不属于上述的任何一个学派，而是一种独特的国际关系理论。

第七章结论部分阐述了英国学派国际社会理论的总体特征，

国际社会研究方法不同于主流理论的国际体系研究方法的内容和
特点，以及英国学派在方法论和本体上采取多元主义立场的优
点，同时揭示了国际社会理论存在的内在矛盾和理论缺失，以及
英国学派讨论的国际社会的实质。

第一章　英国学派理论概况

英国学派作为国际关系中的一个重要理论学派，今天在国际关系研究中的重要性已经为越来越多的人所承认。布尔（Hedley Bull）的代表作《无政府社会》，不仅被人们普遍地视为国际关系的经典著作，而且也被看成是英国学派的最权威著作。最重要的是，英国学派开始被视为一个重要的"非美国"的研究纲领，现在那些自认为并不属于英国学派的理论家们，对该学派的研究议程也越来越感兴趣，"怀特（Martin Wight）、布尔等人所使用的语言已经体现在其他国际关系研究方法之中。布尔的'新中世纪主义'比喻已经被许多研究欧洲一体化的理论家所采用，规范主义的思想家经常用'多元主义'和'社会连带主义'的分野来描述不同类型的共同体，'世界社会'的概念也已被达姆施塔特大学和法兰克福大学的研究小组加以发展了"。[①]

然而，从 20 世纪 50 年代末英国国际政治理论委员会（the British Committee on the Theory of International Politics）建立以来的三十多年时间里，这个学派并没有得到美国国际关系理论界的重视。出现这种情况，一方面是由于英国学派的方法处于现实主义

---

① Tim Dunne, "New Thinking on International Society", *British Journal of Politics and International Relations*, 3 (2), 2001, p. 224.

与自由主义之间，它体现了一种"英国方式"，不适合当时流行的美国研究方法。英国学派强调国际社会的方法既与政治现实主义学者摩根索（Hans Morgenthau）从追求权力和国家竞争性的角度研究国际关系的方法不同，也与新现实主义代表人物沃尔兹（Kenneth Waltz）集中研究竞争状态的国际体系下权力分配的影响的方法不同，同时与那些试图改革国家体系并使之道德化，甚至超越国家体系的理想主义者也有重大区别。他们的著作对马基雅维里和霍布斯而言，是太康德化了，对康德而言，是过于国家主义了。① 而且，英国学派注重历史和国际关系思想史，强调国家的多变性和非理性，反对行为主义方法和国家理性的假定，这与美国注重国际关系研究的科学化倾向格格不入。另一方面，在80年代，新现实主义和新自由制度主义在美国的支配地位导致他们不可能与国际社会概念进行有意义的对话，这是英国学派的著作不受美国国际关系理论界重视的更为深刻的原因。②

　　近十多年来，英国学派的著作在遭受长期忽视后重新引起了美国国际关系理论界的重视，它的国际社会概念尤其引起了建构主义学者们的浓厚兴趣。出现这种现象，部分是与20世纪90年代美国国际关系理论的第三次争论有关。80年代后期，新现实主义和新自由制度主义在共同的理性行为假设的基础上寻求某种综合，它们接受"理性主义"的研究纲领和一种关于科学的观念，都以无政府状态作为理论研究的出发点，研究合作的演变以及制度是否重要的问题。而那些受到法国后现代主义、德国诠释

① Stanley Hoffmann, "Foreword: Revisiting 'The Anarchical Society'", in Hedley Bull, *The Anarchical Society: A Study of Order in World Politics*, London: Macmillan Press LTD, 1995, pp. vii – viii.

② Kai Alderson and Andrew Hurrell, eds., *Hedley Bull on International Society*, London: Macmillan Press LTD, 2000, p. 20.

学和社会建构主义思想影响的"反思主义"（reflectivism）学派，则向当时占主流地位的新现实主义和新自由制度主义发起了猛烈进攻，它们强调阐释的重要性，强调行为体的反思是制度的核心，规范和机制不能进行实证研究，而必须被视为主体间现象，通过非实证的方法加以研究。经过理性主义和反思主义的争论，90 年代极端理性主义和极端反国际关系路线（解构主义学派）渐趋边缘化，国际关系主流理论逐渐向中间立场靠拢，趋向于更多的哲学和历史反思。这为英国学派强调折中的、综合的方法开辟了道路。因为英国注重传统的研究方法，它包括准哲学的和历史的反思。它也交叉地考察体系的内部制度，而且相对容易与后现代主义观念联系在一起。它强调国际体系的文化多样性，特别是它对思考国际体系的基本范畴有着强烈的兴趣，而不是把它们看作是机械的既定范畴。同时，英国学派的经典作品，特别是布尔的《无政府社会》用比较清晰和具有可操作性的概念对现实的国际体系作了简明扼要的讨论，因而美国主流学者可以利用布尔找到一条适中的、不太危险的方式来张扬其制度主义。于是，这股对英国学派的新热情就与反思主义学派和理性主义学派的接近联系在一起，与反思主义的反激进化和理性主义的再哲学化联系在一起。①

　　90 年代以来英国学派日益受到重视的另一个原因在于，冷战后全球化给世界带来的影响使得文化和认同重新回归国际关系，规范理论再度兴起，人们重新发现英国学派著作中的国际法和社会规范的重要性。一向重视文化与文明因素、注重伦理思考的英国学派，正好适应了这种形势。而英国学派和当今流行的建构主

---

　　①　Iver B. Neumann and Ole Waever, eds., *The Future of International Relations: Masters in the Making?* London and New York: Routledge, 1997, pp. 15 – 25.

义存在诸多相似之处，也扩大了英国学派理论的影响力。新自由制度主义和建构主义都开始探讨国际社会理论，力图从中发掘能够佐证自己理论的依据。一些学者认为英国学派与新现实主义和新自由制度主义有着密切联系，可以为英国学派与新现实主义和新自由制度主义的综合提供有力的支持。另外一些学者则把英国学派和建构主义联系起来，认为英国学派的概念与美国的建构主义基本一致，美国的建构主义重新使用了英国学派的概念和术语，① 因此要求这两种理论进行对话与结合。例如，邓恩认为英国学派是当代建构主义的先驱。许多建构主义的代表人物温特（Alexander Wendt）、约翰·鲁杰（John Ruggie）和芬尼莫尔（Martha Finnemore）也认为建构主义与英国学派是同一个谱系，建构主义受到了英国学派的重要影响。于是，英国学派的国际社会方法开始处于当代国际关系理论和实践争论的前沿。②

　　为了便于对国际社会理论的系统讨论，在进入主题之前有必要对英国学派的概况作一个简要分析。为此，本章准备首先概述一下英国学派的历史演变及其他对国际关系的学术贡献，然后分析英国学派近年来遭到的批评和挑战，最后对英国学派理论的最新发展趋势作一个简单的描述。

第一节　英国学派和国际社会

英国学派是战后在英国逐渐发展起来的、独立于美国主流理

---

① Ole Waever, "Four Meanings of International Society: A Trans-Atlantic Dialogue", in B. A. Roberson, ed., *International Society and the Development of International Relations Theory*, London and Washington: Pinter, 1998, pp. 92 – 93.

② Alex J. Bellamy, ed., *International Society and Its Critics*, Oxford: Oxford University Press, 2005, p. 6.

论的一个学术特色比较鲜明的国际关系理论流派。该学派作为一种有意识的学术活动，是从 20 世纪 50 年代末英国国际政治理论委员会成立开始的，后来该委员会成为英国学派的主要学术论坛和研究机构。1959 年，该委员会在巴特菲尔德（Herbert Butterfield）的主持下开始举行第一次正式会议，标志着英国学派的诞生。该委员会的成员不仅有来自不同学科领域的学者，而且也有来自外交领域的实践者。在此后的二十多年中，该委员会定期召开专题讨论会，对共同关心的问题进行专门的学术探讨。当时，美国国际关系学界正致力于把国际关系建设成为一门不同于法学和历史学的独立学科，他们注重国际关系理论和体系分析，主张用科学方法来研究国际关系。而英国式的研究思路与美国盛行的思路恰好相反，英国国际政治理论委员会从它成立起就非常重视人文社会科学各学科之间的沟通和交流，力图建立一种"探索国家体系的性质、外交的前提与观念、外交政策的原则、国际关系和战争的伦理"的国际政治理论，其研究更多地涉及"历史的而非当下的、规范的而非科学的、哲学的而非方法论的、原则的而非政策的"。① 这就是说，英国国际政治理论委员会在其起步阶段就建立了自己对经典著作和外交论文的标准，确立了研究的核心问题和一个共同议程。这种集体认同的观念在 60 年代中期由于大西洋两岸意识的差异而得到加强。实际上，在该委员会成立后的二十多年时间里，委员会成员的学术活动一直是围绕着探索国家体系的历史社会学这个研究议题展开的。② 1977 年布尔出版《无政府社会》，详细探讨了欧洲国际社会转变为全球国际

① Herbert Butterfield and Martin Wight, eds., *Diplomatic Investigations*, Massachusetts: Harvard University Press, 1966, p. 11.

② Tim Dunne, *Inventing International Society: A History of the English School*, London: Macmillan Press LTD, 1998, pp. 6 - 7.

社会后出现的国际社会结构、制度和道德困境。而怀特身后发表的《国家体系》，通过对历史上不同国家体系的比较分析，论述了不同国家体系的特点和行为模式存在的差异，开辟了从世界历史的背景下探索国际社会的途径。

虽然英国学派成员最初意识到自己作为一个独特的研究群体是从英国国际政治理论委员会开始的，但是直到 80 年代初，他们并没有清楚地认识到自己是一个独特的理论学派，而且也没有被学术界贴上学派的标签。① 具有讽刺意义的是，最初使用"英国学派"这个标签称呼该学者群体的是罗伊·琼斯（Roy E. Jones）在批评英国学派的一篇论文中提出的。1981 年，罗伊·琼斯在《国际关系研究中的英国学派：一个结束的案例》一文中，承认在英国国际关系研究中确实存在一个独特的思想流派，这个学派的成员包括曼宁（C. A. W. Manning）、怀特、布尔、唐纳利（Michael Donelan）、诺思艾奇（F. S. Northedge）和珀内尔（Robert Purnell）等人。这些成员因坚持国际关系是一门独立的学科以及关注主权国家间关系的秩序而闻名，同时他们因为都关注国际社会这个研究主题而凝聚在一起。然而，罗伊·琼斯认为英国学派作为一个学派的努力失败了，因为无论就写作风格还是实质内容来说，这些成员都没有在学派的许多问题上达成共识。他认为，造成该学派失败的主要原因在于他们对国际关系的研究采取了整体主义方法论，因为如果整体主义意味着以整体牺牲部分为代价，那么英国学派集中于整个国家社会而排斥其部分的观点就不能成立。另外，英国学派在思考国家、社会和主权时，在概念上有不少混乱的地方。他最后得出结论

---

① Hidemi Suganami, "British Institutionalists, or the English School, 20 Years on", *International Relations*, 17 (3), 2003, pp. 253 – 254.

指出，无论从形式上还是内容上来看，英国学派都缺乏关于学派问题的统一性，在学派的特征上存在诸多的不一致和混乱，因此这个学派就没有存在的必要，可以关门大吉。①

事实上，"英国学派"这个标签并不贴切。因为这个学派的成员并不仅限于英国人，它还包括澳大利亚、加拿大、南非等国的学者。而且，虽然英国学派在英国有较大的影响，但它并没有涵盖整个英国的国际关系理论研究，也未必在英国居于主导地位。此外，尽管英国学派最初以理论探索为主要目标并以国际社会理论闻名于世，但其研究范围并不仅限于理论问题，还包括战略与外交问题、历史和神学问题、国际伦理等方面。不过，罗伊·琼斯的观点在当时仍然引起了一场关于国际关系研究中是否存在一个英国学派的争论。首先，罗伊·琼斯的观点遭到了苏格拉米的反对。苏格拉米认为，英国学派是一个独具特色的国际关系理论流派，这个学派是由曼宁、布尔、诺思艾奇、艾伦·詹姆斯（Alan James）等一批学术倾向大体相似的学者组成。而把英国学派统一起来的因素主要有五个方面：他们强调对国际关系进行价值中立的研究；反对行为主义或科学主义；主张用社会学方法来研究国际关系，他们尤其对制度分析的方法感兴趣；承认国家体系的统一性和特殊性，宣称国际关系是一门独立的学科；极力维护国家体系中秩序的作用，反对改变国家体系基本结构的做法。鉴于他们对研究国际社会的制度或一组社会规则、习惯和惯例的运作有浓厚的兴趣，苏格拉米将他们称为"制度主义者"。②对此，邓恩曾指出，苏格拉米提出的五个因素基本上勾勒了英国

---

① Roy E. Jones, "The English School of International Relations: A Case for Closure", *Review of International Studies*, 7（1981），pp. 1 – 12.

② Hidemi Suganami, "The Structure of Institutionalism: An Anatomy of British Mainstream International Relations", *International Relations*, 7（5），1983，pp. 2363 – 2381.

学派的大概轮廓，但他的学派标准仍然存在严重的缺陷。因为尽管这五个因素在许多英国学派的著作中确实存在一定的差异，但问题是这些因素难以将英国学派与大量传统主义者和现实主义者区别开来；而且他的学派标准也缺少成员对学派及其研究议程的自我认同。①

继苏格拉米之后，格雷德尔（Sheila Grader）和威尔逊（Peter Wilson）也加入到这场争论中来。他们认为，英国学派的突出特点是承认国际社会思想，但该学派成员对国际社会概念的理解并不一致。格雷德尔曾经是曼宁和怀特的学生，早年毕业于伦敦经济学院，他强烈反对苏格拉米关于曼宁、布尔、诺思艾奇和詹姆斯形成了一个英国学派的观点。他在 1988 年发表的《国际关系中的英国学派：证据和评价》一文中指出，虽然对英国学派的认同是通过国际社会思想统一起来的，但曼宁、布尔和诺思艾奇对国际社会的看法并不一样。曼宁的社会是抽象的和形而上学的，布尔的社会是经验的和规范的，诺思艾奇则倾向于赞成国际体系而怀疑国际社会的提法；而且争论中的英国学派采取的方法本质上是主观的，而非科学和客观的。由此他认为，琼斯和苏格拉米关于存在一个英国学派的观点事实上是站不住脚的。②威尔逊在 1989 年发表的文章中反驳了格雷德尔的论点。他指出，尽管曼宁、布尔和诺思艾奇等人在国际社会概念的认识上确实存在着一些差异，但他们对国际社会本体论地位的看法并没有什么不同，而且他们对国际社会本质的观点也基本一致，认同英国学派的依据在于成员是否坚持国际社会思想。威尔逊认为，国际关

①   Tim Dunne, *Inventing International Society: A History of the English School*, London: Macmillan Press LTD, 1998, pp. 14 – 15.

②   Sheila Grader, "The English School of International Relations: Evidence and Evaluation", *Review of International Studies*, 14 (1988), pp. 29 – 44.

系学界正在逐渐认可由一些学者所形成的特有思想，"这些学者有着十分相似的看法，他们可以被看作有别于其他国际关系学者的一个学术群体"。因此，采用"制度主义者"这个标签来称呼英国国际关系研究的学者群体，可能比英国学派的标签更准确。因为他们主要的关注点是国家间关系的制度结构，对他们来说，其理性主义标签具有很大程度的秩序和正义的特征。①

但是，到了 20 世纪 90 年代，国际关系学界对英国学派的看法开始发生重大变化，尽管偶尔有学者对英国学派的名称提出异议，② 但英国学派作为一个独特的理论学派已经得到普遍认可。到 21 世纪初，英国学派已成为一个日益繁荣的学者共同体，年轻的和年长的学者都意识到自己是一个在英国学派传统内活动或者试图发展它过去成就的学者群体。③ 那么，在过去四十多年中，究竟什么思想或纽带将这些学者统一在英国学派的旗帜之下呢？根据《英国牛津字典》所给的定义，学派是指"由大体相似的原则和方法统一在一起的一个学者群体"。④ 凡是称得上一个学派的某个学者群体或学术共同体，除了其外在的组织形式与学术体制，一般都具有一些内在、独特且相对一贯的学术共性和文化特征，例如独特的学术风格、

---

① Peter Wilson, "The English School of International Relations: a Reply to Sheila Grader", *Review of International Studies*, 15 (1989), pp. 49 – 58.

② 克里斯·布朗认为，英国学派这个名称暗示了绝大部分的英格兰国际关系学者（或者更确切地说英国学者）都是学派的一分子，这显然是错误的。因此，最合适的称呼应该是"以国际社会为研究重点"的学者群体。参见 Chris Brown, *Understanding International Relations*, Houndmills: Macmillan, 1997, p. 52。

③ Hidemi Suganami, "British Institutionalists, or the English School, 20 Years on", *International Relations*, 17 (3), 2003, p. 254.

④ Sheila Grader, "The English School of International Relations: Evidence and Evaluation", Review of International Studies, 14 (1988), p. 31.

思想倾向、研究议题、理论范式或知识谱系依托。① 因此，一个学派可能拥有共同的哲学假定和核心概念，或者共同的思想传统和方法论。

目前，国际关系学界对英国学派应该具有哪些特点或基本要素并没有统一的认识。威尔逊认为，把英国学派统一起来并与其他学派区别开来的特点主要有四个方面：第一，该学派认为国家间关系体现了某种秩序，如布尔强调秩序是国际关系历史记录的一部分；第二，该学派认为国际关系是在规范的框架内运作的，这些规则本质上是为了维持秩序；第三，该学派反对重建国际体系的激进方案；第四，该学派成员摒弃行为主义或科学主义的方法论，而主张采用诠释的方法来研究国际关系。② 而罗杰·埃普（Roger Epp）则认为，英国学派的国际关系研究有三个方面特征，也可以称为三个同心圆：第一个圆是对第三世界的强烈关注，关注非殖民化及其结果，这与20世纪50年代或80年代该学科的许多内容相反；第二个圆表现为对国际关系的理解不是结构的，而是散漫的、不精确的文化领域，它尤其是关注思想史、共同的外交文化、国际合法性标准的结构性转变以及革命性国家的社会化；第三个圆的最基本特征是它的诠释倾向，这种特点体现在怀特关于三个传统的演讲和英国学派其他重要成员的著作中。③ 邓恩在《发明国际社会》中通过对英国学派代表人物的系统研究，提出了一个相对来说更为严格的学派标准。他认为，认同英国学

---

① 石斌：《英国学派的传统与变迁》，载陈志瑞、周桂银和石斌主编：《开放的国际社会：国际关系研究中的英国学派》，北京大学出版社2006年版，第5页。

② Peter Wilson, "The English School of International Relations: A Reply to Sheila Grader", *Review of International Studies*, 15 (1989), pp. 55 – 56.

③ Roger Epp, "The English School on the Frontiers of International Society: A Hermeneutic Recollection", *Review of International Studies*, 24 (1998), p. 49.

派必须具备三个重要条件：第一，认同一种独特的研究传统，即从历史社会学的视角研究国际政治，尤其重视欧洲国际社会的传统和法律外交的经验；第二，强调采用一种诠释方法而不是实证主义的经验方法来研究国际关系；第三，将国际政治理论视为一种规范理论，道德是其核心的因素之一。①

苏格拉米反对邓恩对英国学派确定过于严格的学派标准，认为邓恩的做法可能会引起关于谁属于该学派成员的不必要的争论。他强调，英国学派是由一批享有共同思想模式和个人或专业纽带连接在一起的一个独特的学者群体，这个群体的成员还包括那些与英国学派有相似观点、但又与该学派没有个人或专业联系的学者。他认为，尽管这个群体的成员在某些问题上存在不同的看法，但认同英国学派本身就反映了他们是一个统一的实体。这些历史上发展起来的主要以英联邦为基础的国际关系学者，在 20 世纪后半期的最初学术活动中，一般主张用国际社会观点或理性主义作为解释世界政治的重要方法，并且部分地由于个人或专业的独特联系，他们的观点和思想倾向显示出他们有重要的家族相似性。这种联系最初是在伦敦经济学院形成的，后来逐渐扩展到其他学术制度，并且它很大程度上是在排他性的英国国际政治理论委员会内培育起来的。② 布赞也不赞成邓恩过于严格的学派标准，认为规范理论无疑是英国学派传统的重要组成部分，但规范理论是否必须作为成员的一个必要条件是有很多争议的。他认为，对英国学派的界定采用相对宽松的标准就是两个因素：方法论的多元主义和三个核心

---

① Tim Dunne, *Inventing International Society: A History of the English School*, London: Macmillan Press LTD, 1998, pp. 5 – 11.

② Hidemi Suganami, "British Institutionalists, or the English School, 20 Years on", *International Relations*, 17 (3), 2003, pp. 255 – 256.

概念。①

　　从上面对英国学派特点的讨论中，我们可以看到，虽然英国
学派内部并不是一个观点划一、学术风格完全相同的学者群体，
但他们毕竟拥有一些共同或相近的研究思路和基本概念。② 在研
究方法上，他们坚持采用历史、哲学和法学的传统主义方法；在
本体论内容上，尽管英国学派成员在国际社会的来源以及国际社
会概念还是仅仅是思考世界政治的三个要素之一③等问题上的看
法并不一致，但他们都接受国际社会的思想，致力于以国际社会
为核心的国际体系研究，主张采用国际社会观点作为解释世界政
治的重要方法；他们都承认国际社会的基本规范以及外交、主权
和国际法规则的存在和维持的重要性。因此，当我们思考英国学
派对国际关系的贡献时，提出的中心问题就是英国学派和国际社
会的关系问题。

---

　　①　Barry Buzan, "The English School: An Underexploited Resource in IR", *Review of International Studies* 27 (2001), p. 474.

　　②　倪世雄等:《当代西方国际关系理论》，复旦大学出版社 2001 年版，第 233 页。

　　③　在英国学派的本体论内容上，英国学派内部主要存在两种观点。以邓恩、威尔逊为代表的大多数学者认为，国际社会思想是英国学派的主题，英国学派可以被视为国际社会方法或观点的同义词。而利特尔 (Richard Little)、布赞则认为，英国学派早期的理论家并没有把国际社会概念看作是他们理论的招牌性标签，而是把它看作是世界政治中起作用的三个基本要素之一，虽然他们承认理性主义思想的重要性，但是并没有排斥现实主义和革命主义思想。事实上，英国学派理论的基础是关于国际体系、国际社会和世界社会这三个要素都同时存在的思想。参见 Tim Dunne, *Inventing International Society: A History of the English School*, London: Macmillan Press LTD, 1998; Peter Wilson, "The English School of International Relations: A Reply to Sheila Grader", *Review of International Studies*, 15 (1989), pp. 52 - 55; Richard Little, "The English School's Contribution to the Study of International Relations", *European Journal of International Relations*, 6 (3), 2000, pp. 395 - 422; Barry Buzan, "The English School: An Underexploited Resource in IR", *Review of International Studies*, 27 (2001), pp. 471 - 488。

事实上，国际社会的思想由来已久。它首先体现在 16—17 世纪把欧洲人连接在一起的商业、文化和宗教关系的契约之中，最初由格劳秀斯（Hugo Grotius）提出和阐述。[①] 在现代欧洲历史的早期阶段，随着民族国家的发展，欧洲逐渐发展起一个由主权和独立国家组成的国际社会。随着欧洲国家海外扩张的发展，欧洲国际社会逐渐扩展到世界其他地区。到 20 世纪初，欧洲国际社会开始覆盖全球范围，发展成为全球性国际社会。然而，今天的国际社会思想经常是与曼宁、怀特、布尔、沃森（Adam Watson）和文森特（R. J. Vincent）的名字联系在一起的。对他们来说，国际社会思想意味着拒绝在传统的现实主义和自由主义之间做出明确的选择，而是力图打破这种习以为常的"两分法"而另辟一片新的理论天地。他们以理性主义为基底，试图在现实主义关于无政府状态下国家间冲突不可避免的悲观主义观点和自由主义关于人类能够实现持久和平的世界共同体的乐观主义观点之间寻找一个平衡点，趋向于在两个极端之间的一条中庸之道。

在英国学派中，国际社会概念首先是由曼宁提出和阐述的。他认为，国家社会是一个不同于国内社会的独特社会，它不是由物质现象而是由观念实体构成的，本质上是一个观念社会。国内社会是由有血有肉的人组成，它很大程度上是物质的；国际社会是由主权国家组成的，虽然国家的领土、人口和政府是看得见的事实，但它们仅仅是国家的特征而已。国家是一个服务于人们利益的有组织建立起来的机构，它是人们头脑里的一种观念存在物。这种观念普遍存在于人们的头脑中，特别是国家领导人的头脑中，它是关于国家之间相互交往的正式思想，形成了以国家名

---

① Alex J. Bellamy, ed., *International Society and Its Critics*, Oxford: Oxford University Press, 2005, p. 8.

义讲话和行事的领导人流行假定的一部分，似乎它们事实上在那里客观存在。① 按照他的观点，国际社会的存在是因为代表国家讲话和行事的领导人假定它存在。

曼宁反对国际关系研究中的国内类比思想，强调国际社会的特性不能从国内社会的类比中推导出来。他认为，国际社会虽然不像国内社会那样拥有一个中央政府，但它仍然是一个社会，有相应的法律和社会秩序。与国内社会不同的是，国际社会的存在不是以一个中央政府和强制执行的法律体系为基础的。国际法不能从初级形式的国内法的对比中得到理解，因为法律体系的性质是由其存在的社会性质决定的。国际法是一种相当完整的高级形式的法律，任何对国际法特征的解释只有通过产生它的国际社会的性质中才能得到把握。② 在他看来，国家是一个拟人化的实体，它的政府以国家的名义行动，并在一套假定的基础上彼此互动。它的第一个假定就是主权国家是国际社会的成员，另一个假定是主权国家受到国际法和国际道德的约束。国际法是一种不同于国内法的法律，国际社会的一个基本原则就是国际法为国家确定了权利和责任。尽管主权国家是国际社会的成员，但主权国家这个术语意味着国家的地位本质上是独立的，国家是一个在国际法中享有完全权利和义务的实体。因此，国际社会是一个社会建构的社会实在。作为一个社会实在，国际社会提供了一个特定国家阐明和实施外交政策的背景。③ 曼宁关于国际社会虽然是无政

① C. A. W. Manning, *The Nature of International Society*, New York: John Wiley & Sons LTD, 1962, pp. 1 - 27.

② Ibid. , pp. 101 - 113.

③ Andrew Linklater and Hidemi Suganami, *The English School of International Relations: A Contemporary Reassessment*, New York: Cambridge University Press, 2006. pp. 47 - 48.

府状态，但本质上是有秩序的思想，对后来怀特和布尔的理性主义①思想的形成产生了重要影响。②

怀特一般被视为"英国学派之父"和其理性主义思想的创始人。他在《国际理论：三大传统》中明确指出，"什么是国际社会"是国际关系理论的最基本问题。为了回答这个问题，他通过对历史、政治理论和法律经典著作的系统研究，提出了国际政治可以根据现实主义、理性主义和革命主义这三种相互竞争的思想传统来构想。这三大传统不仅代表了三种对国际政治性质的不同描述，而且规定了人们应该如何行事的一套方案。三大传统都分析探讨同一类互相联系的问题的方方面面，都强调那些与其自身议程最直接相关的因素。这些问题涉及：国际社会是否存在，如果存在的话，其基本特征是什么；国家与范围更大的社会之间的关系，以及个人在国家和国际社会框架中的地位。③ 现实主义把国际政治描述为国际无政府状态，即一种所有人反对所有人的战争状态。它认为并不存在国际社会，国际法体系、外交机制或联合国都是虚构的，每个国家在寻求自己的利益时不受道德或法律的限制。理性主义从国家社会或国际社会的角度来描述国际政治，

① 英国学派的理性主义，是指与现实主义、革命主义并立的三大传统之一，它的中心思想是：国际政治尽管不存在一个共同权威，但它仍然能够组成一个社会，这个社会的运作通过外交、国际法、均势和大国协调等制度来维持。这种理性主义与美国国际关系理论中的理性主义不同，后者指用来探索国际制度和国际合作的一种特定研究途径，它最初由罗伯特·基欧汉采用，与"汉思主义"相对，它涵括新现实主义和新自由主义。参见任晓：《何谓理性主义》，载《欧洲研究》2004 年第 2 期。

② Hidemi Suganami, "C. A. W. Manning and the Study of International Relations", *Review of International Studies*, 27（2001）, p. 100.

③ Ian Clark, "Traditions of Thought and Classical Theories of International Relations", in Ian Clark and Iver B. Neumann, eds., *Classical Theories of International Relations*, London: Macmillan Press LTD, 1996, p. 4.

认为国际政治不仅存在冲突的因素，而且也存在合作的因素。国际政治虽然并不从属于一个共同权威，然而它仍然可以形成一个社会，国际社会并不是一种虚构，国家在处理彼此关系时受到道德和法律的限制。革命主义认为国际政治的本质不是霍布斯主义者所说的国家间冲突，而是人类共同体中的人与人之间的关系，人类共同体不只是国际政治的核心现实，而且也是最高的道义目标。① 在三大思想传统中，怀特拒绝把自己划入任何一个学派，认为三大传统是相互交织和相互渗透的，很难把它们截然分割，② 但他无疑属于理性主义，因为理性主义是与维护作为描述国家怎样行事和国家应该怎样行事的国际社会紧密相关的。在他看来，国际社会思想可以在过去政治思想家如苏亚雷斯、托克维尔、伯克等人的著作中找到，它被描述为"各独立政治共同体之间的惯常性交往，这种交往开始于西欧基督教世界，然后逐渐扩展到整个世界"，它的本质"体现在外交体系中，反映在有意识地维持均势来确保国际社会成员的独立上，反映在国际法的正常实施过程中，国际法的约束力在一个广泛而政治上可能并不重要的问题领域内已经被人们所接受。所有这些方面都表明，有一个国际社会意识、世界范围的共同体情感的存在"。③

怀特不仅从国际关系思想史的角度探讨了国际社会思想，而且还从历史的角度考察了国家体系的存在基础和运行机制。他认

---

① Hedley Bull, "Martin Wight and the Theory of International Relations", in Martin Wight, *International Theory: The Three Traditions*, New York: Holmes & Meier, 1992, pp. xi – xii.

② Martin Wight, *International Theory: The Three Traditions*, New York: Holmes & Meier, 1992, p. 265.

③ Martin Wight, "Western Values in International Relations", in Herbert Butterfield and Martin Wight, eds., *Diplomatic Investigations*, Massachusetts: Harvard University Press, 1966, pp. 89 – 131.

为，一个国家体系的形成具有两个基本条件：首先，构成国家体系的一批主权国家不承认在它们之上存在一个更高的政治权威；其次，它们通过外交使节、国际会议、外交语言和贸易来维持彼此之间相对稳定的关系。历史上符合这些条件的国家体系只有三个，它们是古希腊城邦国家体系、中国战国时期的国家体系和近代西欧国家体系。他通过对历史上这三种国家体系的比较分析，指出国际社会总是在共同文化中发展起来的，一个国际社会必然包含着某种共同的文化和价值。古希腊人拥有共同的宗教和语言，从而与周边蛮族区分开来；西欧人和南欧人由于拥有罗马帝国的文化遗产，尤其是天主教和神圣罗马帝国文化，所以它区别于土耳其人和阿拉伯人。而三种国家体系实际上代表了三种不同的文化共同体，它们本质上是由共同道德、共同准则以及在此基础上产生的关于战争、人质、外交豁免和政治避难等一系列规范组成的。在不同的国家体系中国际关系的逻辑是不一样的。[1] 在他看来，把国际体系或国际社会联结在一起的纽带是"共同标准和共同习俗为核心"的文化和价值观，体系单元间拥有一种共同的文化和价值观，非常有利于国际社会的形成，因为共同文化和价值观可以确保国家体系各成员之间关系的稳定，有利于形成共同的规则和制度，从而使国家体系得以存在和发展。在这三种国家体系中，只有现代西方国家体系具有一种整合不同文明、不同价值观的包容能力，因而其生命力最强。[2]

怀特对国家体系的历史考察，尤其是对国际关系三大思想传统的分析，对英国学派的形成以及其学术传统的形成和发展产生

---

① 　Martin Wight, *Systems of States*, Leicester: Leicester University Press, 1977, chapter. 3, 5.

② 　Ibid. , 1977, p. 175.

了十分重要的影响，并成为以后布尔和其他人分析和思考国际关系的基本模式和基本出发点。[①] 布尔后来利用怀特的三大思想传统的划分来描述有关国际秩序和国际社会的本质以及价值相互竞争的思想。在布尔的思想中，国际社会的要素总是与国际体系和世界社会的要素相互竞争的，这三大理想模式大致对应于怀特的现实主义、理性主义和革命主义对世界政治的解释。不过，布尔与怀特把三大传统的分类主要用于教学目的和拒绝把自己划入任何一个学派的做法不同，他明确地表达和维护理性主义方法或他称为国际关系理论和实践的新格劳秀斯方法。[②] 布尔在伦敦经济学院的一位同事在纪念布尔的一篇论文中曾经指出，曼宁和怀特对布尔有重要影响，两人用不同方式致力于国际社会本质和基础的研究，其中，怀特在共同利益、价值和国际社会的责任问题上的著作，以及他关于"国际关系中的西方价值"的论文，对布尔的理性主义产生了特别重大的影响。[③] 邓恩也认为，布尔思考国际关系的方法受到怀特思想的重大影响：坚持用三大思想传统来思考国际关系；在国际关系思想史中探寻新的模式；认为学者应该与那种短期的政策制定保持一定的距离；主张对国际社会规范基础的研究必须建立在比较分析的基础之上。[④] 可以说，怀特和布尔的师承关系和思想的共同点，推动了英国学派基本传统的

① Barry Buzan, "From International System to International Society: Structural Realism and Regime Theory meet the English School", *International Organization*, 47 (3), 1993, p. 329.

② Martin Griffiths, *Fifty Key Thinkers in International Relations*, London and New York: Routledge, 1999, p. 148.

③ Carsten Holbraao, "Conclusion: Hedley Bull and International Relations", in J. D. B. Miller and R. J. Vincent, eds., *Order and Violence: Hedley Bull and International Relations*, Oxford: Clarendon Press, 1990, p. 189.

④ Tim Dunne, *Inventing International Society: A History of the English School*, London: Macmillan Press LTD, 1998, p. 136.

形成。

　　布尔的国际社会概念是在继承曼宁和怀特的思想基础上逐渐发展起来的。一方面，布尔接受了曼宁将国际社会视为一种观念和规则治理的社会的思想，认为法律是一个社会过程，在国际法和国内法领域，法律决策的社会过程，事实上并不是一个纯粹的实施现有法律规则的过程，而是体现了一系列法律规则之外因素的影响，这些因素包括法官、法律顾问和法学家的社会、道义和政治观念。① 但他淡化了曼宁研究国际社会的观念阐释法，把国际社会的研究置于更为经验的基础之上。另一方面，他又继承了怀特的三大传统思想，认为国际社会只是现代国家体系的一种要素，而且有时很难确定它是否存在，但是它的确一直存在于整个现代国家体系的历史中，反映在哲学家、政论家以及国家领导人的言论之中。因为有关国家的共同利益、国家遵守的共同规则和国家创立的共同制度的观念一直在起作用，绝大多数国家在绝大多数的时候都遵守国际社会的共处原则并参与了共同制度的创建。②

　　然而，布尔对三大传统本身的价值比怀特更谨慎。他对重建哲学家和实践者之间有关国际社会中规则和价值的起源和发展对话的解释行动很少感兴趣，推动布尔理论研究的不是某一国家领导人或者外交官是否遵守格劳秀斯或马基雅维里的传统，而是在多大程度上他们的实践与当代国际社会相一致。③ 也就是说，相对于怀特重视三大传统本身的价值来说，布尔强调国际社会是历史过程中人们在实践中建构的。而且，与怀特

----

　　① 　Hedley Bull, *The Anarchical Society: A Study of Order in World Politics*, London: Macmillan Press LTD, 1995, p. 123.

　　② 　Ibid., pp. 22 – 23, 39 – 40.

　　③ 　Tim Dunne, *Inventing International Society: A History of the English School*, London: Macmillan Press LTD, 1998, pp. 138 – 139.

不同的是，布尔理论关注的中心是要探索国际秩序的本质和基础。

布尔认为，国际秩序的观念与国际社会密切相关。秩序是维持人类社会生活基本目标的一种行为模式，任何社会秩序的维持都是为了实现一定的社会目标，即确保安全反对暴力、尊重协议和财产稳定，而国际秩序的维持则是为了实现国际社会的基本目标。国际社会的基本目标除了任何社会都拥有的共同目标外，还有自己独有的目标，即维持国际体系和国际社会本身的生存，维护国家的独立和主权，维护和平和所有社会生活的基本目标。对他来说，国际社会的观念一直存在于有关国家体系的思想之中，而且它在过去的三四个世纪里是不断变化和发展的。[①] 因此，国际关系理论的中心任务就是要确定在无政府状态下秩序是怎样获得的：什么是秩序？在国际政治中秩序如何维持？世界政治中秩序最好由主权国家社会来维持，还是由其他一些政治组织来维持？[②] 事实上，世界政治秩序通过国际社会的存在而得以维持和赋予意义。为此，布尔对国际社会概念作了明确的界定，并且系统地阐述了国际社会的主要要素、本质和方法，从而使国际社会逐渐系统化为一种国际关系理论，即国际社会理论。可见，布尔对国际社会概念的论述以及他研究国际社会的方法，对英国学派基本传统的形成产生了重要影响。可以这样说，当代英国学派探究国际社会的方法很大程度上遵循了布尔制定的框架。[③]

---

① Hedley Bull, *The Anarchical Society: A Study of Order in World Politics*, London: Macmillan Press LTD, 1995, p. 26.

② R. J. Vincent, "Order in International Politics", in J. D. B. Miller and R. J. Vincent, eds., *Order and Violence: Hedley Bull and International Relations*, Oxford: Clarendon Press, 1990, p. 39.

③ N. J. Rengger, *International Relations, Political Theory and the Problem of Order*, London and New York: Routledge, 2000, p. 72.

　　毫无疑问，怀特的共同文化说与布尔的国际社会概念结合在一起，构成了英国学派国际社会理论的基本框架，即无政府状态的国际体系中不仅存在着一定的秩序，而且还形成了不同程度的国际社会；社会成员在维持国际社会的基本目标上有着共同利益和价值，其行为遵守共同的规范和制度等。此后，英国学派成员沿着怀特和布尔开创的道路，以国际体系研究为基础，以国际社会为核心概念和理论研究的中心问题，以世界社会的可能性为论辩对象和理论扩展的潜在领域，进一步系统阐发了他们对国际关系性质和国际秩序的独特认识，从而最终形成了他们对国际关系的一套较为系统的理解和诠释。可见，国际社会概念是英国学派的理论核心，对英国学派的认同是通过国际社会的思想和方法统一起来的，英国学派的主要贡献就是系统地阐述了国际社会的本质和作用。鉴于国际社会思想在英国学派中的重要地位，英国学派有时成为"国际社会方法"或"国际社会观点"的代名词，英国学派也经常被人们视为国际社会概念的同义词。但事实上，这是一种严重的误解。关于这一点，我将在第三章进行详细的讨论。

第二节　英国学派的批评者

　　英国学派是从批判现实主义和自由主义的过程中逐渐发展起来的。国际社会理论化的最初动因源自于这些学者反对现实主义过分强调国际体系的冲突性质的悲观主义主张，以及自由主义关于人类进步和永久和平的人类共同体的乐观主义观点，而是力图在两者之间寻找一条中间道路。他们接受现实主义关于国际无政府状态和国家是国际政治基本行为体的假定，但与现实主义不同的是，他们认为国家之间不仅存在冲突和战争的因素，而且也存在合作和理性交往的规则和制度，一定程度的国家间合作是形成国际社会的开始。随着国家间合作的加强和共同利益的增多，可以改变国际体系的冲突性质，产生了一种建立在社会价值基础之上的新的更好的国际秩序。① 由于英国学派在方法论和本体论上的多元主义倾向所导致的理论主张的折中性质，使该学派在发展过程中不断遭到来自其他学派的批评。在一些批评者看来，英国学派的成员并没有处于充当不同学派之间有效对话的地位，因为他们缺乏前后一致的观点，虽然他们力图与现实主义区别开来，但却经常掩盖他们的思想来自于现实主义的事实；同样地，虽然他们没有认同世界主义，但却经常利用世界主义的思想。②

对英国学派理论的批评主要来自于现实主义者、自由制度主义者、国际政治经济学者和全球主义者，也包括英国学派内部。现实主义者批评英国学派关于国家在国际社会中总是受一套共同规则和规范的约束的观点是过于理想化，认为作为决定国家政策和行为的国际规范的证据是弱的或者根本不存在。他们对国际社会的存在表现出深刻的怀疑，相信国家只受到它们国家利益的约束，国家遵守某些规则是因为遵守规则符合它们的利益。当国家利益与国际责任发生冲突时，国家总是优先考虑国家利益，它最终关心的总是自己的利益和安全。因此，现实主义者把国家视为在相互关系中只受对它有利的一套共同规则的约束，当共同规则不利于国家的根本利益时，它们就会抛弃这些规则。自由制度主义者批评国际社会理论低估了外交政策的国内政治特点，忽视了民主的重要性，无法解释国际关系中进步的变化。他们认为国际

---

① B. A. Roberson, ed., *International Society and the Development of International Relations Theory*, London and Washington: Pinter, 1998, p. 5.

② Richard Little, "The English School's Contribution to the Study of International Relations", *European Journal of International Relations*, 6 (3), 2000, pp. 396 – 397.

社会理论在国际关系中缺乏对国内政治作用的分析，并且在国际政治和国内政治之间画了一条明确的界线，强调国际体系的无政府性质对国家行为的影响，忽视国内特征对外交政策的影响；国际社会理论忽视民主国家比非民主国家更倾向于和平；国际社会方法没有能力解释国际关系的进步性变化。国际政治经济学者批评国际社会观点忽视了国际经济关系和社会阶级特征，在他们的作品中几乎没有探讨经济问题。他们认为，根据国家社会设计的国际社会观点是有缺陷的，因为它没有考虑个人、公司、利益集团和社会群体的跨国活动的作用；国家不可能垄断公共领域，因此国家间关系不可能完全涵盖国际关系。在他们看来，这些跨国行为体和活动既不应被低估也不应被夸大，它们与主权国家和国家间关系共存。国际关系既是一个公共领域，也是一个私人领域，在国际上存在一个由各种跨国行为体组成的全球公民社会，但全球公民社会起作用的条件有赖于国家提供，这些条件包括和平、安全和互惠等。①

英国学派的理论也遭到了全球主义者的批评。马丁·肖（Martin Shaw）从社会学的角度对英国学派的理论框架提出了批评。他认为，英国学派关于国际体系和国际社会的区分是令人怀疑的，更重要的是英国学派坚持国家中心论，从而实际上低估了世界社会的重要性，无意中加强了现在已经过时的冷战意识形态。他承认国际体系和国际社会的区分是必要的，国际体系概念是比国际社会更基本、更没有争议的一个概念，因为国际体系只要承认国家之间的互动就行了。但他认为，英国学派对国际社会概念的解释是含混不清的，因为他们根据成员间的共识来定义国

① Robert Jackson and Georg Sorensen, *Introduction to International Relations*, New York: Oxford University Press, 1999, pp. 166 – 168.

际社会，这种解释的问题不是由于它低估了社会冲突，而在于它根据单一的维度来定义国际社会。人类社会可以根据对他们相互行为的共同期望和理解存在的关系来界定。从这个意义上说，社会与国际关系意义上使用的体系含义没有什么联系；社会概念并不要求基于一致的价值体系的共识，而体系的存在只是分析社会时出现的许多其他现象中的一个经验问题。从这样的观点来看，国际体系和国际社会的区分是有问题的。即使我们接受社会意味着成员间共识的观点，但在更广泛的意义上说，国际社会与人类社会之间的真正关系也是有问题的。[①]

在他看来，国际社会理论是有缺陷的，因为它坚持国家中心论，把国家看作类似于个人的行为体，忽视了约束个人和国家的复杂的社会关系。国际社会理论实质上是冷战时代美苏意识形态冲突的产物，它可以被视为冷战时期国际体系的中心意识形态，是一层真正用薄纱伪装的意识形态，它基本上是为主权国家体系的合法性目的服务的。国际社会理论抹杀了世界社会，英国学派虽然承认世界社会在逻辑和道德上优先于国际社会，但它在本体论上又将国际社会的考虑置于世界社会之上，因此在英国学派理论中国家社会的力量显然十分强大，而世界社会优先于国际社会则纯粹是名义上的。[②]

事实上，世界社会是明显存在的，它通过在全球商品生产和交换、全球文化和大量传媒以及逐渐提高的世界政治发展中的社会关系而存在的。全球社会在道德上要优先于国际社会，它包括满足人类需要、人权和环境的全球责任。由于传统国际社会道德

---

① Martin Shaw, "Global Society and Global Responsibility", in Rick Fawn and Jeremy Larkins, eds., *International Society after the Cold War: Anarchy and Order Reconsidered*, London: Macmillan Press LTD, 1996, pp. 53 – 54.

② Ibid., pp. 53, 55.

存在的缺陷以及国际社会理论概念上的缺陷和思想上的障碍，国家领导人某种程度上无法实施全球责任，因此全球社会的观点有一种意识形态的重要性，它最终是反对国际社会的意识形态的。他认为，随着冷战的结束，国际社会的核心假定诸如主权和不干涉的重要性已经过时了，必须采取一种新的理论框架来适应全球社会发展的需要。①

另一位全球主义学者肯·布斯（Ken Booth）虽然承认在世界政治中国家利益和关涉是最重要的，但他对英国学派的国家社会道德提出了世界主义的批评。他认为，根据国家社会来构想国际社会牺牲了主权国家殿堂上的人类利益，就人类福利而言，国家主义是问题而不是解决。由于确保公民的权利基本上是由特定国家通过尊重主权和维护国家利益的机制来履行的，因此国际社会事实上不可能充当人权国际保护的殿堂，这样国家体系实际上容易产生全球规模的侵犯人权的错误。因此，作为国家社会基本规则的主权平等和不干涉规则，实际上允许国家领导人建立了一个排他性的国家社会俱乐部，这个俱乐部是为国家的自私利益服务的，它们往往借口尊重主权和维护国家利益而不惜牺牲人权。国际社会理论家试图了解和理解国家领导人经常面临的困难选择。② 显然，在肯·布斯看来，国家社会的基本规范和道德已经无法有效地确保全球正义；相反的，它却成为违反人权、避免国际干涉的有效屏障，而国际社会理论事实上是为维护国家社会道德服务的。

---

① Martin Shaw, "Global Society and Global Responsibility", in Rick Fawn and Jeremy Larkins, eds. , *International Society after the Cold War*: *Anarchy and Order Reconsidered*, London: Macmillan Press LTD, 1996, pp. 56 - 60.

② Robert Jackson and Georg Sorensen, *Introduction to International Relations*, New York: Oxford University Press, 1999, p. 170.

英国学派的理论也遭到了本学派内部成员的批评。在这些批评者看来，如果英国学派要摆脱处于国际关系学科边缘地位的状态，它的方法论和本体论就需要作进一步的限定。艾伦·詹姆斯批评英国学派关于国际体系和国际社会的划分，认为布尔对国际体系和国际社会的区分是没有意义的，因为两者在本质上是同义词。艾伦·詹姆斯的指责主要围绕三个方面展开的。首先，针对英国学派关于国际体系和国际社会都存在有规则互动，而只有在国际社会中才存在有规则管理互动的观点，他指出，国家不可能在缺乏创设规则的情况下维持有规则的互动，规则应该能够支撑任何一类有规则的联系，规则对于国际体系和国际社会都是必需的。因此英国学派根据是否有规则互动来区分国际体系和国际社会的观点是站不住脚的。其次，他批驳了布尔和沃森用外交机制作为区分国际体系和国际社会依据的观点，认为外交机制是国际社会的基本特征，而国际体系可以在没有外交机制下存在，外交机制与沟通是同义词。外交机制对于确保国家之间的定期交往是必要的。但在国际体系下国家之间也存在正常的交往。布尔本人也承认交往对一个国际体系是必要的。因此用外交机制来说明国际体系和国际社会的区别的观点无法成立。最后，针对布尔以是否有共同利益和价值为基础作为区分国际体系和国际社会的观点，他指出共同价值并不是任何社会的必要特征，所有社会都是根据多元的和竞争的价值来描写的，因此把国际社会与共同价值的思想联系起来是没有道理的。另一方面，与布尔根据有规则互动来定义国际体系的观点不同，他认为国际体系可能在缺乏共同利益的情况下存在，因此共同利益不能作为一个国际社会的突出特征。艾伦·詹姆斯最后得出结论指出，英国学派学者没有在国际社会与国际体系之间进行清晰的区分，因此必须放弃国际体系和国际社会的区分，只要简单地承认国际社会中存在互动就行了。①

　　与艾伦·詹姆斯否定国际体系和国际社会的区别相对照的是，布赞承认布尔对国际体系和国际社会的区分是必要的，因为"如果没有这样一个界限，国际社会的概念就过于模糊，以至于它既不能对不同国际体系进行比较分析，又不能对特定的国际社会的历史演变进行分析"②。但他同时认为，布尔没有对国际体系和国际社会的边界作清晰的区分，因为国际体系与国际社会一样，也存在共同利益、共同规则和制度，真正把国际体系和国际社会区别开来的是共同认同的观念。当共同认同的观念变得十分明显时，国际体系就发展为国际社会。因此，布尔对国际体系和国际社会的区分失败了。③

　　最近，布赞对英国学派理论忽视经济因素和地区层次的做法提出了批评。他指出，我们说英国学派忽视经济因素，是指英国学派的代表人物没有认真探讨经济因素在国际社会结构中的重要作用。他认为，忽视经济因素对我们理解国际社会是怎样发展的产生了严重的后果，而且也使英国学派至今仍然无法利用它作为分析全球化理论框架的潜力。忽视经济因素也严重削弱了社会连带主义的主张，加强了对国际社会多元主义解释的悲观主义情绪。这反过来又导致了人们陷入如何理解国际社会历史的结果以及英国学派怎样把自身置于更广泛的国际关系理论的争论之中。多元主义适合于大多数情况下对经济民族主

---

　　① Alan James, "System or Society", *Review of International Studies*, 19 (3), 1993, pp. 269 – 288.

　　② Barry Buzan, "From International System to International Society: Structural Realism and Regime Theory meet the English School", *International Organization*, 47 (3), 1993, p. 327.

　　③ Ibid. , pp. 328 – 352.

义和商业民族主义的理解，而社会连带主义体现了更多的自由
主义观点。然而，在实践中争论的每一方都没有提出过经济问
题，双方很大程度上都把焦点集中在军事政治因素上，关注主
权、大国管理和人权。多元主义没有能够解释一个自由国际经
济秩序的出现是怎样对它们的模式产生影响的，社会连带主义
也没有考虑作为自由国际经济秩序基础的集体认同怎样被看成
一类共享规范。布赞还从三个方面分析了英国学派忽视经济因
素的原因。首先，由于大多数英国学派的代表人物集中于国际
理论、国际法和国际政治，因而没有更好地关注经济问题。其
次，经典英国学派传统的关注点是要将国际社会建构为两个极
端的中间道路，怀特、布尔感到他们本身远离革命主义，这解
释了他们为什么没有把大量思想集中在世界社会的维度上。最
后，英国学派代表人物的关注点是思考全球层次的国际社会，
忽视或者反对次全球和地区社会的发展过程，其动因部分来自
于他们对欧洲国际社会如何扩张到全球的历史解释，部分也来
自于他们关注普世价值的政治理论。①

　　接着，布赞还讨论了经济维度对我们分析国际社会所产生
的影响。他认为，经济维度可以拓宽国际社会的本体论，包括
地区和制度。鉴于英国学派是建立在历史、规范政治理论和国
际法理论之上的，它基本上涉及历史地建构规范结构以及共享
文化因素塑造和限制许多具体制度的形成、发展和消亡，而对
经济因素在建立国际社会基本制度中的作用几乎没有涉及。所
以，布赞强调经济因素必须进入构成国际社会概念的规范、规

---

① Barry Buzan, "International Political Economy and Globalization", in Alex J. Bellamy, ed. , *International Society and Its Critics*, Oxford: Oxford University Press, 2005, pp. 115 – 119.

则和制度中去，特别是来自经济因素的基本制度必须得到认同，并融入英国学派对国际社会其他基本制度的讨论中。因为这样做，不仅有利于拓宽英国学派所讨论的基本制度的范围，而且可以更好地解释国际社会是怎样从欧洲出现并扩展到全球的。①

其次，布赞对英国学派在国际社会的分析中忽视地区层次的做法提出了批评。他认为，英国学派的著作对国际社会的讨论主要集中在全球层次上，而对次全球层次和地区层次的国际社会则几乎没有涉及。全球层次的国际社会是相对薄的和多元主义的，而次全球层次的国际社会是社会连带主义和比较厚的，正像欧盟一样。英国学派学者之所以忽视地区层次，是因为他们过分关注全球层次和普世性原则，或者将地区层次看作是对全球层次的威胁，从而导致地区层次走向边缘化。在英国学派的思想中，忽视经济因素和地区层次部分是互为因果的，在英国学派中我们几乎看不到地区层次是因为它忽视了经济因素，对经济因素的忽视部分是因为它没有集中在国际社会的次全球层次或地区层次的发展上。如果英国学派想更多地关注经济因素，它就不可能忽视诸如欧盟、东盟等地区组织的发展；如果它更多把地区发展作为一种独特的事例，它就不会忽视国际社会的经济因素。因此，把经济因素注入国际社会思想中将提出次全球层次的画面，反之亦然。他认为，英国学派理论，特别是它的社会连带主义，是分析和规范地思考全球化问题的一种好方法。一旦这种忽视被弥补，英国学派的三重概念就可以准确地捕捉住国际舞台上同时存在的国家

---

① Barry Buzan, "International Political Economy and Globalization", in Alex J. Bellamy, ed., *International Society and Its Critics*, Oxford: Oxford University Press, 2005, pp. 120 – 124.

和非国家体系的运作和相互关系。①

第三节　英国学派理论的最新发展

　　20 世纪 90 年代以来，随着冷战的结束和全球化的迅猛发展，国际关系学科进入了新的学派不断涌现、理论观点众说纷纭的新阶段。全球化和各国相互依赖的发展为国际关系理论超越现实主义和自由主义之间的争论创造了需要和可能。建构主义的出现刺激了人们重新阐述一些业已创立的国际关系观点，长期遭受忽视的国际社会理论和方法开始引起美国主流国际关系理论的重视，有关研究英国学派的论著和文章不断涌现。最重要的是，英国学派开始被视为一个重要的非美国的研究纲领。近十多年来，在对英国学派的各种赞扬和批评的声音中，英国学派的队伍日益壮大。最为显著的是它真正跨出了国界，英国学派不再是一隅孤岛，学派当中的大多数热情的支持者如今已经遍布北美（特别是加拿大）、挪威、德国、意大利和澳大利亚。② 同时，自冷战结束以来，国际社会的研究议程在一定程度上已经扩大和改变，英国学派核心的规范性关注至少远离了秩序而趋向于世界政治正义。另外，学者关注世界政治正义的方向也发生了转变，他们已经从原来关注国际正义转向关注人类正义。国际社会的范围已经超越了传统的国家主权和国家社会，而扩大到包括诸如环境保

---

　　① Barry Buzan, "International Political Economy and Globalization", in Alex J. Bellamy, ed., *International Society and Its Critics*, Oxford: Oxford University Press, 2005, pp. 124 – 131.

　　② Tim Dunne, *Inventing International Society: A History of the English School*, London: Macmillan Press LTD, 1998, p. 15.

护、海洋法、人权等世界正义问题。① 随着新成员的不断加盟和
研究议程的变化，英国学派内部的观点开始变得越来越分散。英
国学派是继续固守英国国际政治理论委员会基础上的学术传统和
基本概念，还是采取开放的态度，通过与其他主流学派的积极对
话来修正该学派存在的理论缺陷和问题，以使之成为一个连贯一
致的宏观理论？英国学派内部存在着不同的看法和主张，多元主
义（pluralism）和社会连带主义（solidarism）的争论就鲜明地表
明了这一点。这些不同的看法和主张大致描绘了英国学派未来可
能的发展方向。概括地说，英国学派内部主要存在以下三种不同
的理论发展趋势。

一些"新经典英国学派"学者，如罗伯特·杰克逊（Robert
Jackson）、赫里尔（Andrew Hurrell）、苏格拉米、爱特华·基尼
（Edward Keene）等人，他们对跨历史的比较研究不感兴趣，而是关
注构成欧洲国际社会和全球同构过程的思想史，他们试图采用诠释
学方法来发现由规则和制度建构的全球秩序的意义。② 也就是说，
他们所关心的是重新发现和重申国际关系理论的"经典方法"。

这派学者倾向于对国际关系的社会世界进行整体主义解释，
试图把国际体系、国际社会和世界社会整合进一个统一的世界政
治中去解释，反对对国际体系、国际社会和世界社会之间进行必
要的区分，认为这样的区分是有问题的。罗伯特·杰克逊指出，
布尔对国际体系和国际社会的区分容易产生误解，因为布尔把国
际体系仅仅看成机械的国家间互动，而没有关注规则、计谋、游
戏以及国家领导人头脑中的观念、信仰和价值。而事实上，所有

---

① Robert Jackson and Georg Sorensen, *Introduction to International Relations*, New York: Oxford University Press, 1999, pp. 170 – 172.

② Tim Dunne, "The New Agenda", in Alex J. Bellamy, ed., *International Society and Its Critics*, Oxford: Oxford University Press, 2005, p. 78.

人类的关系包括以国家名义说话和行动的国家领导人之间的关系，都是以相互之间的理解和交流为基础的，不管这种理解和交流的程度多么小，它们至少是社会的。因此，为了避免在体系和社会问题上产生不必要的误解，我们应该放弃布尔对国际体系和国际社会的区分。① 在他看来，国际社会本质上是一个规范性框架，国际政治的实践活动不可能在没有道德和法律关涉的背景下进行，国际社会是由人们建构的，它完全是人们的想象、理性、愿望和努力的产物，因而在本质上它是人们用来组织和指导他们共同或公共生活的一种观念。因此，主权国家所构成的社会完全是一种观念和制度，它不仅表达了关于分歧、承认、尊重、关心、对话、往来和交换的道德，而且规定了各独立政治共同体如何共存和互惠互利的规范。② 为此，这派学者主张对国际关系进行历史的和规范的研究，在坚持英国学派的整体主义、诠释学方法和历史主义的基础上，通过吸收其他学派的观点来不断完善英国学派。

英国学派内部一些受到建构主义思想影响的新一代学者如邓恩、惠勒（Nicholas J. Wheeler）和罗伊斯—施密特（Christian Reus-Smit）③ 等人，则竭力表明一种接近于建构主义的英国学派观点，并强调这种建构主义的主张来自于怀特和布尔等人。邓恩

① Robert Jackson, "The Political Theory of International Society", in Ken Booth and Steve Smith, eds., *International Relations Theory Today*, Pennsylvania: The Pennsylvania State University Press, 1995, pp. 111 – 112.

② Robert Jackson, *The Global Covenant: Human Conduct in a World of States*, Oxford: Oxford University Press, 2000, pp. 6, 33, 168.

③ Tim Dunne, "The Social Construction of International Society", *European Journal of International Relations*, 1 (3), 1995, pp. 367 – 389; Nicholas J. Wheeler, *Saving Strangers: Humanitarian Intervention in International Society*, Oxford: Oxford University Press, 2000; Christian Reus-Smit, "Imagining Society: Constructivism and English School", *British Journal of Politics and International Relations*, 4 (3), 2002, pp. 502 – 505.

认为，英国学派的理论内核与建构主义的基本特性之间有着密切联系，国际社会本身就是一种社会建构。第一，英国学派与建构主义一样，也把国家作为国际政治的主要行为体，而且认为由主权赋予的国家身份在国家社会的思想和实践之外就没有任何意义。第二，英国学派关于一个国家社会的思想是建立在主体间结构的力量如共同规则、价值和制度的基础上的，他们把战争、均势这样的实践视为观念的，而不是物质的；而且为了保证它们的有效运作，国际社会的制度如外交和国际法，要求有一种高度发展的"国际社会意识"形式。这个思想与建构主义关于国际体系的结构是主体间的而不是物质的观点是一致的。第三，英国学派关注文化多样性与国际秩序的关系，关注全球化对地区、文化和本地认同的影响，这与建构主义强调文化和认同正在回归国际关系的观点有某种相似之处。[①] 在这些学者看来，英国学派的方法提出了有关世界政治的有价值的见解，但该学派在国际社会的理论化方面还存在许多无法解决的困境，因而它有待于进一步提炼。因此，他们强调借鉴建构主义的元理论，对英国学派采用一种更为纯粹的社会结构解释，抛弃英国学派理论中规范的和历史的成分，使之发展成为充当解释世界政治中变化及其原因的一种综合理论。[②]

　　针对前面罗伯特·杰克逊关于国际体系、国际社会和世界社会的观点，邓恩一方面承认布尔对国际体系和国际社会的区分确实存在着许多问题，因为布尔的区分会产生三个方面问题：第一，他低估了通过贸易和战争的交往导致共同利益和共同规则形

---

① 　Tim Dunne, *Inventing International Society*: *A History of the English School*, London: Macmillan Press LTD, 1998, pp. 187–189.

② 　Alex J. Bellamy, ed. , *International Society and Its Critics*, Oxford: Oxford University Press, 2005, pp. 2–3.

成的程度；第二，他的体系——社会区分模式把诸如威斯特伐利
亚这样的单一历史时刻概念固定化了；第三，他关于国际社会的
形成与现代国家的诞生有着必然联系的观点是错误的，因为国际
社会的许多规则和制度在现代国家形成以前就已存在了，国际社
会不仅先于主权国家而存在，而且比主权国家存在的时间更
长。[1] 但另一方面，邓恩不同意罗伯特·杰克逊对布尔国际社会
观点的解释，他认为布尔尽管承认国际社会存在于人们的头脑之
中，但重要的是他关于国际社会的规范、期望和习惯是不可还原
的，它们是客观存在的社会事实。因此，存在一个由结构组成的
国际关系现实，这个结构虽然是不可观察的，但它制约和影响着
行为体。在他看来，罗伯特·杰克逊解释的问题是国际社会变成
为一个无差别的范畴，太多的东西被塞入这种解释之中，国际社
会似乎成为一个只要不断重复就可实现的东西。这种盲目的信念
无法代替一种关于国际秩序如何重新产生和改变的解释。[2] 罗伊
斯－施密特也指出，罗伯特·杰克逊关于"世界社会是国际社
会的委托人而不是相反"的观点，是建立在非国家行为体基本
上并不改变主权国家社会的基本原则和动力的基础上的。这里问
题在于，它是根据非国家行为体正在取代主权国家的作用作为基
本假设的，而实际上这种假设方式是一种重大的误解。他认为，
问题并不在于世界政治的行为体是否正在取代主权国家社会，而
是它们正在怎样影响着主权国家社会的基本原则和动力。[3]

① Tim Dunne, "New thinking on international society", *British Journal of Politics and International Relations*, 3 (2), 2001, pp. 226 – 227.

② Tim Dunne, "The New Agenda", in Alex J. Bellamy, ed., *International Society and Its Critics*, Oxford: Oxford University Press, 2005, pp. 70 – 71.

③ Christian Reus-Smit, "The Constructivist Challenge after September 11", in Alex J. Bellamy, ed., *International Society and Its Critics*, Oxford: Oxford University Press, 2005, pp. 90 – 91.

以布赞、利特尔和奥利·维弗尔（Ole Waever）为代表的一些"新英国学派"学者，则代表了英国学派发展的另一种趋势，这些学者的思想不仅深受怀特、布尔、沃森著作的影响，而且也受到沃尔兹结构理论的深刻影响。他们试图利用多元主义的方法论，把英国学派理论中有关国际社会和世界社会的结构因素与建构主义理论结合起来，使英国学派发展成为一个连贯一致的研究纲领和宏观理论。2004 年布赞发表的《从国际社会到世界社会：英国学派理论和全球化的社会结构》一书，就是这种努力的一种重要尝试。鉴于布赞在英国学派中的重要地位，以及这派学者对英国学派的发展可能产生的影响，因此对该派的发展趋向作一些较为详细的阐述是十分必要的。

布赞和利特尔发展英国学派的努力开始于 20 世纪 90 年代末。1999 年，在英国国际研究协会召开的"重新思考英国学派：结束还是重塑"的大会上，布赞向大会提交了一篇《英国学派作为一项研究纲领：概述和重塑的计划》的论文，该文后来以《英国学派：国际关系中没有充分利用的资源》为标题发表在 2001 年 7 月的《国际研究评论》上。布赞在这篇文章中对英国学派的经典理论提出了许多批评，并且就如何发展和应用这一理论提出了一些建议。他指出，英国学派作为理解国际体系的一种独特方法已经被广泛接受，但它的理论框架仍然是不够完备的。英国学派如果不想使自己继续游离于主流国际关系理论之外，避免学派消失的危险，就必须赋予这个学派更多的社会凝聚力和思想力量，以提高其理论的影响力和解释力。他认为英国学派是国际关系中没有充分利用的资源，其理论的特点是三个核心概念和方法论的多元主义，其中方法论的多元主义在力图捕捉当前世界秩序的本质和探索它未来可能怎样发展上有比较优势，它的部分吸引力在于它有能力把经常无法彼此相关的传统和理论结合起来。但国际社会和世界社会之间的关系上仍然存在一些混乱，尤其是对世界社会概念的论述很少，在英国学派那里，世界社会被当作一个他们不想谈论的"理论垃圾箱"。英国学派对世界社会概念，特别是世界社会和国际社会如何相互联系缺乏清晰的阐述，是影响该理论发展成为一个逻辑连贯、有说服力的宏观理论的主要原因。因此，布赞极力主张应该重塑英国学派，并指出重塑英国学派的工作可以从两个方向或线索着手进行：一是英国学派的国际社会和世界社会概念与建构主义的联系和互动；二是利用英国学派方法论的多元主义，在英国学派与国际政治经济学、机制理论和全球化之间建立一座相互联系的桥梁。他强调现在发展和应用英国学派的历史主义、建构主义和方法论的多元主义方法来研究国际关系的时机已经成熟。[①]

为了进一步系统地阐述重塑英国学派的主张，布赞在总结前些年他关于重塑英国学派的一些思想的基础上，于 2004 年发表了他的重要著作《从国际社会到世界社会：英国学派理论与全球化的社会结构》。布赞在该书中从单元、层次和领域等方面系统地阐述了关于重塑英国学派的理论主张。他认为，英国学派的理论在发展国际体系的社会理解方面为我们提供了许多有益的东西，这个理论在改进全球化如何被概念化方面有很大的发展潜力，然而这个理论需要真正的重新发展。他指出，目前英国学派存在的问题是他们没有能够对规范理论和有关规范的理论作明确的区分，这妨碍了他们清晰地思考国际体系的社会结构。英国学派核心成员考虑规范性的人权问题扭曲了他们的理论反映，他们把自己太多地束缚在秩序与正义的普遍主义框架之中，以致于他

---

① Barry Buzan, "The English School: An Underexploited Resource in IR", *Review of International Studies*, 27 (2001), pp. 471 – 488.

们看不到国际社会和世界社会的实际发展。英国学派如果要发展成为一个国际关系的宏观理论，就必须避免使自己卷入普遍主义、人权和干涉或不干涉这样的困境之中，提出一种更系统的结构方法。他认为任何国际社会结构都是领域和层次的复杂混合物，它具体运行的关键主要取决于这种混合是怎样组成的，而系统的结构方法为诠释和比较理论的发展开辟了道路。①

布赞认为，英国学派理论的基础是关于国际体系、国际社会和世界社会三个概念同时存在的思想，但这三个概念的发展是很不平衡的。英国学派理论对国际体系和国际社会已经作了比较系统地阐述，然而对世界社会概念的论述相对很少，它基本上还处于没有发展的状态。英国学派内部对"什么是国际社会"存在着三种理解方式：其一，把国际社会看作领导人头脑中的一套观念，这种思想以曼宁为代表；其二，把国际社会看作政治理论家头脑中体现出来的一系列观念，这种思想最明显地体现在怀特的三大传统中，它也明显地存在于布尔、文森特和其他英国学派学者的著作中；其三，把国际社会看作一系列外部强加的观念，以此来界定国际体系的物质结构和社会结构，这是把国际体系、国际社会和世界社会视为分析性概念，布赞和利特尔是这种思想的代表。在他看来，世界社会是英国学派理论框架中最成问题的方面，由于英国学派缺乏对世界社会概念的深入探讨，以及对世界社会和国际社会如何相互联系的认识混乱不清，从而导致了学派内部陷入多元主义和社会连带主义之争的死胡同，阻碍了英国学派理论的发展。如果英国学派

---

① Barry Buzan, *From International to World Society? English School Theory and the Social Structure of Globalization*, Cambridge: Cambridge University Press, 2004, pp. 11 - 12, 230.

理论作为国际关系方法论多元主义的一个工具要起作用，那么它的三个核心概念的每一个都必须得到同样清晰的阐述，国际社会与世界社会之间的边界也必须清晰。① 因此重新界定世界社会概念是重塑英国学派的关键所在。

在布赞看来，英国学派对世界社会的认识是比较混乱的。该学派内部对世界社会的研究主要存在两种思路：一种是以布尔为代表，即国际社会和世界社会的区分建立在本体论不同的基础上，前者的基本单位是国家，后者的基本单位是个人、非国家组织和跨国行为体的混合；另一种以文森特及其追随者为代表，他们把世界社会看作包括国家、跨国行为体和个人的整个人类社会组织，在他们的世界社会概念中，世界社会最终包含并超越了国际社会。在国际社会和世界社会的区分上，布赞反对文森特的划分方法，而主张采取布尔的研究思路。他认为，任何把国家和非国家行为体合并在一起的做法，实际上都将破坏英国学派的三重分析层次，建立了一种在整体主义名义下难以处理的分析对象；而根据国家和非国家本体论的差别来划分，这样既可以不破坏英国学派的三重分析层次，又可以清晰地划分国际社会和世界社会的边界。国际社会是由国家行为体组成，跨国行为体和个人是国际社会的参与者（或者说个人是国际法的从属对象，而不是国际法中拥有权利的主体），国际社会结构的基本政治和法律框架是由国际体系确定的，在国家社会界定的秩序中，个人和跨国行为体的权利是由国家赋予的；而世界社会则成为区分主导单元的国家与主导领域的国家社会的工具，它以各种类型行为体之间的

---

① 　Barry Buzan, *From International to World Society? English School Theory and the Social Structure of Globalization*, Cambridge：Cambridge University Press, 2004, pp. 11 – 16.

功能差别原则和有关不同类型行为体之间相互关系中的权利和义务的协议为基础。在这样的世界社会里，每个行为体都具有独立的法律和政治地位，国家、跨国行为体和个人中的任何一种单元类型都不能主导其他两种单元类型，或者国家社会、跨国社会和人际社会中的任何一个领域都不能主导其他两个领域，但它们是相互联系在一起的。①

在区分了国际社会和世界社会的界限后，布赞还对世界社会中不同性质的非国家因素作了明确划分。根据他的看法，一阶社会（first-order society）即人际社会，它建立在个人之间互动基础上的社会结构，并且主要表现为大规模的共享认同模式；二阶社会（second-order society）的成员不是个人，而是拥有认同和行为体特征的持久的人类集体，这个集体大于其部分之和。他指出，由于个人和跨国行为体之间本体论的差异，由个人组成的世界社会和由跨国行为体组成的世界社会是完全不同的：思考个人组成的世界社会很大程度上集中在认同和共同体的问题上，在这个人类共同体中，人们承认所有人平等和拥有基本人权；而思考跨国组织组成的世界社会则主要集中在社会的问题上，在这种世界社会中，各种跨国组织组成一个不同的功能交流体系，每个跨国组织通过自己的基本标准建构独特的共同体。由此，布赞界定了国家、跨国行为体和个人三类行为体，并对应地把国际社会和世界社会相应地划分为三种基本类型：国家社会（国与国之间的互动）、跨国社会（跨国行为体之间的互动）和人际社会（个人与个人之间的互动），任何一个国际社会都是以上三种社会形

---

① Barry Buzan, *From International to World Society? English School Theory and the Social Structure of Globalization*, Cambridge：Cambridge University Press, 2004, pp. 202 – 203.

态不同程度的混合物。① 这样，英国学派的世界社会概念通过对
跨国社会和人际社会的区分而得到了重新设计。布赞建立了这三
个领域之间的关系：现在这三个领域的界限由确定它们的三个不
同的构成单位来区分，这三个领域并不是英国学派三大传统一般
采取的范围。因此，英国学派的研究兴趣应该从界定三个领域的
分界线转移到分析这三个领域是如何互动上来。英国学派关于三
大传统同时起作用的重要观点被保留下来，但现在这个观点的基
础发生了改变：包含三种单元类型的社会形式都能在某种程度上
体现在国际体系中。在最低程度上，这三个领域中的每一个都构
成了其他两个领域的部分运行环境；在最大限度上，一个领域中
的条件可能决定其他领域做出的选择。②

　　在国际体系与国际社会的关系问题上，布赞改变了原来的观
点，即认为需要对体系的机械力量和社会建构的共享观念加以区
分，③ 现在他转而反对布尔关于国际体系和国际社会的区分，认
为布尔对两者的区分是含混不清的。温特建构主义的影响是导致
布赞修改他原来观点的主要原因。在他看来，所有人类的社会互
动都假定存在一些物质互动的成分，社会互动不可能在没有物质
互动的情况下发生，而没有社会内容的物质互动也是不可能存在
的。在大多数实践中，物质互动和社会互动是紧密联系在一起
的。因此，关键的问题不是关于物质体系和社会体系之间的区
分，而是关于物质—社会体系是怎样建构的。所以，在英国学派

---

①　Barry Buzan, *From International to World Society? English School Theory and the Social Structure of Globalization*, Cambridge: Cambridge University Press, 2004, pp. 118 – 128.

②　Ibid. , pp. 133 – 134.

③　Barry Buzan and Richard Little, *International Systems in World History*, Oxford: Oxford University Press, 2000, pp. 103 – 105.

理论中没有必要保留国际体系和国际社会的区分，可以用一种框架内的两个基本形式来代替，只要阐明国际社会类型的范围就可以了。[①] 他认为，英国学派理论对于均势、外交机制和战争等国际社会的主要制度进行了深入的探讨，揭示了国际社会各成员普遍承认和遵守的各种制度内涵，因而它解释了国际社会中的共同规则、规范和制度是什么的问题（what）。但却没有解释这些规范、规则和制度是怎样被共享的（how），而确定这些规则、规范和制度是怎样被共享的，对我们理解国际社会或世界社会是怎样发展的十分重要。他指出，温特的社会结构理论为我们理解国际社会和世界社会的规范和规则如何被社会化方面提供了一种有用的工具，因为它不仅回答了规范和价值的类型是什么、它们是怎样被共享的问题，而且还回答了这些社会化模式是怎样发挥作用的问题。同时，温特方案增加的新维度也适用于英国学派关于多元主义和社会连带主义的争论。在温特的社会结构理论中，价值的内化模式和程度主要有三种形式：强制（coercion）、算计（calculation）和信仰（belief），这三种模式是逐渐演变、不断内化的。在布赞看来，温特的社会化模式的吸引力在于它可以适用于任何类型的社会，在任何一个国际社会中，以上三种内化模式都不同程度地存在着，关键要看它们之间的比例和相互关系。[②]

　　为此，布赞重塑英国学派理论的做法是：在建构主义理论的基础上放弃国际体系的概念，使之集中在国际社会和世界社会的界线区别上，这样做提高了在国际社会和世界社会内系统思考结构系谱的可能性。同时，根据温特文化内化（强制、算计和信

---

① Barry Buzan, *From International to World Society? English School Theory and the Social Structure of Globalization*, Cambridge: Cambridge University Press, 2004, pp. 41 – 44, 90 –102.

② Ibid. , pp. 103 – 108.

仰）的模式或程度来区分国际社会的不同类型，从而扩大国际社会的范围，这样国际社会就出现了一个全球社会秩序伴随次全球结构的层化现象，每一个都可以根据社会团结的厚薄程度来衡量，全球层次和地区层次的宏观结构是由强制、算计和信仰的共同作用结合在一起。使用这种分析范畴，我们就能够讨论国际社会结构在历史上是怎样变化的。传统英国学派所论及的世界社会概念被改成为互相区分的跨国领域和人际领域。在经过修改后的国际社会系谱中，最左端是无政府社会，其后依次是霍布斯社会（纯粹的权力政治）、格劳秀斯社会（从共处到相互合作），最右端是康德社会（国内政治经济结构趋同的国家组成的邦联）。同时，他将多元主义和社会连带主义的争论视为确定国际社会类型的关键，承认多元主义和社会连带主义的"薄—厚"特征，然后在国际社会中发展一种社会连带主义理解，回答它是怎样与人际领域和跨国领域发生联系的。

多元主义和社会连带主义的争论一直是英国学派理论的核心，但长期以来该学派成员把两者看作是相互排斥的。在布赞看来，多元主义和社会连带主义的主张不应被理解为相互排斥的，而应该看作各自代表的薄的（thin）和厚的（thick）一套规范、规则和制度的系谱。多元主义和社会连带主义之间并不存在本质的区别，它们的基本差异在于共享价值的本质、宽度和广度。多元主义一般是与国际社会的共存规则相联系，而社会连带主义则往往超出共存规则，涉及国际社会的合作规则。他反对把社会连带主义置于世界主义的基础之上，认为虽然社会连带主义可能与世界主义相联系，但这种联系并非是必然的，因为把人权与社会连带主义简单等同起来的做法，忽视了社会连带主义概念本身具有的经济、技术合作等层面的意义。同时，他主张将社会连带主义视为国际社会的特征，反对把社会连带主义看成国际社会和世界社会混合的观点，认为社会连带主义并非一定意味着国际社会和世界社会的混合，多元主义和社会连带主义都可以用来思考国家社会，而且它们最好被理解为界定各种国家社会的基础。这样，可以为社会连带主义的非自由主义的范围开辟一个分析空间。社会连带主义的自由主义形式将自然包括个人和跨国行为体的权利、责任和承认的扩大，它用重要的方式把国家社会、人际社会和跨国社会连接在一起，但有些时候并非如此。因此，社会连带主义学者必须意识到他们主张社会连带主义国际社会的特定类型需要增加对共享价值的关注，对影响社会连带主义国际社会稳定的诸多变量的关注：价值共享的方式、原因、主体、过程和对立的程度。如果考虑到所有这些因素，就需要对英国学派的多元主义和社会连带主义模式进行修改。为此，布赞首先重新界定了社会连带主义概念：社会连带主义是建立在社会团结的思想基础上的，它意味着许多行为体之间不仅存在着一种统一的利益和同情，而且这种统一是一种足以产生集体行动能力的类型。社会连带主义很大程度上由价值共享的类型和数量所决定。其次，多元主义和社会连带主义不再只是界定两类国际社会性质的标准，而是作为界定国际社会类型的一系列基本标准的系谱。①

至此，布赞通过阐述世界社会概念，重建国际社会和世界社会之间的关系，发展了一种对英国学派理论的结构性解释。他把英国学派建构成一种关于规范的理论而不是一种规范理论，并通过使用多元主义的方法论作为揭示全球化问题和获得更多手段的一种方法。毫无疑问，布赞的《从国际社会到世界社会》为重

① Barry Buzan, *From International to World Society? English School Theory and the Social Structure of Globalization*, Cambridge: Cambridge University Press, 2004, pp. 139 – 160.

塑英国学派开启了一个新的出发点，他关于重建英国学派研究议程的方案提出了国家社会、跨国社会和人际社会怎样相互联系这一重大问题。国家社会的价值和制度与跨国社会和人际社会领域有着非常密切的联系，把它们连接起来的是价值和道德目标的基本变化。但问题是，实现这些原则的最好方法是通过结构理论还是经过历史和规范研究，人们面临的挑战是必须提供一个关于国家和非国家行为体怎样创建国际社会规范框架的更为清晰的解释。显然，布赞重塑英国学派的方案倾向于采取更清晰的结构理论方法，但他这样做并没有取得应有的效果，而且新的手段也没有得到充分利用，包括全球性国际社会和地区性国际社会的关系问题。①

　　总之，从 20 世纪 90 年代以来英国学派的发展情况来看，英国学派内部对如何进一步发展该理论的看法是不同的。大多数新生代学者对英国学派理论的发展持比较开放的态度，他们主张在坚持该学派的核心概念和多元主义的前提下，通过吸收和借鉴目前美国主流国际关系理论的合理成分，修补英国学派在国际社会理论化方面存在的某些不足，使该理论发展成为一种解释世界政治中变化及其原因的连贯一致的宏观理论。而一部分学者仍然主张沿着英国学派的传统路径，在坚持该学派的学术传统和规范理论特点的基础上来完善国际社会理论。英国学派内部对学派发展的不同主张，表明英国学派仍然在不断发展，它究竟朝何处发展，还有待于进一步观察。

---

① Tim Dunne, "The New Agenda", in Alex J. Bellamy, ed., *International Society and Its Critics*, Oxford: Oxford University Press, 2005, p. 73.

第二章　国际社会理论的思想传统

　　国际社会理论深深地扎根于欧洲政治思想的土壤之中。国际社会的思想主要来自于欧洲特别是英国的历史传统，它根植于古代法律传统以及国际法确立的一个由国际合法秩序的参与者组成的共同体这一观念之中。[①] 布尔在分析国际社会为什么首先在欧洲出现时曾指出，欧洲政治思想中的两个思想传统促进了国际社会概念的形成。一个是现代国际法的思想传统。这个传统认为，国家在构成国际社会的过程中总是受到法律规则体系的约束，不管这些规则是来源于自然法或成文法，不管这些规则所针对的对象是国家还是个人，不管这些规则被认为是普遍有效的还是只适用于基督教国家或欧洲国家。另一个是国家间政治关系必须根据均势体系加以分析的传统。根据这种分析，在整个现代历史中，国家始终在"政治体系"或"国家体系"内运作，这就需要它们保持行动自由，尤其是需要采取行动以维持均势。就这些理论把均势看作有意造成的政策的产物和它们坚持国家有义务采取行动维持均势来说，均势也必然体现国际社会及约束其成员的规则

　　① Barry Buzan, "From International System to International Society: Structural Realism and Regime Theory meet the English School", *International Organization*, 47 (3), 1993, p. 328.

的思想。这种均势思想传统总是与国际法的约束相互对立又相互依存，维持均势这一政治公理更多是通过法律来加以限定的。[①]

对于国际社会概论的思想渊源，爱德华·基尼作了类似的阐述。他认为，今天学者所使用的现代国际社会理论，是在结合国际体系的政治——历史概念和国家社会的法律概念这两个思想的基础上发展起来的。国家体系的思想起源于二百多年前的欧洲，它最初作为试图证明现代世界政治秩序的可靠基础的一定规范原则发展起来，是对当时相互承认领土主权的独立国家组成的体系的一种描写。这一思想后来通过 18 世纪末和 19 世纪初保守历史学家的阐述而得到进一步发展，这些历史学家力图通过设计一种国家体系的观念，来实现拿破仑战争后确立的欧洲公共秩序的合法化。而国际关系可以根据一个国际社会来描写的思想，是在 16 和 17 世纪发展起来的。当时的法学家试图根据国家社会的思想来描述万民法的约束力，他们通过自己对法学的浓厚兴趣来理解社会，认为国际社会存在的重要证明是存在一个权威的法律秩序，国际社会是与一种适用于包括所有统治者和人民的约束性规范和规则的秩序相一致的。这些早期的理论家试图借助于理性研究，来说明自然法原则可以作为民族大家庭的规范性框架的基础。[②] 因此，国际社会概念通常是与国际关系中的理性主义传统联系在一起的。

理性主义（rationalism）传统在西方政治思想中源远流长，它最早可以追溯到古希腊特别是斯多葛学派，后来经过中世纪的

---

① Hedley Bull, "Society and Anarchy in International Relations", in Herbert Butterfield and Martin Wight, eds., *Diplomatic Investigations*, Massachusetts: Harvard University Press, 1966, p. 39.

② Edward Keene, *Beyond the Anarchical Society: Grotius, Colonialism and Order in World Politics*, Cambridge: Cambridge University Press, 2002, pp. 12 – 13.

基督教会，再到现代的新教徒、人道主义者和理性主义者，它们构成了"欧洲思想的一条宽阔的中间道路"。属于这一传统的有西塞罗、阿奎那、苏亚雷斯、普芬道夫、格劳秀斯、胡克、洛克、伯克、卡斯尔累、格莱斯顿、华盛顿、汉密尔顿、杰斐逊、罗斯福等人，这些人都是"坚持法律、秩序和履行诺言的人"。他们关注和相信在国际无政府状态下国际交往因素的价值，认为人类虽然是有罪孽和残忍的动物，但却是理性的，通过这种理性，人们能够在调整政治和社会安排方面取得相当的成功。理性主义传统是与包含在自然法概念中的理性要素相联系。理性主义者认为自然法是人的理性和上帝意志的体现，是普遍适用并且永恒不变的原则，是任何时候、任何民族都应遵守的法律；它命令人们履行自己的社会义务，禁止人们做坏事。而人类本质上是理性的创造物，理性意味着人类有能力了解自然法和自然法赋予的责任。这个自然法铭记于人的心灵中。[①] 从根本上说，理性主义思想来自人的理性主义信念：人的本质属性在于其理性，理性使人能够按照自然的法则，在合理保存和造福自我的同时发扬其固有的群体秉性，即与其他个体友好交往并且结合成有序社会的天然倾向。[②]

　　理性主义哲学可追溯到中世纪晚期的神学家阿奎那。他把理性和信仰视为两种各不相同的意识，宗教和科学是两种各不相同的知识体系，力图将哲学的理性和神学的启示结合在一起。他认为，天意不是要废除自然法，而是要使其进一步完善。在启示的真理与只有通过理性和经验而获得的知识之间尽管存在着差距，

---

　　① 　Martin Wight, *International Theory: The Three Traditions*, New York: Holmes & Meier, 1992, pp. 13 – 14, 29.

　　② 　时殷弘、叶凤丽：《现实主义、理性主义、革命主义》，载《欧洲》1995 年第 3 期。

但不可能存在根本的不一致。两个领域之间的预定和谐的理论依据在于假定上帝也是自然的创造者。人的一切知识都源于感觉和来自对感性事物的抽象，人作为知识动物的本质特征是"理性"，人通过一种复杂的理性过程而获得真理，精神借助于这一过程有秩序地从已知到达未知。在他看来，人作为一种理性存在物，自然倾向于政治生活和真理的知识等。正因为人富有理性，所以人有能力了解自然法和自然法赋予的责任，辨别正确和错误，比其他自然物更完善地参与神的秩序。① 这种理性主义观点同样体现在试图在中世纪自然法传统和现代国际法思想之间架起桥梁的新经院派学者苏亚雷斯身上。苏亚雷斯认为："虽然人类分成许多各不相同的民族和国家，但在总体上却是一个统一体，它不但是一个物质的统一体，而且是一个政治和道德的统一体，它因博爱和同情而联合起来。因此，虽然每个共和国或君主国看上去都是独立自主而又自给自足的，但实际上没有哪一国能够这样，无论在物质上还是在道德上，每一国都需要得到其他国家的支持和友善。所以，在这样的社会中，它们还需要拥有某种共同法律以规范其行为。"② 他强调指出，国际关系虽然受到自然法的支配，但却是不充分的，它不能对各种状况做出反应，因而必须得到作为诸民族的惯习创设出来的万民法的补充。③

在 17 世纪近代哲学发端时，理性主义开始获得了认识论的意义，但是对于我们怎样获得知识的问题，当时存在两种不同的

① ［美］列奥·施特劳斯、约瑟夫·克罗波西主编：《政治哲学史》（上），李天然等译，河北人民出版社1998年版，第273—274、285—286页。

② Martin Wight, *International Theory: The Three Traditions*, New York: Holmes & Meier, 1992, p. 22.

③ ［日］山本吉宣主编：《国际政治理论》，王志安译，上海三联书店1993年版，第24—25页。

回答。笛卡尔认为知识可以通过先验的概念或天生的观念演绎而来。而洛克认为"我们的一切知识都在经验里扎着根基，知识归根结底由经验而来"①，但他的经验主义认识论与他基于先验自然理性的社会政治理论自相矛盾。后来经过穆勒的阐述，把经验证据和个人感觉协调起来，这一矛盾被调和了，但这个时期的理性主义比 17 世纪的理性主义更接近经验主义。理性主义的认识论来自经验主义的始祖洛克。他认为，人是理性的，他们受理性支配而生活在一起，但不存在一个拥有对他们进行裁判的公共权威，这是自然状态。②洛克想象的自然状态是一个自由、平等和有自己财产的状态。在这种自然状态中，人仍然受到自然法的约束，享受着上帝赋予的自然权利，只是在自然状态下缺乏一个共同的裁判者。根据洛克的观点，自然状态不是战争状态，战争状态是充满敌意、暴力和相互残杀的状态，自然状态是一个善意、互助和安全的状态。自然状态是一个准社会的条件，尽管存在制度缺陷，但有一个有限的契约。也就是说，国际社会虽然缺少一个共同的权威或者裁判者，但它仍然是一个真正的社会，它类似于一个习惯社会，即一种本质上有习惯法的社会，只不过这个习惯法存在一些缺陷。③布尔认为，洛克的自然状态是一个没有政府的社会，实际上它非常类似于国家社会即国际社会。现代国际社会如同洛克的自然状态一样，缺少一个能够解释和执行法律的中央权威，因此社会中的每一个成员必须自己做出判断和实

---

①　[英] 罗素：《西方哲学史》下卷，马元德译，商务印书馆 2003 年版，第 140 页。

②　[英] 洛克：《政府论》下篇，叶启芳、瞿菊农译，商务印书馆 1997 年版，第 14 页。

③　Martin Wight, *International Theory：The Three Traditions*, New York：Holmes & Meier, 1992, pp. 38 – 39.

施决定。尽管这是一个初级形式的社会生活，然而这仍然是一个社会。①

　　然而，理性主义作为一种思想方法和系统的知识体系，它主要由 17 世纪的著名国际法学家格劳秀斯完成的。格劳秀斯对国际政治的描述，既不同于霍布斯主义者否定国家间关系受到共同规则和制度的约束，把国际政治看作国家之间相互争斗的场所的观点，又与康德主义者认为国际政治是超越国家边界的人类共同体的观点有着本质的区别，它把国际政治看作是发生在一个国际社会内的活动，认为国际政治既不是国家间完全的利益冲突，也不是纯粹的利益一致，国家在相互交往中不仅受到谨慎和权宜之计规则的约束，而且也受到道德和法律原则的制约。② 也就是说，格劳秀斯把理性主义看作现实主义和革命主义之间的中间道路，它承认无政府状态的条件会迫使国家寻求自身安全，但同时承认普遍道德的观念阻止了主权国家的利己行为，而强调更高层次的国际秩序，③ 其核心是将国际社会理解为虽是无政府却有秩序的社会状态。怀特把理性主义与格劳秀斯的名字联系起来，用该传统来说明国际关系的社会基础和制度基础，从而使得存在国际社会的说法有了意义。④ 不过，虽然格劳秀斯是理性主义传统的代表人物，但他并不是理性主义者的同义词。因为先前的国际法包括自然法学派、实证法学派和

　　① Hedley Bull, *The Anarchical Society: A Study of Order in World Politics*, London: Macmillan Press LTD, 1995, pp. 46 – 47.

　　② Ibid. , pp. 23 – 25.

　　③ Andrew Linklater, "Rationalism", in Scott Burchill and Andrew Linklater, *Theories of International Relations*, London: Macmillan Press LTD, 1996, p. 94.

　　④ Ian Clark, "Traditions of Thought and Classical Theories of International Relations", in Ian Clark and Iver B. Neumann, eds. , *Classical Theories of International Relations*, London: Macmillan Press LTD, 1996, p. 5.

格劳秀斯学派，自然法学派认为只有自然法才称得上是国际法，惯例和条约并不是真正的法；实证法学派认为真正的国际法就是惯例和条约，自然法不是法律；而格劳秀斯综合了这两派的观点，认为两者都是国际法的基础。但自然法学派并不等于理性主义者，有些自然法学者可能是现实主义者。[①] 而且，格劳秀斯的国际社会思想中还包含了一些其他学者的思想。例如，早在格劳秀斯之前瓦泰尔的著作中就有关于国际社会普遍性思想的论述，以及他接受了维多利亚关于基督教国家为维护它们的贸易权利可以诉诸武力的观点。因此，格劳秀斯主义并不能简单地与理性主义画等号。我们把格劳秀斯视为理性主义传统的代表人物，是因为他对作为一种思想方法和知识体系的理性主义学说作了第一次全面和系统的阐述。

第一节　格劳秀斯的理性主义思想

格劳秀斯（1583—1645）是 17 世纪荷兰著名的法学家、政治思想家和现代国际法之父。他出生于荷兰德佛特省一个富裕的律师家庭，从小受到良好的教育，年纪很轻时就获得了法学博士学位。他一生中曾做过律师、行政官员、外交官、学者及教师，但他本质上是一个法学家，因为他最主要的学术贡献是在国际法领域。他发表的主要著作包括《捕获法》、《论海上自由》、《战争与和平法》等。其中，《战争与和平法》影响最大，这一著作出版后迅速被译成欧洲多个国家的语言，并连续再版数次。

格劳秀斯生活的时代正是欧洲战争连绵不断的年代。战争的

[①]　Martin Wight, *International Theory: The Three Traditions*, New York: Holmes & Meier, 1992, p. 14.

残酷和不仁道、基督教国家忽视国际法及道德规范等，都给他留下了极为深刻的印象。他在《战争与和平法》的导言中说道，我看见现在信仰基督教的各国，战争的肆行，这甚至连野蛮民族都为之感到可耻，只要有所借口就诉诸战争。而一旦开始战争，一切法律、教义、正义统统被抛到九霄云外，好像人人都有肆行无忌地从事一切罪恶的权利。他目睹了三十年战争造成的巨大破坏，同时也目睹了各种主权国家的形成壮大以及它们的为所欲为。他承认没有可能重建历史上由教皇和神圣罗马帝国的旧权威，以及由此而来的普遍性秩序和法律，而消除或禁止战争也不太可能。但是他认识到，迫切需要给正在出现的主权国家体系建立一种规范和法律的框架，以限制战争及其破坏性，以尽可能使战争行为变得更人道些。^① 他呼吁建立一套规范国家间行为的法律，并坚持国家必须接受这些法律规范的约束，这些观点在他1625 年发表的《战争与和平法》中得到了明显的体现。尽管在这之前苏亚雷斯、维多利亚和其他学者的早期著作已经涉及万民法，但没有一个学者能像他这样对国际法做出如此全面和系统的论述。

《战争与和平法》是第一部全面和系统论述以国家主权为基础的国际法的理论著作，他在书中着重论述了权利的来源与法律问题，战争的起源、性质、分类，国家主权和公民权利与义务问题，正义战争与非正义战争、战争的规则、对平民和战俘的处理等问题。虽然他在该书中直接关注的是战争现象以及建立和平和秩序的条件，论述了用法律来限制国家间的战争行为和调节国家间的关系，但事实上他发展了对以自然法为基础的国际法的解

---

① Torbjørn L. Knutsen, *A History of International Relations Theory*, Manchester and New York: Manchester University Press, 1992, p. 86.

释，涉及国际社会观点的许多方面内容，[1] 是有关"自然和国家法"以及"公法"的主要论点的一般论述。因此，格劳秀斯的主要贡献不仅是他系统地综合了已经存在的各种法律思想，并赋予它以生命力，而且他在《战争与和平法》中阐述的思想和原则实际上为国际关系中理性主义传统的发展奠定了理论基础。

格劳秀斯的国际关系思想是理性主义的，其核心是有关国际社会的思想。一方面，他承认在以主权国家为主要行为体的国际体系中国家之间的关系基本上是无政府状态的，在无政府体系中国家之间为争夺权力和安全的斗争不可避免会产生利益冲突和战争。他接受了霍布斯关于人性恶的观点，从人的自然状态推导出国家不断处于利益冲突之中；同时他也承认国家的理性和自私的特征，国家行为的主要驱动因素是国家利益。但另一方面，他又认为国家间关系并不一定是利益冲突和无序的，与这一状态并存的还存在着国家间的经济和社会交往，各国在处理彼此关系时不能摆脱道德和法律的限制，它必然要受到它们组成的社会的共同规则和制度的约束。对他来说，国际关系理论的中心问题就是，国家之间虽然不从属于一个共同的权威，但仍能够形成一个没有政府的社会，这个社会的运行通过外交、国际法、均势和大国协调等制度来维持。正是国际法和共同规则这些纽带保证了一个有序的国际社会的存在，并且使之具有和谐性特征。如果没有这些社会规则和规范的约束，或者没有对这些规则和规范的尊重，国际社会就会处于持续的混乱和无序状态之中。[2] 这是格劳秀斯思

① Rick Fawn and Jeremy Larkins, eds., *International Society after the Cold War: Anarchy and Order Reconsidered*, London: Macmillan Press LTD, 1996, p. 4.

② Hedley Bull, "Martin Wight and the Theory of International Relations", in Martin Wight, *International Theory: The Three Traditions*, New York: Holmes & Meier, 1992, p. xii.

想中最具有理性主义色彩的成分，也是他后来对英国学派产生的最大影响。格劳秀斯认为，人类有能力运用理性设计出一套确保主权国家和其他行为体之间和平共处的法律，通过法律和道德能够缓和国家间的冲突和战争，从而将国际关系中的暴力和不正义行为控制在理性的范围之内。他将国际社会的规则和道德置于国家利益之上，以各国相互之间的行动似乎全部能限制在一定的法律和道德界限内为认识基础，构筑了这一国际法体系。主张国际关系的整体应受到法律规范的制约，这是格劳秀斯传统的主要特点之一，也是它区别于其他概念或思想传统的一个重要特点。①

格劳秀斯的国际社会概念是社会连带主义的，他的中心假定是组成国际社会的国家在维持国际社会的共同目标和制度方面团结一致，或者采取团结一致的行动，它们代表国际社会的集体意志，抵制那些挑战集体意志的行为。② 这种社会连带主义观点与奥本海（L. Oppenheim）主张的多元主义学说有着明显的不同，后者认为国家仅仅只能在国际社会共存这个最低程度目标上达成一致，不可能在国际社会的法律实施上达成一致。这种社会连带主义观点在格劳秀斯关于正义战争的阐述中得到了明显的体现。

在《战争与和平法》一书中，格劳秀斯从人和社会的一般原则出发，论证了区分正义战争与非正义战争的性质是可能的。他认为，自然法和意志法并不禁止所有权力的行使，它只禁止行使那些与社会原则相矛盾的权力，即那些企图剥夺他人权利和财产的权力，因而只要为了达到或重建人类的自然目标——和平或安

---

① A. Claire Cutler, "The 'Grotian Tradition' in International Relations", Review of International Studies, 17 (1991), p. 41.

② Hedley Bull, *The Anarchical Society: A Study of Order in World Politics*, London: Macmillan Press LTD, 1995, p. 230.

静的社会生活条件，而不是为了个人或集团的自我扩张，为此发动的战争就是正义的。① 在他看来，正义战争的基本标准就是基于自然法的权利或义务，国家仅为实施人类自然权利而从事的战争。进行正义战争的理由，包括出于自卫和恢复被他人掠夺的财产的目的而发动的战争，以及为了反击他人施加的伤害和施加罪有应得的惩罚而发动的战争。他认为，一旦认定对上述的威胁是直接的和确定无疑的，国家事先使用武力就是正当的，而不必在法律上等到利益遭到破坏后才进行。格劳秀斯对正义与非正义战争的区分所产生的作用在于，它排除了一种战争，但同时认可另一种战争，并抬高了它的地位。他赞成正义战争，认为正义战争是行使固有权利的战争，而基于非正义理由而进行的战争则是为了扩大领土、惩罚拒绝联姻者以及违背别人的意愿而强加给对方的一种政体。不过，他对战争的许可范围作了非常严格的限定，即"除了为了实行自然权利，国家不应进行战争；战争一旦爆发，战争行为应限制在法律和忠诚的范围之内"②。这意味着格劳秀斯所容许的战争，其作用仅仅限于维持某种既定的权利体系，对侵害这一权利体系的行为做出反应，但他并不容许旨在改变权利体系的战争。③ 他力图通过法律来规范战争中的行为，并通过区分正义战争与非正义战争，来达到限制国家发动战争的目的。

　　格劳秀斯关于正义战争与非正义战争的区分所产生的另一种作用，就是认可代表国际社会利益而不是违背或无视国际社会利

---

①　[美] 列奥·施特劳斯、约瑟夫·克罗波西主编：《政治哲学史》（上），李天然等译，河北人民出版社 1998 年版，第 448 页。

②　Hugo Grotius, *The Law of War and Peace*, New York：Bobbs-Merrill, 1925, p. 18.

③　Hedley Bull, "The Grotian Conception of International Society", in Herbert Butterfield and Martin Wight, eds. , *Diplomatic Investigations*, Massachusetts：Harvard University Press, 1966, p. 55.

益的战争。对他来说，战争的合法性来自于它服务于国际社会整体的需要，国王或人民从事战争以补偿受伤害方被视为实现这个总体目标的手段，他们从事战争的目的不仅是为了补偿他们遭受的伤害，而且也是为了惩罚侵害者。他还认为，为了正义理由而发动和进行战争的国家不应局限于受害国，"对于自己利益受到威胁的人能够成立的正义理由，对于那些给予他们帮助的人来说同样也是正义的"。因为参加正义战争的普遍权利是由"人们之间相互亲近关系的纽带赋予的，这个纽带本身为相互帮助提供了足够的基础"①。他承认战争法、中立、联盟和不干涉等制度的存在，但中立地位不能迫使中立国家一定要在战争中采取不偏不倚的公正立场。国际社会的一个基本原则在于，为正义而进行的战争必须优先于同盟条约的义务，而且主权国家出于正义的理由有权拿起武器支援国内冲突中正义的一方。② 因此，只要出于正义的理由，国家和国际社会有参加正义战争的普遍权利。这个被认为社会连带主义的思想，是格劳秀斯的中心论点之一。③ 此外，即使确有正当理由，对于是否诉诸战争，格劳秀斯仍然抱着十分慎重的态度。他认为，为正义理由而战的国家必须确信其理由的正义性，如果尚存在怀疑时，国家就必须避免开战。他特别强调不应该为每一个正义理由而从事战争，"除非必要，不应该进行战争"。④

---

① Hugo Grotius, *The Law of War and Peace*, New York: Bobbs-Merrill, 1925, pp. 578, 582.

② Hedley Bull, "The Grotian Conception of International Society", in Herbert Butterfield and Martin Wight, eds. , *Diplomatic Investigations*, Massachusetts: Harvard University Press, 1966, pp. 62 – 63.

③ Ibid. , p. 56.

④ Hugo Grotius, *The Law of War and Peace*, New York: Bobbs-Merrill, 1925, pp. 560, 575.

　　格劳秀斯关于区分正义战争与非正义战争的思想，直接影响了他对支配战争行为规范问题的讨论。他认为正义战争的理由来自于自然法，自然法是国际法的主要来源。从这个观点出发，格劳秀斯认为战争的正义行为来源于战争理由的正义性，只要为了达到正义目的的需要，任何行为都是允许的。由于人们具有自卫、恢复自己财产或对侵略者进行惩罚的权利，为了履行这些权利而使用任何必要的武力都是许可的。他说："如果一个人受到侵害，生命岌岌可危时，他不但可以对侵略者进行战争，而且毁灭对方也是正当的。"在他看来，理性并不禁止一切形态的暴力行为，它禁止的只是那些反社会的暴力行为，即侵犯别人权利的暴力行为。根据这个观点，战争的非正义方不享有任何权利，也没有什么义务可以约束正义方。他还从万民法的观点考察了战争的行为规范问题，认为国际法来自于国家的同意，它是各国共同签订和公认的有约束力的各种行为规范。从这个观点出发，代表主权国家利益进行的任何战争和通过事先宣战进行的战争都是合法的战争。万民法允许交战国可以杀死和杀伤敌方领土内的妇女和儿童，毁坏和抢劫敌方的财产，杀死俘虏和人质，以及使战俘成为奴隶等。[①] 而且，基于正义理由进行的战争甚至可以对联盟和条约所规定的参与方应负有的责任置之不理。可见，格劳秀斯对正义战争和非正义战争的论述，表明了他承认国家拥有战争权，但这种权利必须是基于自然法伦理和法律界限的有限和相对有限的权利，否则国际社会就无秩序和正义可言。

　　格劳秀斯承认国家主权原则，承认国家拥有对内的最高管辖

---

　　① Hedley Bull, "The Grotian Conception of International Society", in Herbert Butterfield and Martin Wight, eds., *Diplomatic Investigations*, Massachusetts: Harvard University Press, 1966, p. 58.

权，但同时认为国际法应允许国际社会在一定的情况下为维持人根本的自然权利而对别国进行干涉。对他来说，主权国家出于维护正义理由而使用武力的权利在国内冲突中如同国际冲突中一样适用：君主们除了有责任保护国内臣民的安全和福利外，而且还负有维护所有地方的人权责任。① 不过，格劳秀斯主张的干涉权是有严格限定的。他明确拒绝主权在民原则，提倡君主主权的思想，认为国家的主权只体现在国王身上，自然法没有赋予一国臣民有反抗统治者的权利，他把臣民为了获得自由而进行的暴力反抗归之为不正义战争。他认为，君主不只是为人民的福利而存在，有许多政府是以治者和被治者的福利为目的；代表主权的君主在有些情况下拥有剥夺臣民意志的权利。② 鉴于他对君主主权的尊重以及对臣民反抗权的怀疑，所以严格地说，他应该被视为国际关系中的不干涉主义者。因为在他的思想中革命的普遍权利并不存在，文明社会的目标是获得公共安宁，这个目标甚至必然凌驾于用于保护自我免受君主权力滥用危害的权利之上。然而，他主张的不干涉原则有一个重要例外，这就是只有在下列这些明确列举的、有限的情况下，被压迫人民不仅拥有一种进行反抗的权利，而且外国也有义务为了维护或恢复被压迫人民的根本的自然权利而进行干涉：即如果国王否定了自己的权威或声称放弃它，或者试图将自己的王国转让给他人，或者公开表示自己是人民公敌，或者试图窃取不属于他的那部分主权，特别是当一个暴

---

① Hedley Bull, "The Grotian Conception of International Society", in Herbert Butterfield and Martin Wight, eds., *Diplomatic Investigations*, Massachusetts: Harvard University Press, 1966, p. 63.

② Hedley Bull, "The Importance of Grotius in the Study of International Relations", in Hedley Bull, Benedict Kingsbury and Adam Roberts, eds., *Hugo Grotius and International Relations*, Oxford: Clarendon Press, 2002, p. 85.

君残酷地虐待他的臣民，特别是因臣民的宗教信仰的原因而遭受肆意迫害时，在所有这些情况下，人民有权反抗并为此获得国际支援的权利。① 根据劳特派特（Hersch Lauterpacht）的看法，这是格劳秀斯对人道主义干涉原则做出的第一次权威性阐述。格劳秀斯把人道主义干涉原则定义为：凡是对人类进行残暴摧残的地方，就是国内管辖权遭到外部力量强行剥夺的地方。②

　　格劳秀斯的国际社会概念是建立在他关于人本质上是理性和社会性的哲学基础上的。他认为，人生来就是一个理性的社会性动物，理性的禀赋规定了人最终区别于其他动物的，就是人所独具的特性中有一种要求组成社会的强烈愿望，亦即要求过社会生活的愿望——不仅需要与他的同类交往，并且需要与他的同类过安宁而有秩序的生活，而个人的安全、财产、契约和相似性对于获取这种和平与安宁的生活是必需的。③ 从人是理性和社会性的动物的核心假定出发，他推导出对政治社会和国际社会本质的认识。对他来说，国家是理性的人们为了享有法律的保护和求得共同目标而联合起来的共同体，它像个人一样本质上是社会性的，"国家之间的相互交往需要一个以共同规范和习惯为特征的国家大社会的发展。国家遵守法律并不是建立在自我利益的基础上，而是深深地根植于人本质上是理性和社会性的责任观念之上"。④ 既然人

　　① H. Lauterpacht, "The Grotius Tradition in International Law", in Richard Falk, Friedrich Kratochwil and Saul H. Mendlovitz, eds., *International Law: A Contemporary Perspective*, Boulder and London, 1985, p. 27.

　　② R. J. Vincent, "Grotius, Human Rights, and Intervention", in Hedley Bull, Benedict Kingsbury and Adam Roberts, eds., *Hugo Grotius and International Relations*, Oxford: Clarendon Press, 2002, p. 247.

　　③ Hugo Grotius, *The Law of War and Peace*, New York: Bobbs-Merrill, 1925, pp. 11, 16 – 30.

　　④ Rick Fawn and Jeremy Larkins, eds., *International Society after the Cold War: Anarchy and Order Reconsidered*, London: Macmillan Press LTD, 1996, p. 4.

的本性是理性的和社会性的，所以要维持一种秩序井然的社会，就必须有加以实现的某些最低限度的条件和价值，这就是自然法的原则。由于人本质上是理性的，所以他能够认识自然法，并且按照自然法的原则来行动。自然法实际上就是上述人性本质的反映。他认为，自然法是人类理性或本性的体现，是永远不变的法则，它既是人们必须遵守的道德准则，又是国家与法律理论的基础。他指出："自然法是真正理性的命令，是一切行为善恶的指示，它指明了任何与人的理性和社会本质相一致的行为就是道义上公正的行为，反之就是道义上罪恶的行为。"① 人类理性是自然法的渊源，而人类理性是绝对正确的东西，因此，自然法具有永久性和绝对性，即使上帝也不能改变，自然法原则是不可动摇的。

从人本质上是理性和社会性出发，格劳秀斯把自然法原则归结为以下五条：第一，不得侵占他人财产；第二，把不属于自己的东西以及由此产生的收益归还原主；第三，补偿因自己的过错而给他人造成的损失；第四，履行自己承诺的义务；第五，按照所犯罪过的大小给以适当的惩罚。在他看来，如果没有以上这些基本原则，人类就不能存在，更谈不上繁荣了。他认为，自然法是建立在人类普遍理性基础上的，它是一切人类法律的共同基础和根本来源；而国际法源于各国基于自然法的共同同意，它是建立在自然法原则基础上处理国家之间争端的法律，是各国在国际社会必须遵守的法律规范。因此，它的基本内容本质上是由自然法决定的。"自然法约束所有人类，不仅包括个人而且也包括国家。不管国家是否同意，自然法和国际法决定战争是正义的还是

① Hugo Grotius, *The Law of War and Peace*, New York: Bobbs-Merrill, 1925, pp. 38 - 39.

非正义的，决定了人道主义干涉是非合理，以及战争与暴力是犯罪还是警察行为。"① 他还阐述了国际法的原则，它的内容包括：第一，坚持宣战的原则，反对不宣而战的狡猾行为；第二，战争中要坚持人道主义原则，对妇女、儿童、老人等非参战人员应采取保护措施，对放下武器的战犯，不仅应保障其生命安全，而且要保护他个人的财产；第三，坚持公海航行自由；第四，要保护交战国双方外交代表的安全等。由于格劳秀斯强调国际法规则是以自然法和人的权利为依据，所以他的国际社会观点只有根据他对自然法和国际法的解释才能得到理解。

总之，格劳秀斯在国际关系中的重要贡献是他创立了国际社会思想。这个思想为我们当前思考国际关系提供了一个重要的范式，它提供了当今国际关系事实上是怎样运行的构成性原则，而且也影响着我们对国家间关系的事实和关于什么构成正当行为问题的理解。尽管国际社会思想的形式和表现在过去四百多年中已经发生了许多变化，但它提供了我们称为格劳秀斯传统的核心内容。格劳秀斯通过提出有关现代国际关系的最基本问题以及通过对国际社会概念的系统阐述，最终确立了他在国际社会问题上的权威理论家的地位。②

第二节 格劳秀斯传统与国际社会理论

格劳秀斯传统与英国学派之间有着十分密切的关系。就英国

---

① Kenneth W. Thompson, *Father of International Thought*, Baton Rouge and London: Louisiana State University Press, 1994, pp. 72 – 73.

② Hedley Bull, "The Importance of Grotius in the Study of International Relations", in Hedley Bull, Benedict Kingsbury and Adam Roberts, eds. , *Hugo Grotius and International Relations*, Oxford: Clarendon Press, 2002, pp. 71 – 72, 93.

学派的国际社会思想而言，它至少可以追溯到格劳秀斯。英国学派一直把格劳秀斯视为自己的思想先驱，并根据国家间关系的发展对格劳秀斯的国际社会概念做了系统阐述和诠释。英国学派之所以格外青睐格劳秀斯的理性主义传统，是因为它为英国学派国际关系理论的中心问题即什么是国际社会提供了令人信服的回答。怀特认为，格劳秀斯传统是一种理性主义传统，它特别明显地体现了西方的价值，因为它与立宪政体的政治哲学有明确的联系，以及它处于现实主义和革命主义两个极端中间的特点。① 在他看来，格劳秀斯传统比马基雅维里主义和康德主义更贴近国际政治的一般现实，可以更好地理解和适应国际政治现象的复杂性，因为格劳秀斯关于国际道德的方法建立在承认外交政策的道德问题是复杂的基础之上，它既承认国际政治的无政府状态，国家之间存在着冲突和战争，又认为国家之间仍有理性交往的共同道德准则和法律规范；既强调权力因素和国家利益，又兼顾国际社会的共同利益和道德义务。而康德主义对外交政策的道德问题的看法过于简单化，马基雅维里主义则走向另一个极端，完全否定道德问题的存在。也就是说，格劳秀斯传统综合了马基雅维里主义和康德主义的合理因素。例如，格劳秀斯的正义战争思想是康德的"圣战"思想和马基雅维里把战争作为最后手段思想的折中；格劳秀斯承认权力和制约权力的思想，是康德主义无视权力和马基雅维里主义将权力视为目的本身的折中；格劳秀斯关于先进国家与"未开化"国家的关系应该建立在托管原则基础上的思想，是康德主义声称的"解放和同化"与马基雅维里主义

① Martin Wight, "Western Values in International Relations", in Herbert Butterfield and Martin Wight, eds., *Diplomatic Investigations*, Massachusetts: Harvard University Press, 1966, p. 91.

所言的"剥削"思想的折中。① 无疑地，格劳秀斯关于国际社会的思想和国际法在规范国家间关系方面作用的论述，综合了现实主义和革命主义的合理内核，成为英国学派的直接思想来源，并对其国际社会理论的发展产生了重要影响。

首先，格劳秀斯关于国际政治虽是无政府状态却是有秩序的思想，对英国学派的理性主义思想的形成产生了直接影响。英国学派的代表人物承认国际体系的无政府特征，并将这一特征作为研究国际关系的基本出发点，致力于研究国际社会形成的条件和克服无政府状态、建立国际秩序的机制。② 怀特认为，无政府状态这一特点将国际政治区别于国内政治，国际政治研究预先假定不存在一个政府制度，就像国内政治的研究预先假定存在一个政府制度一样，但无政府状态并不意味着无序和混乱，而是仅仅指缺少一个共同的政府。国际事务中既有冲突也有合作，有一个外交体系、国际法以及使权力政治的运作缓和或复杂化的国际制度，甚至还有限制战争的规则。既然存在着一个国家体系，就意味着承认一个国际社会的存在，因为社会就是许多个体为了共同目标而加入的关系体系。③ 布尔也指出，无政府状态是国际生活的中心事实和理论思考的出发点，但无政府状态并非意味着混乱和无序，而仅仅是指主权国家之上缺乏一个共同的政府。虽然国际政治缺乏一个能够解释和执行法律的中央权威，但仍然能够形

---

① Hedley Bull, "Martin Wight and the Theory of International Relations", in Martin Wight, *International Theory: The Three Traditions*, New York: Holmes & Meier, 1992, p. xiv.

② 秦亚青:《权力·制度·文化:国际关系理论与方法研究文集》，北京大学出版社 2005 年版，第 60 页。

③ Martin Wight, *Power Politics*, Leicester: Leicester University Press, 1978, pp. 102－106.

成一个没有政府的社会，即"无政府社会"。①

英国学派在讨论国际社会秩序时，与格劳秀斯一样十分强调国际法在维持国际秩序中的重要作用和国家通过国际法实现国际社会的可能。虽然该学派的代表人物对国际社会形成的必要条件还存在不同的看法，但他们都承认共同规则、规范和制度是构成一个国际社会的基本要素，而国际法则是他们维护国际社会秩序的核心。怀特认为，国际社会存在的最基本证据是国际法的存在，每一个社会都有法律，这是规定其成员权利与义务的法规体系；而国际法是存在于国际体系中的法律，它是一种特殊的法律，是一个在政治上被划分为许多主权国家的国际社会的法律，其目的在于界定一个代表其国民与他国打交道的国家的权利与义务。国际法是一种习惯法体系，是国家间通过条约、默认的惯例和习俗而确立的权利与义务的总和，它对缔约各方都具有约束力。② 布尔也指出，国际法是一套有约束力的基本规则，它们被普遍认为具有法律地位，规定国家以及其他行为体应该或不应该怎样行事。正是由于国际法规则具有法律地位，才使国际行为体有可能在国际社会的运行中发挥着重要作用。③ 也就是说，承认国际法规则具有法律地位就表明了国际社会的存在。

尽管格劳秀斯和英国学派强调国际法对国家行为具有约束力，但他们都认识到国际法的约束力不及国内法。格劳秀斯认为，国内法的约束力主要是由主权国家的国内规范规定的，国内

① Hedley Bull, *The Anarchical Society: A Study of Order in World Politics*, London: Macmillan Press LTD, 1995, pp. 44 –49.

② Martin Wight, *Power Politics*, Leicester: Leicester University Press, 1978, pp. 107 –108.

③ Hedley Bull, *The Anarchical Society: A Study of Order in World Politics*, London: Macmillan Press LTD, 1995, pp. 129 –130.

法基于国家统治权而存在，国家统治权确定了国内法的权威性；而国际法是由若干或众多国家的意志产生的法律，它是由主权国家通过契约达成的。因此国际法的约束力不同于国内法，它相对于国内法来说，比较模糊、比较缺少权威性。怀特和布尔也认为，国际法的约束力不及国内法，因为国内法得到了政府权威的支持，包括政府使用和威胁使用武力。在国家内部，它有明确的立法和执法机构，法律是由中央权威来执行的；而国际法是基于国家同意通过条约、默认的惯例和习俗而确立起来的法律，它既没有实施法律的代理机构，也没有执行机构。也就是说，在国际社会中，法律的执行是由社会的个体成员依据自助的原则来实施制裁行为的，因此它充其量只能以合作性的自助来发挥效力。[①]

其次，格劳秀斯认为国际社会的成员不仅包括国家，而且也包括个人和非国家群体，国际社会并不只是国家间的社会，而是所有人类的大社会。虽然他强调国际社会的直接成员是国家而不是个人，国家是人类大社会中权利和义务的主要承担者，在通常条件下诉诸武力是主权国家的特权，只有那些声称拥有主权国家的实体才能从事公战。但是他同时也承认，个人是国际法的主体和国际社会的合法成员，个人与国家一样在国际法中享有权利和义务，它们有时也有诉诸武力的权利。[②] 在格劳秀斯的理论体系中，国际社会的最终成员不是国家而是个人，尽管国家和主权者构成一个国际社会的观念在他的思想中的确存在，但其地位要次

---

①　Martin Wight, *Power Politics*, Leicester: Leicester University Press, 1978, pp. 108 – 109; Hedley Bull, *The Anarchical Society: A Study of Order in World Politics*, London: Macmillan Press LTD, 1995, pp. 125 – 126.

②　Hedley Bull, "The Importance of Grotius in the Study of International Relations", in Hedley Bull, Benedict Kingsbury and Adam Roberts, eds. , *Hugo Grotius and International Relations*, Oxford: Clarendon Press, 2002, pp. 83 – 84.

于普遍的人类共同体，国际社会的合法性来自普遍的人类共同
体。换言之，国际社会的价值是根据它有助于个人福利来确定
的。格劳秀斯想用"人类共同体"这个概念来支持国家社会的
思想，通过宣扬约束国家统治者以及人类共同体的自然法纽带，
力图填补由于神法或教会法的衰落以及现有的意志法或实在法尚
不成熟所留下的空白。① 可见，格劳秀斯设想的国际社会是一个
拥有共同法律和价值观，建立在平等的国家之间关系，甚至平等
的非国家实体和个人关系基础之上的社会。他关于国际社会不仅
是国家社会，而且还是所有人类大社会的思想，对后来英国学派
的世界秩序思想产生了重要影响。

英国学派国际关系理论中的世界主义或社会连带主义倾向集
中体现在他们对世界秩序的讨论中。怀特认为，国家和个人都是
国际社会的成员和国际法的主体，国家是国际社会的直接成员，
个人是国际社会的最终成员。在这样的社会中，国家不仅负有国
际社会的责任，而且国家必须在它们的国内政治中尊重基本的人
类价值。② 布尔也指出，个人、非国家集团和国际组织与国家一
样都是国际法的主体。也就是说，这些行为体不只是受到国际法
规则的制约，它们也具有国际法规则所赋予的权利和义务。不
过，他强调国家是国际关系的基本行为体和首要的分析单位，而
个人是人类大社会的最终成员。他在《无政府社会》中区分了
世界政治中的三类秩序：第一类是社会生活中的秩序，它是维持

---

① Hedley Bull, "The Grotian Conception of International Society", in Herbert Butter-field and Martin Wight, eds. , *Diplomatic Investigations*, Massachusetts: Harvard University Press, 1966, p. 68.

② Martin Wight, "Western Values in International Relations", in Herbert Butterfield and Martin Wight, eds. , *Diplomatic Investigations*, Massachusetts: Harvard University Press, 1966, pp. 102 - 111.

社会生活目标的基本的、主要的和普遍的人类行为模式；第二类是国际秩序，或者国家社会内部的秩序，它是国家或者民族国家间正义或者平等的条件；第三类是世界秩序，或者人类大社会的秩序，它是实现人类正义或者世界正义的条件。他认为："世界秩序比国际秩序更根本和更基本，因为人类大社会最终的单位不是国家而是个人，从人类不是这类群体就是那类群体这个意义上说，它是永恒的和无法摧毁的。"而且，世界秩序在道义上优先于国际秩序,[1] 因为国家社会的道德价值必须根据它有助于个人正义的实现来判断，国家间秩序的价值"仅仅是派生的价值，最为重要的是必须根据组成人类的个人的权利和利益来衡量，而不是由人们被划分为国家的权利和利益来衡量"。[2] 因此，世界秩序是人们追求的基本目标，而国际秩序仅仅是实现这个基本目标的工具而已。

尽管英国学派与格劳秀斯在许多方面存在共同之处，但是两者在国际社会问题上的差别也是十分明显的。第一，格劳秀斯的国际社会概念是以自然法为理论基础的，他假定组成国际社会的国家在法律实施方面的团结一致性和价值的普遍性，认为自然法原则具有普遍适用性，它适用于国际社会的所有成员包括个人和国家。对他来说，道德和法律的约束力来自于先验和普遍的自然法原则，国际社会的和平、秩序和正义的维持有赖于自然法和基于自然法基础上的国际法规则对国家行为的约束。而布尔反对以自然法作为国际社会的理论基础，认为确保社会基本目标的实际

---

① Hedley Bull, *The Anarchical Society: A Study of Order in World Politics*, London: Macmillan Press LTD, 1995, pp. 21, 305.

② Hedley Bull, "Justice in International Relations", in Kai Alderson and Andrew Hurrell, eds., *Hedley Bull on International Society*, London: Macmillan Press LTD, 2000, p. 220.

需要而不是理性使一个国际社会成为可能，人类道德共同体的存在是由于国家领导人之间共同实践的结果，而不是由于自然法理论原则指导所致。① 他坚持实证法传统，力求发展一些自然法的经验等同物和一般原则作为国际社会的现实基础，目的是为了把国际社会概念与自我利益和权力现实的一致性等同起来。但他同时也意识到，国际社会概念不可能仅仅根据这些术语来理解，它必须根植于有助于形成社会意识和培育共同价值与共同目标观念的文化力量和历史力量之中。②

　　在社会存在的前提条件问题上，布尔的思想主要受他的老师哈特关于"自然法的最低程度"思想的影响。哈特认为，对有关人性以及人类生存世界的一些很明显判断的思考表明，只要站得住脚，那么这些行为规则就是存在的。它们是社会组织持续存在下去所不可缺少的，这些规则构成了一切社会的法律和道德的共同基础。在他看来，人的脆弱性规定了必须有限制暴力使用规则的存在；资源的有限性，规定了必须存在某种财产权制度以及尊重这种制度的规则等。③ 换言之，所有社会存在的前提条件是必须满足最低限度的要求，即寻求安全反对暴力、达成的协议必须得到遵守和确保财产权的稳定。布尔把这些最低限度的要求看作"社会生活的首要的、基本的目标"，并声称"如果个人或群体间不存在希望安全反对暴力、尊重协议或财产稳定的一种安

---

① Hedley Bull, "Natural Law and International Relations", in Kai Alderson and Andrew Hurrell, eds., *Hedley Bull on International Society*, London: Macmillan Press LTD, 2000, pp. 157 – 169.

② Andrew Hurrell, "International Society and the Study of Regimes: A Reflective Approach", in Volker Rittberger, ed., *Regime Theory and International Relations*, Oxford: Clarendon Press, 1993, p. 63.

③ [英] 哈特：《法律的概念》，张文显等译，中国大百科全书出版社 1996 年版，第 188—195 页。

排，我们就不能称为社会了"。他认为这些普遍的道德规则反映的不是人们在特定时间和地点的习惯，而是人的本性和持久性。[①] 虽然布尔认为所有社会存在的前提是必须满足这些普遍目标，但他并不主张这些社会生活的基本目标应该优先于别的目标，尤其是不赞成自然法学说提倡者的主张，即强调社会生活的这个或那个基本目标对所有人都是强制的，或支撑社会生活基本目标的行为规则对所有人都具有约束力。布尔拒绝道德普世主义的主张，力图通过发展一些自然法的经验等同物作为国际社会的基础，其"目的是为了使国际社会概念与自我利益和权力现实相一致"[②]。但布尔这样做的结果，导致他在国际社会的理论基础问题上关于维持秩序的普遍性与其实证主义和多元主义的假定存在不一致。正如有一位学者所指出的，布尔的国际社会概念存在的紧张来自于有关自然法与实证法来源的模糊性，他对多元主义和实证主义的信念否定了要求有约束力的共同价值、目标和目的普世性要素的存在。[③]

怀特关于国际社会理论基础的看法是模糊不清的。他一方面勉强支持实证主义者关于国际法的约束力来自于国家同意的主张，但他并不准备接受自然法学说解释的合理性。在他看来，国际理论和外交实践之间存在着内在的紧张和不协调，国际法似乎与国际政治的现实背道而驰，"当外交充斥着暴力和不道德行为

---

① Hedley Bull, "Natural Law and International Relations", in Kai Alderson and Andrew Hurrell, eds. , *Hedley Bull on International Society*, London: Macmillan Press LTD, 2000, p. 180.

② Andrew Hurrell, "Society and Anarchy in the 1990s", in B. A. Roberson, ed. , *International Society and the Development of International Relations Theory*, London and Washington: Pinter, 1998, p. 21.

③ A. Claire Cutler, "The 'Grotian Tradition' in International Relations", *Review of International Studies*, 17 (1991), p. 56.

时，国际法就上升到自然法领域；当外交需要一定的合作习惯
时，国际法就钻进法律实证主义的泥潭中缓慢前进"。① 但另一
方面，他仍然认为自然法道德作为西方价值整体的一部分，它存
在于所有政治行动的道德意义和道德背景的意识之中，它的持久
影响力存在于理性主义或格劳秀斯传统之中。② 而中庸的观念或
道德必然性与实践要求之间的中间道路正是作为一种解决理论与
实践之间不一致的方法出现的。怀特对西方价值发展中国际理论
与外交实践之间的内在联系所作的分析表明，他的国际社会概念
实际上有双重来源，即来自于实证主义传统与自然法传统，但道
德责任的最终来源必须包含在由西方价值的道德力量占主导国家
的同意和习惯之中，因为他的共同道德通过共享利益以及共同文
化、历史和宗教思想模式的长期实践，依赖于一个西方价值占主
导的道德共同体概念。不过，怀特的国际社会概念在理论上更少
普遍适用性，它的特点首先是西方的，因而它缺乏自然法中存在
的普世性因素。③

　　第二，格劳秀斯本质上是一个世界主义者，他设想的国际社
会是一个普遍的人类共同体（他有时又称为人类大社会），而不
只是一个国家社会，其理论的基础是基于自然法秩序的人类大社
会的普遍观念。他把人类大社会作为讨论国际关系中权利行为的
出发点，认为国家社会只是那个人类大社会的一部分，这个人类

　　① Martin Wight, "Why is There No International Theory?" in Herbert Butterfield and Martin Wight, eds. , *Diplomatic Investigations*, Massachusetts: Harvard University Press, 1966, pp. 29 – 31.

　　② Martin Wight, "Western Values in International Relations", in Herbert Butterfield and Martin Wight, eds. , *Diplomatic Investigations*, Massachusetts: Harvard University Press, 1966, pp. 124 – 128.

　　③ A. Claire Cutler, "The 'Grotian Tradition' in International Relations", *Review of International Studies*, 17 (1991), pp. 52, 59.

大社会的所有人——不管是基督教徒还是非基督教徒——都要受到自然法和国际法这些共同规则的约束。也就是说，所有的国家和人民都认识到存在着一套普遍的道德规则，它们都要受到统一的一套道德规则的制约，国际社会就是根据这一套共同的道德规则来维持的。同时，在这个普遍的人类共同体的内圈，还存在着一个受基督教律令约束的欧洲基督教国家社会。这个内圈是独特的，它以共同文化和共同宗教为基础，这些基督教国家拥有共同的价值和世界观。他认为，管理基督教国家之间的关系与管理基督教国家和非基督教国家之间的关系是不一样的，管理基督教国家与非基督教国家之间的关系主要是万民法或实证法，而管理基督教国家之间的关系不仅有自然法规则，而且还有意志法或实证法，因此基督教国家之间的关系要比基督教国家与非基督教国家之间的关系显得更为紧密。[①] 对他来说，国家社会的合法性来自于人类大社会，因为自然法具有头等重要的地位，它凌驾于实证的国际法之上，决定着约束基督教世界的君主和共同体的规则；而世代相传的罗马万民法规则和现存的条约法，比如中世纪形成的商业和海事法，只是对自然法的补充。[②] 也就是说，格劳秀斯实际上提出了双重同心圆的国际社会概念。由于格劳秀斯主要根据自然法的普遍原则而不是根据国家的实际行为来确定国际社会的规则，所以在阐述限制战争的方式和阻止战争在地理空间扩大的必要性时，他认为正义一方的行为不应该受到任何限制。可见，格劳秀斯的国际社会概念本质上是世界主义和社会连带主义的。

[①] Martin Wight, *Systems of States*, Leicester: Leicester University Press, 1977, pp. 125 – 128.

[②] Hedley Bull, *The Anarchical Society: A Study of Order in World Politics*, London: Macmillan Press LTD, 1995, p. 28.

　　而英国学派的国际社会概念并不是一个以自然法为基础的普遍人类共同体，而是一个国家社会。他们对于在主权国家体系里发展一种人类普遍价值的前景表示怀疑，强调国际社会的边界只有根据国家同意的范围才能予以确定，认为约束国家社会的规则主要体现在国际法之中，而国际法来源于国家的同意，它表现为国际惯例或条约。布尔指出，国际社会并不是建立在普遍的自然法原则基础之上，而是建立在法律实证主义的基础上的，即国际社会是由反映国家的共同利益和价值的明确规则、实践和制度构成的，国际社会的法律责任来自于国家的同意或者愿望。但是在通常情况下，国际社会无法就国家间共处规则之外的很多问题达成共识。例如，有关使用武力的规则用来遏制和限制战争，但在如何判断战争中的哪一方是正义这个问题上，国家并不具有共识；有关国际协议的规则旨在确保协议得到遵守，但是国际社会对于某个特定的协议是否令人满意这个问题上并没有形成共识；有关维护国家的管辖权、反对干涉他国内部事务的规则旨在确保国家相互尊重对方的主权，但是国家之间通常无法在区分正当的干涉和不正当的干涉行为这个问题上形成共识。因此，他主张国际社会的多元主义概念，反对格劳秀斯关于国际法可以区分正义与非正义战争的社会连带主义观点，认为合法控制国家使用武力的连带主义主张是早熟的。在他看来，在国际社会就国际关系中的正确和错误行为缺乏普遍共识的情况下，法律赋予正义一方在战争中的特殊地位的结果，不仅会使源于共识假设的规则得不到遵守，而且传统的规则（主权和不干涉原则）也将受到损害，因为干涉的特殊规则将削弱国家领土完整的原则。①

---

　　①　Hedley Bull, *The Anarchical Society: A Study of Order in World Politics*, London: Macmillan Press LTD, 1995, pp. 151 – 152.

　　与布尔的多元主义观点不同，怀特的主张更接近于格劳秀斯的社会连带主义概念，这反映在他对协议为什么必须得到遵守所作的格劳秀斯式的解释上。他认为，"实用主义的理由可以被视为这个原则的权威来源，但最古老和最深刻的回答是，遵守协议代表了一种伦理规范：它符合一种固有的正义标准。"① 尽管怀特和布尔的主张都处于自然法和法律实证主义之间，但是怀特可能更接近于自然法，因为他将国家和个人视为国际社会的成员，这体现了自然法传统；而布尔则更接近于实证主义，因为他把实践看作是国际法的基础，而且更重要的是他把实践作为自然法的证明，许多实践目标可以通过以后的经验性证据得到证明。②

　　第三，尽管英国学派和格劳秀斯都强调国际法在维持国际秩序中的重要作用，但两者对国际法作用的认识是有重大差异的。对格劳秀斯来说，法律为系统地应用理性于社会秩序和冲突问题提供了一种语言和机制，强调在理性的范围内解决国际事务中的暴力和非正义问题。他认为，法律在维持社会秩序方面发挥了规范、传递和程序化的作用，确定法律不只是一个经验观察的问题，而是涉及与自然法关联的某些无可争辩的根本概念，因此确定发动战争的适当理由属于法律的作用范围。他提出的正义战争的基本标准是战争应出于实行权利的目的："除非为了实施权利，否则不应该从事战争；一旦进行战争，它应该限制在法律和

---

　　① 　Martin Wight, *International Theory: The Three Traditions*, New York: Holmes & Meier, 1992, p. 238.

　　② 　A. Claire Cutler, "The 'Grotian Tradition' in International Relations", *Review of International Studies*, 17 (1991), p. 59; Benedict Kingsbury, "Grotius, Law and Moral Scepticism: Theory and Practice in the Thought of Hedley Bull", in Ian Clark and Iver B. Neumann, eds., *Classical Theories of International Relations*, London: Macmillan Press LTD, 1996, p. 56.

诚实的范围之内。"① 但是，对布尔来说，讨论国际法并不是为了研究和表明自己对法律基础或规范的任何兴趣，而只是为了说明国际法对国际秩序的作用在于，确立国家社会的观念为人类政治组织的最高的建构性原则，阐明了国家以及其他国际行为体之间相互共处的基本规则，以及有助于劝员国际行为体遵守国际社会的规则（这类规则不仅包括基本的共处规则，也包括具体的合作规则及其他规则）。因此，国际法为国际社会的存在提供了基本证据。但布尔与某些信奉国际法是国际政治的一个要素的学者不同，他认为强调国际法在维持国际秩序中的作用，并不意味着它为国际政治提供了一个基本框架，而只是表明有一个国际社会的存在；国际法本身并不能成为维持秩序或者和平的工具，而且也不能使得国际社会中的秩序因素增加。国际法约束规则和禁止规则的增多或作用的加强，只有通过动员其他因素或者让这些因素引起人们注意时，才能增进国际秩序。② 在缺乏一个中央权威的国际社会中，国际法的规则实际上依靠个体成员的自助措施（比如国家使用武力或武力威胁）来发挥作用的。

英国学派与格劳秀斯在法律观点上的重大差异同样明显地体现在法律和道德的关系上。对格劳秀斯来说，法律和道德是密不可分的，它们作为一个整体的一部分，都是具有核心意义的规范；而对布尔来说，法律和道德是各自独立的，两个领域有着明确的界限。③ 格劳秀斯关于法律和道德不可分离的思想，显然受

① Hugo Grotius, *The Law of War and Peace*, New York: Bobbs-Merrill, 1925, p. 18.

② Hedley Bull, *The Anarchical Society: A Study of Order in World Politics*, London: Macmillan Press LTD, 1995, pp. 134 – 138.

③ Benedict Kingsbury, "Grotius, Law and Moral Scepticism: Theory and Practice in the Thought of Hedley Bull", in Ian Clark and Iver B. Neumann, eds., *Classical Theories of International Relations*, London: Macmillan Press LTD, 1996, p. 52.

到了他的自然法学说的影响。因为他认为自然法是人类理性或本性的体现，是永远不变的法则，它既是国家法律理论的基础，又是人们必须遵守的道德准则。布尔坚持法律和道德必须相分离的观点，则主要受到了哈特的法律实证主义思想的影响。虽然布尔几乎没有探讨法律和道德必须分离的原因，但他极力主张法律与政治主张、法律事实和社会价值相分离，即法律必须与其他各种非法律因素相分离。① 他指出，国际法学家们的主要工作是解释和注释现有的国际法律规则，如果他们把大量的精力集中在国际关系的社会学、伦理学和政治学上，那么其结果必然导致国际法在国际关系中作用的下降，因为如果具有法律地位的国际行为规则和不具有法律地位的行为规则之间不再有区别的话，国际法就无法作为特定的规范体系而存在下去。②

第四，在国内和国际类比问题上，英国学派的观点与格劳秀斯也有重大不同。国内和国际类比的思想，是指将国内社会中的个人同国家相类比，认为国家如同个人一样，只有当它们服从于一个共同权威时，才能够组成一个有序的社会。③ 也就是说，这种思想假定使国内秩序成为可能的中心化制度同样是保证国家之间秩序所必需的。但事实上，国内社会和国际社会的制约要素是不一样的。在国内社会，社会关涉的是人民和制度，约束要素是建立在共享的价值、理解、共同制度和结构影响的基础之上；而在国际社会，构成要素、秩序原则和价值则很大程度不同于国内

---

① Benedict Kingsbury, "Grotius, Law and Moral Scepticism: Theory and Practice in the Thought of Hedley Bull", in Ian Clark and Iver B. Neumann, eds., *Classical Theories of International Relations*, London: Macmillan Press LTD, 1996, p. 51.

② Hedley Bull, *The Anarchical Society: A Study of Order in World Politics*, London: Macmillan Press LTD, 1995, p. 153.

③ Ibid., p. 44.

社会。① 一般来说，在国内社会，当暴力被合法使用时，它是作为国家的一种法律实施行为；而且公认的与武力使用有关的规则，其目的是不能对代表法律一方获胜构成任何障碍。但在国际社会，战争或使用武力被视为国家采取的合法政治行为，调节战争行为的规则，其目的不是为了确保正义一方的胜利，而是为了限制冲突的范围，以避免国际秩序被摧毁。格劳秀斯的国际社会概念在国内与国际类比之间摇摆。一方面，他主张战争是一个法律实施行为的概念，由特定的国际社会成员实施法律的思想代替了由中央权威实施法律的思想。也就是说，他认识到国际社会是一个独特的社会，它有自己特殊的制度和运作方式。但另一方面，他认识到战争是一个重复出现的现象，国际社会可能遭到来自取得战争胜利一方错误实施法律的威胁。因此，他既承认战争法、中立、同盟和不干涉是国际社会的制度，但同时又力图从他的正义战争学说中寻找限制性条款来约束这些制度的运行。② 对此，布尔曾一针见血地指出："格劳秀斯主义者或者社会连带主义者的学说，试图通过限制或者禁止国家以武力追求政治目标，以及提倡武力只能用于追求国际共同体的目标的思想，来建立一个更有秩序的世界。也就是说，它试图使得国内社会的基本特征在国际社会中体现出来。格劳秀斯所构想的规则体系，旨在帮助战争中的正义一方获得胜利，因为正义方是代表整个共同体行为的。"③

① B. A. Roberson, ed., *International Society and the Development of International Relations Theory*, London and Washington: Pinter, 1998, p. 6.

② Hedley Bull, "The Grotian Conception of International Society", in Herbert Butterfield and Martin Wight, eds., *Diplomatic Investigations*, Massachusetts: Harvard University Press, 1966, pp. 65 - 66.

③ Hedley Bull, *The Anarchical Society: A Study of Order in World Politics*, London: Macmillan Press LTD, 1995, p. 231.

　　英国学派则明确反对国内与国际类比的思想。布尔认为：
"从个人无法建立起一个没有政府的社会，来推论国家无法在无
政府状态中建立起一个国际社会，这样的看法是错误的，这不仅
是因为在缺少政府的情况下个人关系实际上存在某种程度的秩
序，而且也由于国家不同于个人，更有能力建立起一个无政府社
会。"① 在他看来，虽然国际社会不像国内社会那样拥有中央政
府，但它仍然能够出现有限的、基于共有观念的国家间合作形
式，如尊重财产权、信守诺言、限制暴力等，形成不同于国内类
型的制度形式，如均势、国际法、外交、大国管理和战争等。所
以主权国家能够建立一个没有中央权威的无政府社会。然而，国
家可以建立起一个没有政府的社会这个事实，表明了国际社会是
一个不同于国内社会的独特的社会。国内社会有一个统一的政
府，而国际社会则缺乏一个权威的政府。在国内社会，个人受到
基本规则和从属规则的制约。基本规则是指那些要求人们应该或
不应该采取某些行为的规则，比如限制暴力、信守承诺以及保护
财产权的规则；从属规则指的是那些有关规则的规则：它们不强
制规定人们的义务，而是赋予人们以权力提出新的基本规则，取
消或者修改旧的规则，或者以各种方式确定它们的影响范围或者
规定它们的作用。② 也就是说，国内社会是高度制度化和中心化
的，而国际社会由于缺乏一个中央权威，涉及的基本规则是管理
国家的合适行为以及防止出现任何中心化的规则来控制从属规
则。在布尔看来，国际社会的规则不同于国内社会，它不仅有一
套不同于国内社会的制度和规则，这些制度包括国际法、外交、

---

　　① 　Hedley Bull, *The Anarchical Society: A Study of Order in World Politics*, London:
Macmillan Press LTD, 1995, p. 49.

　　② 　Ibid. , pp. 128 – 129.

均势体系、大国协调等,而且有一套独特的基本目标。这些基本目标包括确保主权国家的独立、确保国际体系本身的生存和维护和平。

总之,英国学派与格劳秀斯传统之间既有继承,又有重大的发展。一方面,英国学派继承了格劳秀斯主义的大部分主张,特别是理性主义的思想方法和国际社会的核心概念,以及"秩序"、"正义"、"公正"等自然法学说中的各种要素。尤其是英国学派秉承了格劳秀斯的理性主义传统,从人本质上是理性和社会性的核心假定出发,推导出对国际关系本质的认识,将国际政治看作是类似洛克所说的自然状态,即虽然缺少一个能够解释和执行法律的中央权威,但仍有理性的交往纽带和共同规范,有一定的社会秩序,即无政府却有秩序的国际社会状态。但另一方面,英国学派又对格劳秀斯主义作了一些局部的修正和补充。如摒弃了格劳秀斯以自然法为理论基础、根据先验和普遍的自然法原则来确定国际社会规则的做法,坚持以自然法的经验等同物和一般原则为基础,根据源自国家同意的国际法的一套规则作为确定国际社会规则的依据;强调国际法本身并不造就国际秩序,它只有与实际的均势相结合才能发挥维持国际秩序的作用等,使之更贴近 20 世纪的国际关系现实。

第三章　国际社会理论的逻辑构架

　　国际社会是英国学派的核心概念和理论关注的中心问题，对国际社会本质的探索一般被看成是英国学派对国际关系的最重要贡献，它也是争论中的英国学派的独特力量之所在。而国际无政府状态是英国学派进行理论思考的出发点，但在分析国际关系的核心问题时，他们以国际社会和国际秩序解说了无政府状态。布尔认为，国际关系存在的前提是主权国家的存在，主权国家是拥有政府、人口和主权的独立政治共同体，它不同于历史上的其他独立政治共同体；主权国家也不同于生活在国家内的个人，它们不受制于一个共同政府，即在主权国家之上并不存在一个世界政府，在这个意义上说，国际政治处于无政府状态。但是，国际无政府状态并非意味着混乱和无序，而仅仅是指国际社会缺少一个共同政府。在他们看来，无政府状态与国际社会的存在并不矛盾，国际政治虽然是无政府状态的，但仍然存在着外交体系、国际法、国际规则和使权力政治的运作缓和或复杂化的国际制度，有一定的国家间的社会秩序，即"无政府社会"。"国际关系的一个显著事实就是它既不是霍布斯描述的国际无政府状态下各国之间的冲突状态，也不是康德所说的只是趋向于普遍人类共同体过程中的一个短暂阶段，而是主权国家在没有世界政府的情况下的合作共处。"① 因此，国际关系理论的中心任务就是要回答在无政府状态下有关秩序和维持秩序的规则、规范和制度的一系列具体问题。为此，英国学派把影响国家行为和国家属性的国际社会置于其理论研究的中心地位。

　　为了阐明国际社会的思想，他们提出了国际体系、国际社会和世界社会三个既有联系又有区别的重要概念来建构国际关系的整体图景，而国际社会被看作是理解人类国际政治和外交活动的主要框架。国际体系、国际社会和世界社会三个概念大致上分别对应于怀特关于国际关系的三个思想传统，即现实主义、理性主义和革命主义，这些思想和概念反映了国际政治中经常同时存在并相互作用和影响的三个重要因素。虽然这三个传统或三个因素在思想上是独特的和内在连贯的，但它们在实践中并不是相互排斥的，而是相互交织在一起的。它们可以被视为国家领导人在外交政策行为中努力平衡的三种不同价值，现实主义考虑国家责任优先，理性主义强调国际责任优先，而革命主义则把人类责任置于首位。② 在英国学派看来，所有这三种因素都同时存在，问题是它们之间的相互关系有多紧密。实际上，英国学派的观点是以国际体系、国际社会和世界社会三者间方法论③上的差异为基础的。英国学派本体论的多元主义

---

① Hedley Bull, "Society and Anarchy in International Relations", in Herbert Butterfield and Martin Wight, eds., *Diplomatic Investigations*, Massachusetts: Harvard University Press, 1966, pp. 36, 38.

② Robert Jackson, *The Global Covenant: Human Conduct in a World of States*, Oxford: Oxford University Press, 2000, pp. 168 – 178.

③ 在国际关系研究中，大致存在三个层次的方法：第一个是哲学层次，第二个是学科层次，第三个是具体层次。哲学层次的方法即哲学方法论（methodology），主要涉及研究者的本体论和认识论，以及有关整体主义和个体主义的区分这两个方面。学科层次的方法是指研究者进行现实问题研究的途径（approach），包括观察视角、前提假设、论证途径、逻辑推理等方面。具体层次的方面包括归纳法、演绎法、历史方法、比较分析法、案例分析法等。参见李少军：《国际政治学概论》（第二版），上海人民出版社 2005 年版，第 19—28 页。本文涉及的方法论主要指哲学方法论和学科层次的方法两个方面。

与其方法论的多元主义紧密联系在一起，"英国学派的独特要素是它方法论的多元主义、它的历史主义以及国际体系、国际社会和世界社会之间的内在联系"。[①] 因此，要把握英国学派的国际社会理论，搞清楚其方法论和本体论的特点以及内在联系就成为问题的关键。

第一节　英国学派的方法论

在国际关系学科中，在方法论问题上一直存在所谓科学派和人文派之争。国际关系中基本的方法论（methodology）划分涉及社会世界的属性（本体论）和我们关于哪个世界的知识（认识论）两个方面。本体论（ontology）是有关世界的本原是客观事实还是人们的主观意识的问题，即物质本体还是观念本体的问题。[②] 在国际关系研究中，有关本体论的争论，即对于国际关系的社会世界到底具有什么属性的争论，大体上表现为物质主义（materialism）和理念主义（idealism）两种倾向。物质主义认为，社会的最基本事实是物质力量的本质和组织，它强调物质性因素对行为体的直接作用；而理念主义认为社会的最基本事实是社会意识的本质和结构，即观念或知识的分配，[③] 强调物质因素是通过观念而起作用。新现实主义和新自由制度主义的本体论都具有物质主义的倾向。新现实主义强调的无政府结构、权力和利益、均势等概念，都是以物质力量为基础的。新自由制度主义虽

① Barry Buzan, "The English School: An Underexploited Resource in IR", *Review of International Studies* 27 (2001), p. 471.

② Robert Jackson and Georg Sorensen, *Introduction to International Relations*, New York: Oxford University Press, 1999, p. 243.

③ ［美］亚历山大·温特：《国际政治的社会理论》，秦亚青译，上海人民出版社 2000 年版，第 27—28 页。

然是以非物质的制度为中心，但这种制度的本原也是物质主义，因为它的作用取决于制度能够提供的物质回报，物质性权力和利益仍然是国家行为的主要动因。与这种物质主义本体论不同，建构主义的本体论表现出理念主义的倾向。建构主义强调社会世界是一个"主体间性的"和集体意义的世界，认为国际关系世界的深层结构是观念而不是物质力量构成的。① 在国际关系的社会世界究竟具有什么属性的问题上，科学派和人文派有着截然不同的看法。科学派认为，社会世界与自然世界一样，国际关系世界的现象是独立于我们的客观存在，是自然世界的一部分，像自然世界一样，它是一个独立的、某种程度上可以预测的环境，② 国际关系的活动具有客观规律，因此国际关系的研究与自然科学的研究在本质上是一样的。而人文派则认为，社会世界不同于自然世界，国际关系的社会世界本质上是由我们的语言、思想和概念构成的，它们在政治上应该如何组织和相互联系很大程度上取决于我们的思想和概念，国际关系世界中的许多现象无法独立于认识的主体，其研究对象只有通过人的实践活动才能获得意义。所以，国际关系学的研究与自然科学的研究是根本不同的。本体论的分歧导致了他们在认识论上的分歧。

认识论（epistemology）是一个涉及我们以什么方法获得有关国际关系世界的知识的问题，它大体上涉及两个问题：一是研究主体和研究客体处于怎样的关系；二是研究主体和研究客体应经由怎样的途径。就第一个问题而言，国际关系理论可以分为解释性（explanatory）理论和构成性（constitutive）理论。解释性

① ［美］亚历山大·温特：《国际政治的社会理论》，秦亚青译，上海人民出版社 2000 年版，译者前言，第 13、29 页。

② Martin Hollis and Steve Smith, *Explaining and Understanding International Relations*, Oxford: Oxford University Press, 1990, p. 6.

理论把世界视为某种外在于我们理论的东西，强调客观事实和主观价值可以分离，客观事实独立于人们的认识主体，客观事实可以通过科学而发现；而构成性理论则认为我们的理论实际上有助于建构这个世界，强调社会世界的研究无法区分客观事实和主观价值，无法分离研究主体和研究客体，社会世界的研究不可能独立于他们的研究对象。就第二个问题即认识途径来说，有关的理论又可区分为基础主义（foundationalism）与反基础主义（anti-foundationalism）。这两种认识论争论的焦点是我们关于世界的信念是否能被中立的或者客观的程序所验证或评价。基础主义者认为，所有关于世界属性的论断都是可以被证实或证伪的，而反基础主义者则认为，有关真理的论断是不可能通过这样的方式验证的，因为每一种理论都是按照自己的想法来界定事实，因此不存在这样的中立立场。按照史蒂夫·史密斯（Steve Smith）的说法，解释性理论与构成性理论、基础主义与反基础主义存在着一定的对应关系，即解释性理论倾向于基础主义，而构成性理论倾向于反基础主义。① 对于我们怎样获得国际关系世界的知识这一认识论问题，科学派持有不同于人文派的观点。科学派认为，规律是客观存在的，所以我们认识世界、获得关于国际关系世界的知识的目的，就在于要发现这些规律，揭示现象之间本来存在的因果关系。人文派则认为，社会事实不同于自然事实，它并不是独立于人们而客观实在的，而是很大程度上是人们的信念和实践活动的产物，因此要获得有关社会事实的知识只能采取理解的方式。

---

　　① John Baylis and Steve Smith, eds., *The Globalization of World Politics: An Intro-duction to International Relations*, Second Edition, Oxford University Press, 2001, pp. 226 – 227.

在方法论的哲学层面，人们的研究往往还涉及整体主义和个体主义的分歧。这两者的争论既涉及本体论问题，又涉及认识论问题。在本体论问题上，两者的分歧表现在事物的本原，即事物的属性是由它的整体还是由它的组成部分（个体）决定的。在认识论问题上，两者的分歧在于对事物的解释途径，即应揭示其作为整体的属性还是应该把它还原为最简约的个体。① 个体主义和整体主义的分歧体现在结构和施动者之间的关系上，就是它们对结构本体地位以及结构到底有多大作用的认识不同。个体主义认为，社会科学理论应该能够还原到研究独立存在的个体属性或这种个体之间的互动。整体主义认为，社会结构的作用不能被还原为仅仅考虑独立存在的施动者与他们之间的互动关系，这种作用必须包括在因果关系和建构关系两个方面施动者被建构的问题。整体主义含蓄地表现了一种自上而下的社会生活概念，它以不可还原的社会结构作为研究的出发点，把个体置于整体的范畴中并据此来解释个体的行为和结果；而个体主义则表现了一种自下而上的观点，从本体意义上的个体作为研究的出发点，并据此来理解集体行为和结果。②

本体论和认识论的分歧反映在方法论上，表现为国际关系学中实证主义和诠释学（hermeneutics）的论争。科学派大多坚持实证主义方法，而人文派一般主张诠释学方法。实证主义认为，人类领域只有经过人们的经验观察才能得到了解，经验是人类行为和人类关系的基础，对人类感觉、观念的研究是揭开人类行为秘密的关键。在过去40年中，国际关系学受行为主义革命的影

①　李少军：《国际政治学概论》（第二版），上海人民出版社2005年版，第21页。

②　［美］亚历山大·温特：《国际政治的社会理论》，秦亚青译，上海人民出版社2000年版，第30—31页。

响，一直由实证主义方法占据主导地位。新现实主义与新自由主义等国际关系的主流理论都是建立在实证主义的基础之上。作为一种研究途径，实证主义建立在以下四个基本假定基础上：第一，相信科学是统一的，无论自然科学还是社会科学，都应该采取相同的方法论；第二，事实和价值是有区别的，在理论之间，事实是中立的；第三，社会世界与自然世界一样也存在着规律，从本质上说，运用寻找自然规律的大体相同方法，就能够发现这些规律；第四，确定陈述属真的方式，就是诉诸这些客观事实加以验证。这些实证主义方法，体现了经验主义的认识论。① 但是，实证主义存在着致命的缺陷，因为它无法提供，甚至不可能回答国际关系中的规范性问题。②

从 20 世纪 80 年代起，国际关系中的实证主义方法论和经验主义认识论假定开始受到后实证主义的质疑和批判，国际关系研究中出现许多新的研究途径，并形成了理性主义（rationalism）与反思主义（reflectivism），而建构主义居于其中两者之间的格局。国际关系理论中的现实主义、新现实主义和新自由制度主义，在研究途径上都采取理性选择模式，因而人们把它们称为理性主义。在研究途径上与理性主义相对的是反思主义。反思主义并不是一个统一的学派，而是一个思想倾向与诉求都迥异的理论群。这组理论群包括批判理论、后现代主义、女性主义、历史社会学和规范理论等不同的流派。这些流派尽管都是后实证主义，但它们之间实际上有着各种各样的分歧，其反思的对象也各不相同。不过，它们有一个共同点，就是不承认理性主义的基础，强

---

① John Baylis and Steve Smith, eds., *The Globalization of World Politics: An Introduction to International Relations*, Second Edition, Oxford University Press, 2001, p. 227.

② Robert Jackson, *The Global Covenant: Human Conduct in a World of States*, Oxford: Oxford University Press, 2000, p. 48.

调理论的诠释性、行为体和结构的相互建构和主体间意义的重要性，并且强调权力的非物质性和真理的相对性。[1] 由于这些理论都否认理性的核心作用，批判主流理论作为给定的诸种概念，反对实证主义的研究方法，主张诠释学的研究方法，因而被统称为反思主义。

诠释学方法与实证主义是不同的。作为一种研究途径，诠释学是建立在以下基本假定的基础上的：社会世界不是自然世界，社会事实不同于自然事实。自然事实是可观察的，它的存在是不以人们的同意与否而变更的；而社会事实的存在是由于人们同意它们的存在，它们的存在也需要人们所建立的制度加以支撑和维系。[2] 对于自然事实，人们可以采取发现规律和说明因果关系的实证主义方法；但在社会科学领域，人们没有办法发现规律，因为类似自然界那样的规律在社会世界中是不存在的，社会科学的目的是理解其意义。在社会世界中存在一个由行动者通过其实践活动建立起来的意义网络，这种意义网络是社会独有的特征，是自然界没有的。人们对社会现象的理解只有通过这一意义网络才能得以实现。[3] 也就是说，人们要解释社会现象，就必须理解和解释人的意图及其行为得以发生的历史和社会条件。按照麦克纳布（David E. McNabb）的观点，诠释学作为政治学的一种研究方法，其主旨是为了解释诸如文本、工具、物体、艺术著作、文

---

① John Baylis and Steve Smith, eds., *The Globalization of World Politics: An Introduction to International Relations*, Second Edition, Oxford University Press, 2001, pp. 229－242.

② 约翰·鲁杰：《什么因素将世界维系在一起？新功利主义与社会建构主义的挑战》，载［美］彼得·卡赞斯坦、罗伯特·基欧汉和斯蒂芬·克拉斯纳编：《世界政治理论的探索与争鸣》，秦亚青等译，上海人民出版社 2006 年版，第 256 页。

③ 秦亚青：《国际关系研究中科学与人文的契合》，载《中国社会科学》2004 年第 1 期。

件和他人的声明等社会现象，核心是解释人在社会环境中的行为。[①] 诠释的重要要素是翻译，就是在没有失去原意的情况下，把人类活动的日常语言翻译为学术语言。实证主义侧重于因果解释，而诠释学强调自我理解。事实上，实证主义和诠释学作为社会科学的两种研究方法都有一定的局限性。大多数国际关系学者在方法论问题上都竭力避免在客观主义与主观主义、完全解释与完全理解之间做出困难的选择，而是力图寻找一条方法论的中间道路。换言之，实证主义和诠释学（后实证主义）并不是一个不可逾越的鸿沟。在国际关系领域，纯而又纯的理想类型的实证主义和后实证主义是很难找到的。国际关系理论中的现实主义、自由主义和马克思主义，以及后实证主义的绝大多数理论思潮，都是虽有偏向，却兼而有之。也就是说，大部分国际关系理论的方法论都采取了将主观的理解和客观的解释融合起来的中间立场，从根本上说，也是本体论和认识论的融合。[②]

在英国学派的著作中，虽然有关方法论的本质和含义的清晰阐述不多，但事实上他们是有明确的方法论指导的。英国学派在方法论上的特点主要表现为两个方面：在哲学方法论层面，它主张整体主义的而非个体主义的方法，把外在于国家的国际社会置于其研究的中心地位，强调国际社会的规范、价值观念和制度对维系国际体系和塑造国家行为的作用。怀特从国家体系的历史社会学的角度考察了历史上存在的三种国家体系，认为三种国家体系实际上代表了三种不同的文化共同体，这种文化共同体本质上是由共同道德、共同准则以及在此基础上产生的关于战争、人

---

① 李少军：《国际关系研究与诠释学方法》，载《世界经济与政治》2006 年第
10 期。

② Robert Jackson and Georg Sorensen, *Introduction to International Relations*, New
York: Oxford University Press, 1999, p. 244.

质、外交豁免和政治避难等一系列规范组成的。布尔从无政府状态下国家间社会关系的角度出发，考察了主权国家之间组成的国际社会的共同规范和制度对维护国际秩序以及影响和建构国家行为的重要作用。格里特·冈戈（Gerrit Gong）从文化或文明的角度考察了欧洲国际社会向全球国际社会扩张的过程中规范和制度对非欧洲国家产生的影响。① 显然，英国学派对国家体系和国际社会的研究，都是在整体主义方法论指导下进行的。

在学科方法论层面，英国学派始终坚持传统主义（人文主义或非实证主义）的方法。在 20 世纪 60 年代到 70 年代科学行为主义与传统主义的争论中，英国学派明确地站在传统主义一边。布尔在一篇关于维护国际关系理论的经典方法的著名论文中，明确地表达了英国学派对方法论问题的基本立场和主张。他指出，国际关系理论的方法有两种：一种是经典方法，另一种是科学方法。经典方法是"从哲学、历史和法学中派生出来的理论方法，其最主要的特点是明确依赖判断"；而科学方法则期望国际关系理论主张能够"建立在逻辑或数学证实和严格核实的经验程序基础上"。布尔强调英国学派始终坚持使用经典方法来研究国际关系，并认为"如果我们严格按照核查和证实的标准行事，国际关系就没有什么意义可言了"。他批评行为主义的定量分析方法，指出科学方法脱离了人类历史的复杂性，无视人类认识能力的有限性，缺乏对研究者自身的怀疑态度，几乎不可能对国际关系有任何贡献。他强调国际关系理论的中心问题至少部分地属于道德问题，或者说根本的道德问题是国际关系理论的一个组成部分，而道德问题的性质本身决定了我们不可能找到任何

---

① Gerrit W. Gong, *The Standard of "Civilization" in International Society*, Oxford: Clarendon Press, 1984.

客观的答案，而只能探究、阐明和重新表述，并从某种主观的立场出发，按照哲学方法做出尝试性的解答。① 怀特则对这种行为主义方法持十分鄙视和冷漠的态度，认为根本不值得费时间去驳斥它，因为这种反历史和哲学的方法不可能为人们理解世界政治中的人类困境提供一些具体指导。② 在他们看来，国际关系是一个涉及人类社会关系的规范性领域，它具有其自身特殊的语言、规范和价值，如权力与法律、秩序和正义、主权和人权等。国际关系中的许多重要问题来自于人们自身不同的价值观念，比如对国家在法律和道德方面权利与义务的对立认识。人类的行为是十分复杂的，用科学方法极难捕捉他们的行为，而且人类行为不可能科学地预测，因为他们具有思想、能够创造思想和根据环境的变化而改变思想。如果想要深入人类的精神世界，从学术上理解他们的活动，只能采用人文主义的方法，用直觉、判断和有感情的理解和解释才能得到准确的把握。③

　　在方法论问题上，英国学派拒绝行为主义的方法而坚持传统主义的方法，但由此认为英国学派的成员绝对反对实证主义的方法论，这也是错误的。因为传统主义的方法并不反对人文科学意义上的科学性，而只是反对以自然科学为模型的实证主义者的科学概念。事实上，英国学派并不反对国际关系研究中的科学性，也不反对寻求历史的模式和规律，而是反对国际关系理论中的科

　　① Hedley Bull, "International Theory: The Case for a Classical Approach", in Klaus Knorr and James N. Rosenau, eds., *Contending Approaches to International Politics*, Princeton: Princeton University Press, 1969, pp. 20 - 38.

　　② Hedley Bull, "Introduction: Martin Wight and the Study of International Relations", in Martin Wight, *Systems of States*, Leicester: Leicester University Press, 1977, pp. 14 - 15.

　　③ Robert Jackson, *The Global Covenant: Human Conduct in a World of States*, Oxford: Oxford University Press, 2000, pp. 72 - 76.

学主义研究倾向。在他们看来，"如果人们试图把国际关系研究限定在严格的科学范围内，那么从它需要逻辑或数学的论证或者严格的经验程序的检验这个意义来看，这种努力是有害的"。布尔认为国际关系理论作为一种逻辑上连贯的、精确的和系统化的知识，以及它和现代科学的哲学基础相一致的意义上说，它无疑应该是科学的。布尔承认科学方法的有些理论家对国际关系研究的重要贡献，认为科学方法的价值可以弥补经典方法的某些不足。但他同时提醒人们，国际关系理论除了科学方法和经典方法外，肯定还存在着其他许多方法，采取科学的和经典的这种两分法划分，实际上掩盖了必须考虑的其他许多特点。② 怀特也指出，国际政治是一个事件不断出现和重复的领域。在这个领域中，政治行为大多具有一定的规律性。③ 尽管像许多美国的国际政治理论家一样，他也赞成一种体系的方法论来比较和研究国际体系在不同的历史时代中是怎样运作的，但"与那些来自于现实和可能的国家体系的理论模式的研究相比，怀特的方法是建立在实际存在的国家体系的比较研究基础上的"。④ 他的方法关注的不是历史上抽象的国家应该做什么或将要做什么，而是特定的

① Hedley Bull, "The Theory of International Politics, 1919–1969", in James Der Derian, ed., *International Theory: Critical Investigations*, New York: New York University Press, 1995, p. 205.

② Hedley Bull, "International Theory: The Case for a Classical Approach", in Klaus Knorr and James N. Rosenau, eds., *Contending Approaches to International Politics*, Princeton: Princeton University Press, 1969, pp. 36, 38.

③ Martin Wight, "Why is There No International Theory?" in Herbert Butterfield and Martin Wight, eds., *Diplomatic Investigations*, Massachusetts: Harvard University Press, 1966, p. 27.

④ Hedley Bull, "Introduction: Martin Wight and the Study of International Relations", in Martin Wight, *Systems of States*, Leicester: Leicester University Press, 1977, p. 16.

国家实际上做了什么。通过比较研究他发现，历史上国际体系总是随着时间而发展变化的，而当代国际体系在某些重要方面则是独特的。可见，尽管英国学派主张采用经典方法研究国际关系，但它并不反对科学方法或其他的方法。对英国学派著作的研究表明，它实际上依靠诠释学、实证主义和批判理论的假设，也就是说，它采取了一种方法论的多元主义立场。

在英国学派看来，国际社会是由大量不同的物质和观念结构组成的，国际舞台上的活动是十分复杂和不确定的，国家间既有冲突又有合作，既有国家的活动也有个人、跨国公司、非政府组织的活动，所有这些不同的要素在国际社会中都同时存在，它们不可能简单抽象为仅仅强调一个解释变量的单一理论，否则就会造成对世界政治的简单化认识或者歪曲现实。要获得对国际关系的全面了解，就必须对这些复杂情况进行整体的和历史的研究。① 换言之，国际关系不可能从某个单一的观点中得到了解，而必须从三个相互竞争的观点中才能加以理解。这种方法论上的多元主义立场，在英国学派的著作中有着十分明显的体现。

怀特在《国际理论：三个传统》著作中指出，研究政治就是要进入一个追溯到古希腊和探讨一系列关于国家、权威、权力的合法性和限制等问题所激起的对话或传统中；而研究国际关系意味着进入一个探索国家间关系、国家的责任、国际社会的性质和外交政策的原则的谈话或研究传统之中。② 他认为，国际关系理论中存在着现实主义、理性主义和革命主义三大思想传统，国际关系理论的方法应该是这三大传统之间的对话，

---

① Robert Jackson and Georg Sorensen, *Introduction to International Relations*, New York: Oxford University Press, 1999, p. 56.

② Martin Wight, *International Theory: The Three Traditions*, New York: Holmes & Meier, 1992, p. 1.

指出在国际关系中这三大传统的要素都同时存在，对国际关系的真理性认识只有通过寻求这些思想传统之间的争论才能得到理解，而任何试图强调一个要素而否定另外两个要素的努力，都必然会导致对国际关系的简单化理解或歪曲国际关系的复杂性。① 也就是说，只有通过了解所有三大传统并分析它们之间的争论，我们才能把握国际关系这一纷繁复杂的人类活动领域。对他来说，在人文科学研究中，分类只是在需要加以区别的地方才有价值。分类的重要性主要体现在，它可以使我们注意到那些不相容或者彼此排斥的现象。不少国际关系思想大师往往是在不同的思想传统的分界线上踯躅求索，推陈出新而形成自己的解释和理论的。他指出，尽管三大传统在思想上是独特的和内在连贯的，但三大传统并不像三条通往没有目的地的平行铁轨，而是伴随着旋涡和逆流的溪流，有时相互交织和从不长期固定在它们自己的河床上，它们类似西方文明挂毯上的线绳，总是不断变化而又相互交织在一起的。② 这里，怀特比较扼要地揭示了英国学派坚持的方法论立场。

布尔在《无政府社会》中对方法论的多元论立场做了更为清晰的阐述。他认为，国际社会只是现代国际政治中起作用的三个基本要素之一。在世界政治舞台上，除了国际社会这个要素之外，它还同时存在着另外两个相互竞争的要素，即战争的要素以及跨国团结或冲突的要素。虽然人们的注意力可能在某时会集中于这三个要素中的任何一个，但绝不能忘记这个要素是从广阔的

---

① Hedley Bull, "Martin Wight and the Theory of International Relations", in Martin Wight, *International Theory: The Three Traditions*, New York: Holmes & Meier, 1992, p. xvii.

② Martin Wight, *International Theory: The Three Traditions*, New York: Holmes & Meier, 1992, pp. 259 – 260.

现实中抽取出来的。[1] 因此，布尔强调："把国际社会看作国际政治中唯一的或支配性的要素，从这样的视角来解释国际事件，肯定是错误的做法。""国际社会的要素无疑是真实存在的，但战争状态和跨国团结与冲突也是客观的事实，过于强调第一个要素，或者否定第二个和第三个要素，都是错误的。"[2] 这种方法论立场抓住了在国际舞台上同时起作用的不同要素的特点，特别是无政府国际体系、有规则管理的国际社会和跨国的世界社会。

从上述这种方法论立场出发，布尔认为没有必要使国际体系、国际社会和世界社会这三种要素具体化，因为它们形成了一个更大和更为复杂的现实的一部分。当突出与国际社会相关的特征时，这绝不能以牺牲对与国际体系联系在一起的无政府特征和在世界社会中起作用的跨国力量的重要性的承认为代价。尽管在强度上会有所不同，但这三种要素都是同时存在的。布尔只是出于方法论的便利才对描述国际关系的重要要素进行人为划分的。[3] 正如沃森指出的，布尔对国际体系和国际社会的区分之所以是非常有用的，"不是因为它把国际关系的复杂现实简单化为这类或那类，而是因为它承认可以从特别有效的观点出发来阐明现实"。[4] 由此可见，英国学派是把方法论的考虑置于国际体系、国际社会和世界社会这些要素之上的。出于这种方法论的考虑，他们才把国际体系、国际社会和世界社会置于不同的分析层

---

　① Barry Buzan and Richard Little, *International Systems in World History*, Oxford: Oxford University Press, 2000, p. 46.

　② Hedley Bull, *The Anarchical Society: A Study of Order in World Politics*, London: Macmillan Press LTD, 1995, p. 49.

　③ Barry Buzan and Richard Little, *International Systems in World History*, Oxford: Oxford University Press, 2000, p. 46.

　④ Adam Watson, "Hedley Bull, States Systems and International Societies", *Review of International Studies*, 13 (2), 1987, pp. 152-153.

次上。

在他们看来，国际体系、国际社会和世界社会采取了完全不同的形式。在国际体系中，各国在互动时并不一定需要认识到自己是这一体系的成员，国家间互动能够通过外部观察得到描述，因此国际体系可以采用实证主义方法进行分析。但在国际社会中，各国必须意识到它们有某种共同认同，也就是说国际社会假定各国领导人之间存在一个主体间的协定，而形成对国际社会的理解则需要研究者跨越时空差异、深入别人的内心精神世界才能实现，因此国际社会只能采取诠释学的方法进行分析。[①] 在世界社会中，人们必须意识到人类社会的共同目标或共同价值，即世界共同善的观念，这就需要人们超越传统方法论的限制，从现在受限制、受支配的关系以及被扭曲了的沟通和理解状态中解放出来，因此对世界社会只能采取批判理论进行分析。

总之，英国学派的方法论一直具有多元主义的整体论特点。采用这种方法论立场，为他们在本体论上探讨范围广泛的研究议题奠定了基础，使他们能将不同的理论主张结合起来，向人们展示国际体系、国际社会和世界社会三幅各有特色而又相互联系的完整图画。

第二节　国际体系和国际社会

国际社会是英国学派理论关注的中心问题，而理解国际关系的关键在于区分国际体系、国际社会和世界社会三个概念，因为分析这些概念之间的关系对于我们理解国际关系是怎样发展的有

---

① Richard Little, "The English School's Contribution to the Study of International Relations", *European Journal* of International Relations, 6（3）, 2000, p. 408.

十分重要的意义。英国学派国际关系思想的一个重要特点，就是阐述了国际体系、国际社会和世界社会三者的区别与联系。① 不过，这三个概念在怀特著作中并没有作明确的划分，而是往往将三者混合在一起使用。例如，他既把希腊城邦国家看成是一个国家体系，又把它看作一个受共同利益、共同规则和制度约束的国际社会，以及一个由分享共同文化的所有城邦国家的公民组成的世界社会。在他看来，国家体系是以一种共同文化为前提的，像希腊—罗马体系、中国的战国体系和现代西欧的国家体系都是建立在共同文化的基础之上。不过，他的国家体系概念不同于布尔所说的国家体系。怀特在对国家体系进行分类时，把"国际性国家体系"和"宗主国—国家体系"作了明确的区分。前者是指由一批不承认其他政治权威的主权国家组成，彼此之间通过信使、会议、外交语言和贸易形式结成比较稳定的关系；而后者是指由一个声称自己对其他国家拥有主导权或支配权的帝国与附属国组成的关系。两者的主要区别在于：在国际性国家体系中，霸主的地位总是从一个国家转移到另一个国家，这种地位会不断受到挑战，而在宗主国—国家体系中，一个国家的霸主地位是长久和不可动摇的。② 而布尔所说的国家体系明确地指主权国家组成的体系，即怀特所说的"国际性国家体系"。③ 另外，怀特还区分了"基本的国家体系和次要的国家体系"，前者由国家组成，

① Richard Little, "International System, International Society and World Society: A Re-evaluation of the English School", in B. A. Roberson, ed., *International Society and the Development of International Relations Theory*, London and Washington: Pinter, 1998, pp. 59 – 60.

② Martin Wight, *Systems of States*, Leicester: Leicester University Press, 1977, pp. 22 – 45.

③ Hedley Bull, *The Anarchical Society: A Study of Order in World Politics*, London: Macmillan Press LTD, 1995, p. 11.

后者由国家体系（通常是宗主国—国家体系）构成。

　　在英国学派中，最早对国际体系和国际社会两个概念进行明确区分的是布尔。他认为，当两个或更多的国家之间有足够的联系，并且对彼此的决策产生足够的影响，促使它们作为整体的一部分在某种程度行动时，一个国际体系形成了。也就是说，只要国家之间存在经常性的交往，而且它们之间的互动足以影响各自的行为时，我们就可以说它们构成了一个国际体系。但是，只有当"一些国家认识到它们具有共同利益和价值观念，在相互关系中认可自己受一系列共同规则的约束，并在共同的组织机构中行事……如国际法、外交机构、国际组织以及有关战争的惯例和条约"时，这才存在一个国际社会。① 从这个意义上讲，国际体系的结构决定着国际社会的行为规范，国际社会的特征是共有的行为规范和标准，② 受共同体约束的主体间意义是国际社会定义的基础。国际社会和国际体系既有联系又有区别。从逻辑上说，国际体系是一个比国际社会更基础、更重要的概念，因为国际社会是以国际体系作为自己存在的前提条件的，而一个国际体系却可以在没有国际社会的前提下存在，反之则不然。也就是说，国际体系是作为国际关系自发发展的有机结果而出现的，而国际社会是更高一级的国际体系，它不仅要求国家间的互动形成一个整体，而且要求国家有意识地制定和遵守相互关系中的行为规范，并在共同制度的框架内运作，以便维护和完善这些规则和规范性的章程。

　　国际体系通常与国家间的权力政治有关，现实主义将无政府

---

　　①　Hedley Bull, *The Anarchical Society*: *A Study of Order in World Politics*, London: Macmillan Press LTD, 1995, pp. 9, 13.

　　②　［美］詹姆斯·多尔蒂、小罗伯特·普法尔茨格拉夫:《争论中的国际关系理论》，阎学通、陈寒溪等译，世界知识出版社 2003 年版，第 128 页。

状态下国家间的结构及其作用过程作为其理论阐述的中心；而国际社会经常与国家间共享利益和认同的制度化有关，理性主义把共享规范和制度的创立和维护作为其理论阐述的核心。从上面布尔对国际社会的定义中可以看出，英国学派并没有把这两种因素看成是相互排斥的，而是认为形成国际体系的现实主义因素和构成国际社会的理性主义因素是联系在一起的，只不过理性主义的因素在国际政治实践中常常显得比现实主义因素要强大而已。[①]因为在他们看来，国际秩序不只是涉及物质力量的领域，而更主要是一个由共同行为规范和制度管理的社会，国际社会的核心是原则性的规则、制度和价值，它们决定了谁是国际社会的成员以及这些成员的行为方式。[②] 作为国际社会的成员，绝大多数情况下都坚持诸如限制使用武力、相互尊重主权以及协定必须得到遵守的规则，来保证国际秩序。

　　按照布尔的看法，在国际社会中，国际秩序是依靠共同规则和制度来维持的。规则就是要求或者准许某一类人或团体以特定方式行动的一般强制性原则，这些规则有国际法、国际道德准则、国际惯例和游戏规则等。在国际秩序中发挥作用的规则主要有三类：第一类规则是有关当代世界政治中基本的规范性原则。这个原则认同国际社会的思想为人类政治组织的最高规范性原则，否定了世界帝国、世界的人类共同体、霍布斯的自然状态或者战争状态等理念，它一方面坚持国家是国际社会的主要成员和权利与义务的唯一的承受者，它们能够完成政治使命，包括确保基本规则发生效力；另一方面，把国家之间关系视为社会成员之间的关

---

　　① 朱瀛泉：《西方国际关系理论：一种学科史视角的鸟瞰》，载《国际关系评论》第 4 卷。

　　② Martha Finnemore, *National Interests in International Society*, Inthaca and London: Cornell University Press, 1996, p. 18.

系，它们受共同规则的约束并在共同制度架构下运作。第二类规则是有关国际社会成员的共处规则。这个规则规定国际社会成员间共处的最低程度的条件，它包括限制世界政治中暴力冲突的规则、保障各国财产权稳定的规则和维护国家主权与平等的规则，即相互尊重主权、签署的协议必须遵守和限制使用武力的规则。第三类规则是管理国家间合作的规则，它包括促进国家间在政治、战略、社会和经济领域的合作。这类规则规定的不是那些适合国际生活基本目标的行为，而是适合国际社会次要目标的行为，它相对于共存规则而言，能够达到一致性的范围更广泛。①

在实施国际规则的过程中，国家主要采用均势、国际法、外交、大国管理和战争等国际社会的制度进行彼此协调。均势是国际社会的一项基本制度，它的存在为国际社会其他制度的实施提供了条件；国际法作为制约国家以及其他行为体之间相互关系的一套规则，它的作用在于确定国际社会的基本原则，阐述国家和国际社会其他行为体之间的共存规则，动员国际社会行为体遵守国际社会的规则；外交促进了政府间的协调和国际协议的谈判，便利国家间解决争端和减少误解；大国管理是指大国对它们相互关系的管理和对整个国际社会的管理，前者包括利用总体均势避免和控制危机，防止大国间的冲突和战争，互相接受彼此势力范围的合法性，后者包括通过大国维持对各自势力范围的控制，并通过偶尔的联合行动或在重要国际机构内的协调来维持国际秩序的稳定；战争作为一种国际制度，它既有助于维持均势、确保国际法的实施和大国的控制，又会对国际秩序的稳定造成威胁。这些制度不仅表明了这些共同规则的存在，而且在实践上管理了国

---

① Hedley Bull, *The Anarchical Society: A Study of Order in World Politics*, London: Macmillan Press LTD, 1995, pp. 64 – 68.

家间的行为。[1]

问题在于国际体系什么时候变成国际社会？国际社会具备什么样的条件才能形成？对此，英国学派内部存在着不同的看法。怀特认为，一种共同文化的存在是国际社会形成的必要条件，从古典希腊到现代欧洲初期的多数历史事实证明了这一观点，"如果成员间不具备一定程度上的文化一致性，国家体系将不会产生"。[2] 巴特菲尔德也指出，国家社会是以文化同一性为基础的，国际秩序和均势都是欧洲同一性的体现。迄今为止，我们研究的国际体系的一个显著事实就是，它们基本上不是通过把不同单元联结在一起的过程产生的，促使某种类型联合的有效力量可能是先前存在的共同文化因素。假定一个国家体系已经存在，那么在此基础上再增加一些文化完全不同的新单元就不会显得困难了。[3] 然而，布尔则持有不同的观点。虽然他承认如果国家间共享一种国际政治文化，那么国际秩序则可能更好地发展和生存，而今天全球国际社会的文化异质性明显是一个不利于有关基本规则和制度达成一致的因素，但这并不意味着没有共同文化的存在国际社会就不可能形成。[4] 在布尔看来，国家交

① Hedley Bull, *The Anarchical Society: A Study of Order in World Politics*, London: Macmillan Press LTD, 1995, pp. 102 – 122.

② Martin Wight, *Systems of States*, Leicester: Leicester University Press, 1977, p. 33.

③ 转引自 Adam Watson, *The Evolution of International Society*, London and New York: Pinter, 1992, p. 5。

④ Hedley Bull and Adam Watson, eds., *The Expansion of International Society*, London: Oxford University Press, 1984, p. 432. 需要指出的是，沃森一方面承认体系压力下国家间的共同利益在国际社会形成过程中所发挥的重大作用，但另一方面，他又不满意布尔忽视文化因素对国际社会形成作用的论述，强调文化对国际社会形成的重大意义。他指出："假如我们把社会概念理解为国家对体系压力的有意识反应的话，那么从其简单形式来看，这种观点是不够充分的。该委员会认为，布尔对社会的定义回避了文化这一根本问题。"参见 Adam Watson, "Foreword", in James Der Derian, ed., *International Theory: Critical Investigations*, New York: New York University Press, 1995, pp. x – xi。

往过程中的实际需要是产生国家之间合作的前提，大量历史表明，共同利益愿望经常会导致规则的改进。"历史上不同国际体系和文明的国家和人民所以能在战争、和平、联盟、商业方面达成协议，是因为他们认识到信守承诺、履行协议的好处。"① 合作有助于形成期望和提高对国际生活的预见性，因而可以减少政治混乱和不确定性。因此，只要各国在维持国际社会的基本目标上拥有共同利益观念，具有不同文化的国家便可能建立起国际社会。如果在一个国际体系中各国在维持国际社会生活基本目标上具有共同利益观念，并为确保这些基本目标建立起共同规则和制度，那么这个体系就变成为国际社会，而且在这样的国际社会中存在着秩序。

布尔认为，国家之间之所以会形成共同利益观念，这"可能来自于它们对无限制暴力、不遵守协议或对它们独立和主权威胁的恐惧；也可能出自于国家的理性考虑，即国家愿意接受在对等的基础上限制它们的行动自由；或者它们认为这些基本目标本身是有价值的，它们不仅仅是追求自身目标的手段。也就是说，它可能既体现了共同的利益，又体现了共同的价值观念"。② 布尔的著作中讨论的一个中心思想就是，在没有一个支配性权威存在的情况下，规则、法律和协议能够经常在共享利益的基础上出现。布尔对国际法作用的解释，几乎都是根据秩序的好处、违反的代价来描述的。③ 在他看来，国际交往的大多数核心规则的合法性并不依赖于一方的特殊利益，而是依赖于双方的相互利益，国际社

①   Hedley Bull and Adam Watson, eds. , *The Expansion of International Society*, London: Oxford University Press, 1984, pp. 4 – 5, 434.

②   Hedley Bull, *The Anarchical Society: A Study of Order in World Politics*, London: Macmillan Press LTD, 1995, p. 64.

③   Kai Alderson and Andrew Hurrell, eds. , *Hedley Bull on International Society*, London: Macmillan Press LTD, 2000, pp. 5 – 6.

会的规则不能简单地看作维护某些特定群体特殊利益的工具。随着时间的流逝，共同的需要和利益可能产生"共同的思想模式，行为模式和规范与价值偏好"。① 因此，布尔著作中存在着强烈的功能主义倾向，他把合作看作是在共同利益和国际制度提供的功能性获益的背景下出现的。对此，文森特曾指出，在布尔的著作中，"确保国际社会起作用的基本主题是功能性的而不是文化的，或者说在结构上是功能的而不是道德的。国家共存的实用主义需要足以产生布尔所说的一种外交文化，即一种确保不同文化和意识形态的政治实体之间秩序的规则、惯例和制度体系"。②

由此可见，布尔的国际社会概念，在国际社会起源上属于强调国家间共同利益的功能论，即认为通过国际交往过程中形成的共同利益观和整体归属感可以发展出功能性的国际机制；而在规范的作用上则属于社会阐释论，因为它强调国际关系的整体应该受到法律和规范的制约，布尔把两者有机地结合在一起。这种国际社会概念，不仅与怀特基于共同文化基础上的国际社会概念区分开来，而且也与美国新自由制度主义的制度理论区别开来。正如布赞所指出的，布尔的国际社会概念来自于社会学中的功能主义，它是高度理性的、契约的和基于规则基础上的社会概念，几乎没有涉及共享文化或者共同体的"我们—感知"，这个定义完全不同于怀特和沃森著作中以共享文化和文明为基础的国际社会概念。③ 但布尔不同于美国新自由制度主义的地方在于，他主张通过

① Hedley Bull, "The European International Order", in Kai Alderson and Andrew Hurrell, eds. , *Hedley Bull on International Society*, London: Macmillan Press LTD, 2000, pp. 181, 184.

② R. J. Vincent, "Edmund Burke and the Theory of International Relations", *Review of International Studies*, 10 (1984), p. 213.

③ Barry Buzan, *From International to World Society? English School Theory and the Social Structure of Globalization*, Cambridge: Cambridge University Press, 2004, pp. 52 – 53.

历史上国家的实践以及共同利益发展和变化的历史过程来理解合作和制度，认为国家的实践和历史过程是重要的，而这种对共同利益的理解会伴随着时间的变化而变化；而后者强调国际社会是由国家的理性选择行为建构起来的。

布赞综合了怀特和布尔的观点，提出了国际体系和国际社会划分的新观点。一方面，他不赞成怀特关于一种共同文化是形成国际社会的必要条件的观点，认为虽然国际社会的发展历史上可能总是与预先存在的共同文化有联系，但两者并没有逻辑上的必然联系，不管体系的单元是否享有一种共同文化，国际社会都可以从无政府的逻辑中取得功能性的发展。一旦单元之间有规律的、紧密的互动发展到一定程度，它们在客观上就会彼此承认和接纳对方，当国家领导人意识到国家间经济和战略相互依存的长期性和重要性时，他们就会开始创设避免不必要冲突和便利相互交往的规则。在这里，国家之间交往的必然性以及希望获得最低程度的国际秩序的共同愿望，是国际社会发展的最低程度的必要条件。一旦领导人认识到，国家间关系完全不受任何限制将导致长期动荡的不利后果，对秩序的最低限度的要求就出现了。①

但另一方面，他又认为布尔对国际体系和国际社会之间界限的划分存在着许多不清楚的地方。一个国际体系的全部或部分什么时候成为一个国际社会，布尔的国际社会概念本身并没有给我们提供明确的指导。他指出，布尔的功能性观点忽视了社会概念中至关重要的共同认同观念，一个真正的社会必须包含某种共同认同的要素。事实上，相互承认主权是划分国际体系和国际社会

---

① Barry Buzan, "From International System to International Society: Structural Realism and Regime Theory meet the English School", *International Organization* 47 (3), 1993, pp. 332 – 335.

之间的重要分界线，因为当单元不仅意识到彼此是同一类型的实体，而且愿意在此基础上相互给予平等的法律地位时，这时通过法理社会的行为标准，就能界定出国际体系和国际社会的边界。相互承认主权和法律平等不仅是规则和制度发展的一个转折点，而且也标志着国家接受彼此为同一类实体，即对共同身份的接受。他认为，国际社会首先诞生于地区性的次体系中，但在整个国际体系中它的发展又是不平衡的，它可能存在于某一个地区体系中，但在其他地区体系中却没有，即在大的非社会性的国际体系中存在着社会性的次体系。因此，今天的国际社会实际上是一个"混合物"，它部分源于近代欧洲形成的礼俗社会（gemeninschaft），并在欧洲帝国的顶峰时期扩张到全球；它部分反映了一种法理社会（gesellschaft）的过程，体现在一个体系中不同文化由于高度互动逐渐学会相互达成协议。国际社会过去很大程度上是欧洲礼俗社会的全球性表达，从把大多数殖民地和处于不平等地位的非欧洲文化和人民排斥在外发展到今天的局面，经历了长期的过程。[①]

罗伯特·杰克逊虽然也不赞成布尔关于国际体系和国际社会的划分方法，但他认为国际关系经常由政治领导人的工具性活动和规范性活动两部分组成，因而布尔对国际体系和国际社会的区别最好根据人的工具性的和非工具性的活动来构想。工具性的活动可以视为包括在行为者决定中的规诫、行为准则、计算、计谋、策略和其他谨慎的考虑以及努力实行的一个行动过程，或者对实际决定和其他行为者决定的一种反应。这类工具性活动经常

---

① Barry Buzan, "From International System to International Society: Structural Realism and Regime Theory meet the English School", *International Organization* 47 (3), 1993, pp. 335 - 345.

受纯粹自我利益的驱使，它导致了出现以狭隘的利己考虑为基础的一类国际关系，这是马基雅维里的国际政治方法。而非工具性是指国际社会成员的法律和道德的责任和要求，这些法律和道德契约反映了对国际社会其他成员的权利和合法利益的考虑。这类行为包括尊重国际法和创立外交行为标准，它导致了出现以法律和道德责任为基础的另一类国际关系。如果政治家拒绝受国际法和道德的约束或者忽视他们的责任，那么他们就拒绝了国际公民身份，这是格劳秀斯的国际政治方法。在他看来，国际社会实际上可以被看作一个多层次的社会关系结构，从仅有意识、非常有限和间歇的人类联系和交流的一端，通过精心设计的制度框架发展到有广泛的、持续的人类联系和对话的另一端。如果国际关系越是接近后头一端，国际社会就会越复杂和越高级。当前国际社会在共同利益和制度这些领域比历史上的国际社会更加复杂和广泛。①

　　不过，布赞的观点遭到了奥利·维弗尔的批评。他认为，从逻辑的角度看，布赞的"共同认同"观点混淆了两种意义的认同：一种是不同单元把彼此视为类似的，不管它们怎样构想整体，它们都构成了拥有一定身份的个体；另一种是人们能够与那些并不认为是同一类单元的人非常好地分享认同，如一对男女。从历史的角度看，布赞的观点也是无法接受的，因为它仅仅包括一种主权国家的体系类型，而排除了在不对称体系中的国际社会类型。例如，排除了正在出现的新中世纪欧洲秩序这种后主权的国际社会类型。他指出，布赞必须回答欧洲国际社会在主权条件下是怎样建立的，然后才能转到后主权国际秩序。但这样做他就

　　① Robert Jackson, *The Global Covenant: Human Conduct in a World of States*, Oxford: Oxford University Press, 2000, pp. 114 – 115.

需要放弃他的功能理论与机制理论和结构现实主义的联系，而且也将放弃使用英国学派的世界历史维度和建立宏观理论的能力。[①] 由此可见，在国际体系与国际社会的划分问题上，新一代的英国学派学者也没有取得基本一致的认识。

第三节　国际社会和世界社会

　　国际社会和世界社会的关系是英国学派理论的基础，围绕国际社会和世界社会的关系集中进行讨论是英国学派富有吸引力的地方之一，同时也是英国学派存在最大缺陷的地方[②]。英国学派对世界社会的论述，相对来说不如对国际体系和国际社会那么充分，但从一定意义上说，世界社会是承认国际社会思想的逻辑延伸。世界社会通常把个人、非国家组织甚至最终整个人类作为全球社会认同和安排的焦点，革命主义就是把这种超越国家体系的个人层次上的共享规则和价值作为其理论阐述的中心，具有比较强烈的世界主义道德感和使命色彩。布尔认为，国际社会是由国家间关系组成的社会，一个国际社会总是意味着国家间存在共同利益观念和共同价值，它是共同规则和制度得以建立的基础；而世界社会"所关注的并不是国家社会的共同目标或共同价值，而是由个人组成的整个人类社会的共同目标或共同价值，即世界共同善的观念"。因此，世界社会不只是指所有人类共同体的互

　　[①]　Ole Waever, "Four Meanings of International Society: A Trans-Atlantic Dialogue", in B. A. Roberson, ed., *International Society and the Development of International Relations Theory*, London and Washington: Pinter, 1998, pp. 107 – 108.

　　[②]　布赞认为："世界社会概念、尤其是世界社会与国际社会之间的相互关系，既是英国学派的最大缺陷，也是可能发现最大收获的地方。"参见 Barry Buzan, *From International to World Society? English School Theory and the Social Structure of Globalization*, Cambridge: Cambridge University Press, 2004, p. 2。

动程度，而且还包括共同规则和制度赖以建立起来的共同利益和
价值观念。从这个意义上说，世界社会的概念并不等同于全球互
动关系的总和。① 国际社会与世界社会的重大区别是，国际社会
是建立在国家间共同规范、规则和共同认同的基础之上，而世界
社会则是建立在超越国界的个人之间的共同规范、规则和认同基
础上的。因此，世界社会的范围较之国际社会更大，它的规则可
扩展到全球所有个人和集体的机构。它是由深刻和持久的人类差
异所描述的，这些差异随着合作而变得越来越突出。这些规则深
刻地影响着国内结构和国家组织，赋予了国家内个人和群体的权
利和义务，它寻求体现一种共同善的观念（人权、民主、环境、
国家安全秩序等）。②

然而，世界社会无疑是英国学派理论框架中最成问题的方
面。在布尔看来，只存在一个潜在的世界社会，并不存在全球性
的世界社会，所谓的拥有共同善的世界社会或者共同体并不存
在，它只是一种思想或神话。他认为，整个人类作为一个大的政
治集合体，并不具有产生和表达整体利益的手段，也不具有政治
社会化和政治动员的手段，"如果人类的利益得以形成并加以清
晰地表达，而且政治社会化和政治动员的过程改变了世界政治体
系，那么这肯定是通过主权国家社会的机制实现的"。③ 但一个
潜在的世界社会概念与布尔描述的跨国主义并不一致。当代世界
的一个基本特征是，国家体系一直是一个范围更广的世界政治体

---

① Hedley Bull, *The Anarchical Society*: *A Study of Order in World Politics*, London:
Macmillan Press LTD, 1995, pp. 81, 269.

② Kai Alderson and Andrew Hurrell, eds., *Hedley Bull on International Society*, London: Macmillan Press LTD, 2000, p. 61.

③ Hedley Bull, *The Anarchical Society*: *A Study of Order in World Politics*, London:
Macmillan Press LTD, 1995, pp. 81 – 82.

系中的一部分，而世界政治体系不仅包括国家，也包括各种跨国力量。但这样的发展并不意味着国际社会的重要性可能下降了，也不意味着世界社会即将到来。他指出，那些强化世界政治体系的因素本身并不能确保一个完整的世界社会的出现，世界社会的概念并不等同于全球社会互动关系的总和，正如国际社会不等同于国际体系概念一样。跨国力量和世界社会之间的关系似乎是一样的，但并不是国际体系和国际社会之间关系的同一种形式。事实上，欧洲 16—17 世纪一直存在的残余的中世纪跨国关系非常可能比当代世界持续的跨国关系更重要，但在跨国活动层面上的变化并没有告诉我们大量有关国际社会的命运。因此，跨国关系必须被看作国际关系的一个独立的层次，[1] 但这仍然留下了跨国体系和国际社会之间关系的许多问题。英国学派似乎要从这个主张中得出：看得见的跨国行为模式必须与世界社会相联系的现存的共同价值、利益和制度区别开来，但这种区别并没有得到任何清晰的表达。[2]

布赞曾对英国学派使用的世界社会概念作过非常尖锐的批评。他指出，英国学派所界定的世界社会概念是模糊不清的，他们把那些不适合在国际体系和国际社会范畴下分析的跨国主义、世界主义和普世主义意识形态等概念都塞进了世界社会这个"垃圾箱"。而且，世界社会缺少一个与之相对应的世界体系：国际体系和国际社会组成了一组对应关系，它们把国家间互动的物质性体系和社会建构体系区分开来；而世界社会的明显目标是要建构一个非国家的物质体系，以对应于世界社会这一社会体

---

① Hedley Bull, *The Anarchical Society: A Study of Order in World Politics*, London: Macmillan Press LTD, 1995, pp. 266 – 271.

② Richard Little, "The English School's Contribution to the Study of International Relations", *European Journal* of International Relations, 6 (3), 2000, p. 413.

系。虽然布尔提供了一个世界政治体系作为世界社会的物质对应物，但他从来没有认真讨论过这个思想。因为他认为国家体系仍然是在世界政治中占据主导地位的政治组织形式，我们必须在这个体系之内寻求实现世界秩序的目标，而世界社会仅仅是从属于国际社会的人们的理想目标，因而不值得深入探讨。由于几乎所有的英国学派学者（除文森特外）都忽视了世界社会，结果导致世界社会在英国学派的理论研究中始终处于边缘地位，英国学派至今仍未找到一个与世界社会相对应的物质体系。① 而传统世界社会概念过分强调规范性的人权关怀，则是导致对它分析不清楚的主要原因。由此可见，世界社会的概念模糊不清，是人们难以划清国际社会和世界社会之间界限的重要原因，也是英国学派理论产生许多问题（多元主义和社会连带主义争论以及如何处理国际生活的世界性和跨国性）的根源所在。

　　与世界社会概念相联系，英国学派在国际社会和世界社会如何相互联系的认识问题上也存在着一些没有解决的矛盾。以怀特和巴特菲尔德为代表的一方认为，一种共同文化的存在是国际社会形成的必要条件，共同文化的存在使国家能够确定国际体系成员的权利和责任。而布尔则持完全相反的观点，他认为没有任何共同文化的存在，国际社会也可能形成，只要组成国际社会的成员拥有共同利益观念就行，然而如果国家间共享一种国际政治文化，那么国际秩序则可能更好地发展和生存。他强调一种世界性文化的存在对于国际社会发展的重要性，认为国际社会的未来可能取决于世界性文化能否得以保持和发展，这种世界性文化不仅

---

① Barry Buzan, *From International to World Society? English School Theory and the Social Structure of Globalization*, Cambridge: Cambridge University Press, 2004, pp. 27 – 28.

包括共同的理念，也包括共同的价值观念。但世界性文化要得到真正的发展，可能需要吸收更多的非西方因素，这样它才能真正具有世界性，并且成为一个世界性的国际社会所赖以存在的基础。① 但是，这里涉及的重要问题是世界社会的发展和国际社会的维持之间可能存在的矛盾。对于主权国家构成的社会来说，普遍的人类共同体这个概念具有潜在的毁灭性，因为它不仅可以用于国际社会的规则，也可以用来颠覆国际社会的规则。② 国际法与主权国家社会之间存在着潜在的矛盾，国际法中人权的发展将削弱国家主权和国际秩序的基础。如果个人权利可以在世界政治舞台上得到伸张，并高于他所属国家的权利，而且我们个人的义务可以不顾他作为国家公民的地位，那么国家的主权地位将会受到挑战，主权国家社会的结构就会处于危险境地，主权国家社会将因此有可能被世界共同体的组织原则所颠覆。③ 换句话说，不管是否需要一种共同文化的尺度作为国际社会的基础，任何一个发展世界社会的尝试都冒削弱国际社会的基础——国家——的危险。

布赞认为，上述这两种观点都是错误的。事实上没有一种共同文化的存在，国际社会也可能在区域中发展起来。但国际社会和世界社会的发展也并不是必然冲突的，相反它们是互为补充、相互促进的，如果没有对方的发展，国际社会和世界社会都不能发展。正如当代西方（尤其是欧洲）的发展所表明的那样，如

---

① Hedley Bull, *The Anarchical Society*: *A Study of Order in World Politics*, London: Macmillan Press LTD, 1995, p. 305.

② Hedley Bull, "The Grotian Conception of International Society", in Herbert Butterfield and Martin Wight, eds. , *Diplomatic Investigations*, Massachusetts: Harvard University Press, 1966, p. 68.

③ Hedley Bull, *The Anarchical Society*: *A Study of Order in World Politics*, London: Macmillan Press LTD, 1995, pp. 146 – 147.

果没有人们之间共同规范和认同的发展，一个国家之间共同规范、规则和制度的发展是不可能的。国际社会更高级形式的发展要求与之相应的大众间世界文化的发展。相反的，假如世界社会没有一个稳定的政治结构作支撑，那么一个世界社会就不可能出现；而一个以国家为基础的国际社会似乎充当了这种政治结构唯一合理的候选者。① 在国际社会和世界社会的关系问题上，文森特也反对将两者对立起来的做法。他认为，在主权国家社会中人权的发展也许会不利于国际社会的生存，但是并没有构成对主权国家体系的挑战；相反的，它增强了这一体系的合法性，因为人权所要求的不过是各国的国内制度形式，它应该具有更高程度的相似性。事实上，国际人权法的主题是从原始部落同国家的依附关系中发展起来的，其目标是要达到一种个人之间要以人的资格而非部落成员的资格相互对待的境界，人权在这里巩固了国家而非超越了国家。② 他强调人权观念是国际关系向世界政治转变过程中的中介力量，这个观念有可能推动国际社会向世界公民社会方面迈出一大步。对文森特来说，一个国家内部结构同质的国际社会就是一个真正的世界社会，因为所有国家在国内法律和人道主义干涉价值上都相同，它们容易在国际上就人道主义干涉的共同基础问题上达成一致。③ 因此，将国际社会与世界社会分离开来似乎是有悖常理的，或者强权政治和世界共同体并存，或者就不存在世界共同体。

---

① Barry Buzan and Richard Little, *International Systems in World History*, Oxford: Oxford University Press, 2000, p. 106.

② R. J. Vincent, *Human Rights and International Relations*, London: Cambridge University Press, 1986, pp. 150 – 151.

③ Barry Buzan, *From International to World Society? English School Theory and the Social Structure of Globalization*, Cambridge: Cambridge University Press, 2004, p. 51.

英国学派认识到国际社会和世界社会之间有着重要的联系，国际社会的存在需要一定世界社会的发展，但它并不清楚在国际社会形成中世界社会究竟能够发挥多大的作用。在对国际社会的范围究竟有多大这个与世界社会相涉的问题上，英国学派内部存在着多元主义和社会连带主义的争论，也就是关于国际社会的本质和可能性，特别是关于在国际社会内共享规范、规则和制度的实际的和潜在程度的争论。这一争论主要取决于国际法应该以自然法还是以实证法作为国际社会的基础问题，争论的主要焦点是人权以及与人权有密切联系的人道主义干涉和西方对第三世界的责任问题。[①]

多元主义和社会连带主义的争论起初主要涉及关于国际社会是否在法律实施方面存在充分的一致性或潜在一致性这两种经验性解释，后来逐渐发展成为两种鲜明对照的规范性主张。多元主义针对的是国家之间有序共存的最低限度的目标，而社会连带主义除国家之间的共存目标外，还包括在全球范围内要求更多国际人权保护标准的目标。[②] 根据梅奥尔（James May-all）的定义，多元主义是指国家像个人一样，拥有不同的利益和价值，因此国际社会只能限于设立一个允许这些国家在相对和谐的环境中共存的框架。对多元主义来说，国际社会区别于其他社会组织形式的是它的程序性和非发展性的特点。而社会连带主义是指人性是一样的，外交的任务就是要把人类这种潜在的利益和价值转化为现实，社会连带主义者相信，国际性的

　　① 　Barry Buzan, *From International to World Society? English School Theory and the Social Structure of Globalization*, Cambridge: Cambridge University Press, 2004, pp. 45 – 46.

　　② 　Andrew Linklater and Hidemi Suganami, *The English School of International Relations: A Contemporary Reassessment*, New York: Cambridge University Press, 2006, p. 6.

根本性革新和统一是可能的。① 也就是说，社会连带主义是建立在社会团结的思想基础之上，它意味着不仅许多行为体之间存在一种统一的利益和情感，而且这种统一是一种足以产生集体行动能力的类型。② 在英国学派的思想中，世界社会和趋向于社会连带主义者思想的国际社会之间的一个联结点，就是人道主义干涉问题。③ 因此，如何对待人道主义干涉问题，自然也成为多元主义者和社会连带主义者争论的重要焦点之一。

多元主义与社会连带主义的争论开始于 20 世纪 60 年代中期。1966 年，布尔在《格劳秀斯的国际社会概念》一文中，提出了对国际社会中多元主义和社会连带主义概念的界定，这种观点后来在他的《无政府社会》一书中得到了进一步发展。他以历史上实证法学家奥本海和自然法学家格劳秀斯的著作为例，集中讨论了多元主义和社会连带主义争论的规范方面内容，也就是国际社会中战争的地位、国际法的起源和个人在国际社会中的地位。他明确维护国际社会的多元主义概念，认为这个概念为拥有不同文化的国家之间和平共处提供了一个国际秩序，它建立在相互承认主权和不干涉内政规范的基础之上。在布尔看来，文化和道德多样性是当代国际社会的基本特征，在政治和文化多样化的世界里，确定有意义的道德一致性存在着巨大的困难。国家之间只能在国际社会共存这个有限的目标上达成一致，因而国际社会的范围是非常有限的，这样的国际社会对制约无政府状态下出现

---

①　James Mayall, *World Politics: Progress and Its Limits*, Cambridge: Polity Press, 2000, p. 14.

②　Barry Buzan, *From International to World Society? English School Theory and the Social Structure of Globalization*, Cambridge: Cambridge University Press, 2004, p. 141.

③　John Williams, "Pluralism, Solidarism and the Emergence of World Society in English School Theory", *International Relations*, 19 (1), 2005, p. 25.

的极度无序起着平衡作用；如果在实践中应用集体安全和人道主义干涉的社会连带主义方案，不仅会导致建构一个更好的世界秩序的努力付之东流，而且也会削弱或者损害传统的维持国际秩序的手段的作用。① 他强调多元主义在国家实践中的必然性，以及需要对西方世界主义和它的潜在危险性保持足够的谨慎、敏感和警惕，认为国家体系仍然是政治社会中最可能提供最低限度秩序的普遍政治组织，虽然国家之间无法在维持一个共同政府的问题上达成广泛的共识，但它们能够在维持各个政府的多元主义共存目标上达成一致。② 而任何在国际社会中促进普遍价值的努力都会起到保障某些国家或国家群体的特殊利益，因为国际社会成功地促进普遍价值经常有赖于某些大国的意愿，并加强国家之间业已存在的权力和地位的不平等。多元主义的价值主要表现在，虽然国家并不共享真正的目标和价值，但它们意识到在法律上和道德上必须接受共存的一套规范的约束，因而它为拥有不同正义概念的主权国家提供一个最低限度的共存秩序。

　　虽然布尔在早期极力维护国际社会的多元主义概念，但他并没有对国际社会的多元主义道德作清晰地阐述，对此进行明确阐述的是罗伯特·杰克逊、特里·纳丁（Terry Nardin）和克里斯·布朗（Chris Brown）。③ 罗伯特·杰克逊认为，国际社会的多元主义概念是建立在这样的道德假定基础上的：国家本身是有

---

　　① Hedley Bull, *The Anarchical Society: A Study of Order in World Politics*, London: Macmillan Press LTD, 1995, p. 232.

　　② Hedley Bull, "The State's Positive Role in World Affairs", in Kai Alderson and Andrew Hurrell, eds. , *Hedley Bull on International Society*, London: Macmillan Press LTD, 2000, pp. 150 – 152.

　　③ 惠勒和邓恩敏锐地指出了这一点，参见 Nicholas. J. Wheeler and Timothy Dunne, "Hedley Bull's Pluralism of the Intellect and Solidarism of the Will", *International Affairs*, 72 (1), 1996, p. 96。

价值的，在这个意义上，国际社会假设所有国家的固有价值和容纳它们内部的多样性。① 克里斯·布朗也指出，国际社会的多元主义性质是建立在这样的假定之上：国家拥有不同的目标、有不同的国际目的、不同的好生活的概念和不同的善恶观念。它假定多元主义是有价值的，而力图给国际社会增加更多实质性内容不仅在原则上是错误的，而且在实践中也是行不通的。②

　　这种多元主义观点在英国学派的新生代成员中拥有不少支持者，其中以梅奥尔和罗伯特·杰克逊的观点最具有代表性。梅奥尔认为，传统的国际社会实际上是一个最低限度的联合体，它关注的是相互承认主权和确认它们的权利，包括它们形成和改变联盟的权利或者由其他国家共同保证它们中立的权利。尽管现在的世界已经与18世纪和19世纪的欧洲国家体系完全不同了，但由于主权变得越来越大众化以及国家体系和支撑它的实证法体系的发展，那些试图使某些人权超越一切权威约束的做法已经行不通了。随着主权权利和个人权利划分的界限开始变得日益模糊，一种建立在能够达成基本共识的最低限度规则基础上的共存规则变得越来越重要了，而那些试图促使国际社会沿着社会连带主义路线改变的人，对于任何种类的有目的或者事业性的联合组织中都必然会出现的两个基本问题重视不够：谁付账单？谁最终承担责任？在他看来，在文化、政体和社会条件多样化的世界里，试图将它们塑造成单一的法律机制的想法都是不切实际的空想；任何超越国家间互惠和共存法则的国际合作的发展，都只能通过国家达成共识方式来获得。因此，它的过程肯定只能是渐进的。即使

　　① Robert Jackson, "Martin Wight, International Theory and the Good Life", *Millennium: Journal of International Studies*, 19（2），1990, p. 267.

　　② Chris Brown, *International Relations Theory: New Normative Approaches*, New York: Harvester Wheatsheaf, 1992, p. 125.

在民主国家联盟内部，不干涉原则依然被视为国际合作背景下主权的基本方面，而如果没有不干涉原则，政府就无法保护本国免遭强国干涉。一旦国家利益与国际社会的共同利益发生冲突时，政府履行与联盟一致的目标。而一个建立在人权和民主政府原则基础的国际社会，将更接近于通过一致取得或用康德术语赋予的世界帝国。只有在坚持多元主义的基本规范和原则的前提下，国际社会沿着社会连带主义方向的发展才能被成员国所接受。①

罗伯特·杰克逊也是一位多元主义价值的极力拥护者。针对社会连带主义者对多元主义框架不能有效确保人权的指责，他明确地指出，多元主义与维护人权是完全协调的，多元主义不仅能够容纳人权，而且也不会让位于社会连带主义。因为战争，尤其是大国战争是对人权和人道主义的最大威胁，而维护主权平等和不干涉原则有利于限制滥用武力，防止战争的发生，所以多元主义与人道主义责任并不矛盾。而且，各种限制武力使用的条款有助于国家保障公民免遭外来暴政体制的侵害，而军事干涉的危险在于极有可能破坏主权和不干涉的多元主义原则。实际上，国际社会的稳定，特别是大国的团结一致，比维护世界上其他国家的少数族裔权利和人道主义保护更重要。② 他认为，多元主义是建立在国家之间领土边界的划分基础上的，它宣称主权和期望通过公民共同体观念获得同一身份。这些领土边界塑造了多元主义世界政治的大批领土领域，确定了不干涉与其他主权权利和责任，而且也界定了国家利益和国家安全的领土范围。多元主义把领土边界看作类似于围墙：它们建立了所有权限制和领土控制，清晰

---

① James Mayall, *World Politics*: *Progress and its Limits*, Cambridge: Polity Press, 2000, pp. 20 – 36, 95 – 96, 109 – 113.

② Robert Jackson, *The Global Covenant*: *Human Conduct in a World of States*, Oxford: Oxford University Press, 2000, pp. 291 – 293.

地划定一个主权国家在什么地方结束和另一个地方开始。因此，国际社会肯定是一个以领土为基础的体系，如果没有作为主权国家之间围墙的领土边界，国际社会就不可能存在，而国际社会认可的道德上适当的国际秩序机制也不可能存在。同时，这些领土边界也界定了身份，它们在建构本国公民与外国人、我们与他们、自我与他人之间的区别上发挥着重要的作用。① 因此，领土边界在道德上是重要的，它们应该得到尊重，尽管国际边界可能并不公正，但它们是合法性的依据，在可确定和可预见方面有重大的实际优点。② 对于领土边界和多元主义之间的关系，约翰·威廉斯（John Williams）也明确地指出，多元主义把领土边界看作是一个构成性规则，而积极维护领土边界的任务要求更多地关注处理问题的方式、重视包容性和领土边界在限制使用武力中的作用，经典英国学派理论把这种限制看成是在国家间关系的层次上运行的、保护国家免遭外来暴政压迫的一种方法。因此强调合法使用武力是国家自卫和确保国际社会本身生存的责任。③

在罗伯特·杰克逊看来，主权是一种有益的多元主义价值，因为它为维护领土空间、避免外部干涉提供了根本性保证。而一个世界社会的社会连带主义概念在实践中则会遇到许多实际困难和障碍：地球上的所有人事实上无法形成一个社会，人类共同体只是一个人们头脑中的抽象物而不是现实情况。现实情况是，世界上大约 60 亿人口并没有作为一个共同体存在，真正属于每个人的具有全球包容性的世界社会是生活在由特定国家组成的国家

---

① Robert Jackson, *The Global Covenant : Human Conduct in a World of States*, Oxford : Oxford University Press, 2000, pp. 316 – 319.

② Ibid., pp. 327, 333.

③ John Williams, "Territorial Borders, Toleration and the English School", *Review of International Studies*, 28（2002）, pp. 756 – 757.

社会里，国际法中公民的法律地位一直是由主权国家承认和建立的，因此人权和世界社会的含义是一个确定的历史存在，而且只是作为国家社会结构的历史存在。他指出，迄今为止，我们仍然生活在一个主权国家是基本行为体的政治世界中，国家社会已经证明它是唯一被普遍接受和起作用的世界政治的基础。而多元主义的相互承认主权和不干涉学说是经典国际关系学术传统关注的中心，它也是全球盟约的核心学说。全球盟约能够在世界范围内容纳人类的多样性，它为拥有不同文化和文明的国家指导相互关系提供一种可接受或者包容性的基础：全球盟约能够使国家领导人在不牺牲它们独立、国内价值和生活方式的情况下相互联系、相互共存、相互合作。① 因此，多元主义价值是值得珍视的，因为它符合人类的多样性，为维持全球美好生活提供了一种制度安排，从而不同于那些根据一套普遍的价值观念来区分自我与他人的秩序。

但是，这种国际社会的多元主义主张遭到了以惠勒和邓恩等社会连带主义者的质疑和反对。他们批评多元主义没有充分考虑到国际政治中的正义呼声，因此，多元主义被看作是没有能力积极回应全球经济危机、人道主义灾难、正在出现的世界社会和跨国认同的因素以及长期的全球贫困和严重的经济不平等提出的挑战。而且，这种建立在领土边界的主权概念上的多元主义，无法有效地应对快速增长的非国家行为体提出的问题和政治议程。因此这种多元主义者的国际社会的核心观点事实上失效了。② 正如克里斯·布朗所尖锐地指出的那样，多元主义强调不同国家体现

① Robert Jackson, *The Global Covenant: Human Conduct in a World of States*, Oxford: Oxford University Press, 2000, pp. 181 – 182, 112, 168, 22 – 23.

② John Williams, "A New Pluralism? Borders, Diversity and Justice in the English School", http://www.leeds.ac.uk/polis/englishschool.

不同善的概念，这些不同善的概念在超越国界的意识形态和社会
运动中能够得到充分的体现，但是这种假定在道德上仍然存在挑
战：如果多样性赋予国家有虐待本国公民的权利，那么很难说这
种多样性是有价值的。① 在社会连带主义者看来，随着国际社会
面临的问题日益增多，维持国家之间最低限度的秩序越来越不能
适应国际关系的发展，因为人道主义规范在冷战后日益遭到践
踏，世界主义的道德意识要求我们对"极端危急的人道主义情
形"做出反应，因此，用社会连带主义理论取代多元主义发展
是十分必要的。他们相信在国际社会内出现一定的世界主义道德
共识是可能的，例如在种族灭绝的暴行问题上，国际社会要求干
涉就明显地说明了这一点。②

　　社会连带主义把国家组成的国际社会看作是在实施世界主义
道德诸如人权方面有潜在的一致性，认为国际社会关注的焦点应
该是它的整体利益而不是各个国家的个体利益，国际社会除了维
持国家之间最低限度共存这个秩序目标之外应该具有更大的范
围，可能需要在诸如人权、经济发展、环境保护、限制使用武力
以及接受有关国家与公民关系的"文明标准"问题等方面有更
大程度的共识和团结。也就是说，与多元主义首先关注创立一个
主权和不干涉框架内的共存规则不同，社会连带主义不仅关注国
家间共存的目标，而且寻求在广泛的问题领域上的共同利益和公
共问题的管理，即采取更广泛、更具有干涉主义色彩的国际秩序

----

　　① Chris Brown, *International Relations Theory: New Normative Approaches*, New York: Harvester Wheatsheaf, 1992, p. 125.

　　② 这方面的重要著作可参见 R. J. Vincent, *Human Rights and International Relations*, London: Cambridge University Press, 1986; Nicholas J. Wheeler, *Saving Strangers: Humanitarian Intervention in International Society*, Oxford: Oxford University Press, 2000; Andrew Linklater, *The Transformations of Political Community*, Columbia: University of South Carolina, 1998。

的共享道德规范。① 因此，社会连带主义可以理解为国家在选择创设管理它们之间关系方面实施"厚"的规范、规则和制度。对一些社会连带主义者来说，主权和不干涉原则与尊重普遍人权并不是必然冲突的，《联合国宪章》和《普遍人权宣言》这两个基本文件表明，实施普遍人权这样的世界主义道德，并不会像多元主义者所说的那样削弱国际秩序的基础，而是与维护国际和平和安全相容的。② 相反的，世界主义作为一种道德润滑剂，有利于国家社会更好地运转，一个基本的普世主义有利于加强国家社会和确保国际秩序的生存，因为普世主义有利于防止国际社会的原则沦落为支配性大国的赤裸裸工具。③ 惠勒在《拯救陌生人：国际社会中的人道主义干涉》一书中也强调指出，尽管目前国际上关于国家或国际组织在没有联合国授权的情况下进行人道主义干涉的合法性仍然存在争议，但是由联合国支持的人道主义干涉已经被国际社会看作是合法的；即使没有联合国的明确授权，只要基于正义战争学说的一套标准，在极端危急的人道主义危机情况下进行单边的人道主义干涉，也应该被国际社会视为合法的，因为致力于正义理由进行的干涉不会严重削弱国际秩序的要求。④

　　英国学派内部关于多元主义和社会连带主义的争论，实际上

　　① Barry Buzan, *From International to World Society? English School Theory and the Social Structure of Globalization*, Cambridge: Cambridge University Press, 2004, pp. 47, 58 – 59.

　　② Tim Dunne and Nicholas J. Wheeler, "Introduction: Human Right and the Fifty Years' Crisis", in Tim Dunne and Nicholas J. Wheeler, eds. , *Human Rights in Global Politics*, Cambridge: Cambridge University Press, 1999, pp. 1 – 2.

　　③ Andrew Linklater, *The Transformations of Political Community*, Columbia: University of South Carolina, 1998, p. 24.

　　④ Nicholas J. Wheeler, *Saving Strangers: Humanitarian Intervention in International Society*, Oxford: Oxford University Press, 2000, pp. 8, 16 – 17, 33 – 52.

提出了两个彼此相关的问题，即多元主义和社会连带主义的主张是相互排斥的还是彼此相容的？社会连带主义的讨论是否最终会溢出国际社会的边界而进入世界社会？对于第一个问题，布赞认为，多元主义和社会连带主义这两个概念并不是相互矛盾的，而是各自代表了国际社会系谱的左右两端，体现了有关国际社会的共享规范、规则和制度的"薄—厚"的差异程度。多元主义根据国家间共享规范、规则和制度的相对低的或窄的程度来定义国际社会，这种国际社会概念关注的是建立一个国家间有序共存和竞争的框架；而社会连带主义根据国家间共享规范、规则和制度的相对高的或宽的程度来定义国际社会，这种国际社会概念关注的不仅是包括国家间有序共存和竞争的环境，而且涉及寻求国家在更广泛领域的合作目标。因此，英国学派关于多元主义和社会连带主义的争论很大程度上是有关国际社会类型的争论。[①]目前，英国学派内部关于多元主义和社会连带主义的主张是否相互排斥的争论仍在继续。这一争论，在很大程度上取决于由各种各样的行为体组成的世界社会和以国家组成的国际社会相比所具有的相对重要性。不过，英国学派在这方面并未建立清晰的准入价值以使它成为独树一帜的分析框架。

[①]   Barry Buzan, *From International to World Society? English School Theory and the Social Structure of Globalization*, Cambridge: Cambridge University Press, 2004, pp. 48 – 49, 59, 102.

第四章　国际社会的历史考察

　　探索国际社会的本质和作用及其他的历史发展，是英国学派理论的中心任务，而考察国际社会如何从欧洲扩张到全球及其由此而产生的文化多样性与国际秩序的关系，则成为英国学派理论关注的重点。国际社会的历史是建立在与外部关系的基础上的，研究国际社会如果不考察它的地理的、意识形态的或者文化的界限，那么就不可能很好地理解国际社会的本质。因为国际社会不能仅仅凭借一些术语得到理解，而必须把它放在一定的文化和历史力量的背景下才能得到理解，正是这些文化和历史力量塑造了某一特定时期的社会意识、共同价值观和目标观念。[①] 有一位颇具影响的英国学派学者也曾明确地指出，对国际社会的研究包括双重焦点：一是我们必须考察国际社会的外部边界以及把内部与外部区别开来的分界线；二是我们也需要考察国际社会的内部结构以及决定认同的那些正式的和非正式的安排。国家之间的边界与它们的内部结构安排一样，并不是自然赋予的，而是体现了人类的道德选择，因此，任何描述它们的努力都会提出直接涉及政

---

　　①　Andrew Hurrell, "International Society and the Study of Regimes: A Reflective Approach", in Volker Rittberger, ed. , *Regime Theory and International Relations*, Oxford: Clarendon Press, 1993, p. 63.

治和社会理论中伦理考虑的地位问题。而研究国际社会的道德基础只有置于它的历史发展和当代结构中才能予以实现。①

现代国际社会源自西方，它是从西欧基督教世界开始，然后逐渐扩展到全世界的。现代西方国际体系的诞生和发展应追溯到16—17世纪，当时，欧洲经历了基督教世界普遍宗教、政治体系瓦解以及现代国家体系的形成和发展的历史剧变。实际上，欧洲国际体系的世界性扩张是中世纪基督教社会扩张的继续，它把欧洲阐述的规则、制度和价值扩展到全球。源于欧洲国家体系的全球国际社会只有根据中世纪的遗产和对它的反映才能得到理解。② 因为国际社会的结构在历史上是独特的，它只有根据文艺复兴时代以来积累的经验才能得到理解。通过揭示这些历史基础，国际社会的理论家根据权力与法律和道德规范的运作，就可以理解秩序和合作。③ 布尔和沃森认为："国际社会的扩张只有通过历史的视角才能得到理解，如果对产生国际社会的过去缺乏认识，我们今天的全球国际社会就会显得毫无意义。"④ 他们主编的《国际社会的扩张》就是这种思考的重要产物，该书从经济、军事、文化、外交等角度考察了国际社会从欧洲扩张到全球的历史过程，为我们深刻理解国际社会的发展提供了很好的指导。欧洲在全球范围内的扩张以及它在20世纪中期的衰落，构

---

① James Mayall, "International Society and International Theory", in Michael Donelan, ed. , *The Reason of States*: *A Study in International Political Theory*, London: George Allen & Unwin, 1978, p. 124.

② Adam Watson, *The Evolution of International Society*, London and New York: Pinter, 1992. p. 150.

③ Kai Alderson and Andrew Hurrell, eds. , *Hedley Bull on International Society*, London: Macmillan Press LTD, 2000, pp. 4 - 5.

④ Hedley Bull and Adam Watson, eds. , *The Expansion of International Society*, London: Oxford University Press, 1984, p. 9.

成了当代国际社会的最重要特征之一。本章对国际社会的历史考察就是沿着欧洲扩张的路线展开的，随着欧洲全球性扩张的发展，国际社会经历了从基督教国际社会到欧洲国际社会最后到全球性国际社会这样三个发展阶段。

第一节　基督教国际社会

基督教国际社会存在于15—17世纪，即西方基督教世界的政治组织形式正日趋瓦解，而现代国家及其国际体系尚处于形成过程的时候。中世纪基督教世界并非是一个政治统一体，也不是一个有明确地理界线划分的独立国家组织起来的国家社会，而是由一个分割为王国、公国、侯国、主教领地、城市共和国等诸种政治实体构建起来的权威分散的社会。这个社会分为贵族、教士、市民和农民四大阶层，他们依靠封建依附关系不稳定地拼凑在一起。贵族的职责是保卫和管理国家，贵族的首领是国王或自治的诸侯。在中世纪社会，国王的力量和军事能力是十分有限的，在他的领地之外几乎没有任何权威和财富，他主要依靠拥有相当实力的诸侯来实施统治的。国王与教会统治着中世纪基督教世界的精神领域和世俗领域。教会负责宗教、医院、教育和慈善事业等领域的管理，它垄断了精神世界的权力，而帝国则享有世俗领域统治的权力。中世纪教会和国王的双重权威是从罗马教会和野蛮人王国的并存中发展起来的，这两种力量分享着不同领域的统治。当时，教会影响世俗权威的行为主要通过两种方式来实现。第一，国王或统治者把教会看作他们期望的道德原则的监护人；第二，国王或统治者经常聘请教士担任国家的管理工作，使教士渗透到世俗统治者的政府结构中。中世纪基督教社会的第三个阶层是由市民、工匠和商人组成的自由民。它们一直保持着个

体的身份，不同程度地独立于贵族和教会而实行自治。中世纪基
督教社会的第四个阶层是农民，他们由大量经常依附于土地的农
奴组成，直接从属于贵族和教会。①

这种中世纪政治体系的基本特征表现为，它是一个关系和义
务上彼此制约的，由一种权力重叠、有时又相互竞争的诸多权威
的混杂物组成的体系。在这个体系中，君主或国王都不是主权
者。也就是说，君主或国王对特定领土和特定基督教群体不享有
最高的管辖权，它们必须同低于自己的诸侯和高于自己的教皇以
及神圣罗马帝国的皇帝共同分享权力。在这些权力与要求中，有
的是互相冲突的，而且没有一个统治者或国王能在特定领土和人
口范围内拥有至高无上的主权地位。② 这张由王国、公国和侯国
以及其他权力中心组成的网络，又因城市和乡镇替代性政治结构
的出现而进一步复杂化。这些城市和城市联盟主要依靠贸易、制
造业和相对较高的资本积累获得发展。当时，整个欧洲分布着许
多城市中心，它们拥有不同的政治权力。虽然基督教世界被长期
严重的内部冲突弄得七零八落，被宗教分歧、教义争端和经久不
息的战争搞得分崩离析，但基督教世界仍然把自己视作一个独特
的共同体，特别是与伊斯兰世界关系方面。当时欧洲通行的最重
要的政治和道德观念是"统一的基督教世界"观念。基督教世
界的这种凝聚力部分依赖于怀特所说的"外部差异性"，部分由
于基督教世界与伊斯兰世界的冲突而得到加强。③ 这种"统一的

---

① Adam Watson, *The Evolution of International Society*, London and New York: Pinter, 1992, pp. 139 – 142.

② Hedley Bull, *The Anarchical Society: A Study of Order in World Politics*, London: Macmillan Press LTD, 1995, p. 245.

③ Hedley Bull, "The European International Order", in Kai Alderson and Andrew Hurrell, eds., *Hedley Bull on International Society*, London: Macmillan Press LTD, 2000, pp. 176 – 177.

基督教世界"观念是由罗马教会和神圣罗马帝国的统治所赋予的。

基督教世界是一个独特的普世性社会，它由共同的文化传统、宗教、法律甚至共同语言联系在一起。神圣罗马帝国和罗马教会是基督教世界的两大普世性机构。帝国被看作是罗马帝国的精神和世俗的继承者，是世俗权威的代表。神圣罗马帝国在它的鼎盛时期，力图把西方基督教世界各自为政的权力中心统一起来，形成一个政治上统一的基督教帝国。然而，帝国的世俗权力一直受到罗马教会和欧洲复杂的封建统治权力结构的限制。教会作为基督教世界的知识、教育的提供者和合法体系的源头，在这个社会中扮演着重要角色。对教会来说，它的所有权威最终都来自上帝，教皇是上帝在人间的使者，皇帝的统治是上帝在人间统治的写照，世俗权力的合法性只有经过教皇的批准才能存在。在理论上，教会是最高权威，它是各种各样宗教仪式的实施者。但在实践上，皇帝和教会的关系并非如此简单，双方为争夺最终支配权经常发生争吵和冲突。罗马教会力求把精神力量置于世俗权力之上，建立一个统一的教会帝国。教皇要求成为最高统治者，并在世俗领域积极宣扬教会法规。事实上，无论是教会还是帝国都不曾拥有足够的力量来实现世界政府的目标或者无可争议地统治西方基督教地区，在中世纪的大部分时间里，权力都是相当广泛地分散在数百个封建小诸侯手中。虽然教会是分裂的和有时腐败的，但它作为基督教世界统一的象征和道德权威的来源仍然保持着重要性。它也作为基督教世界的调停者、仲裁者和新法律产生的来源，充当了一般法律体系的最终决定者。[1] 罗马教会和教

---

① David Armstrong, *Revolution and World Order: the Revolutionary State in International Society*, Oxford: Clarendon Press, 1993, pp. 21 – 23.

皇所阐释的基督教信仰在两个方面充当了整合的力量：教会使得
拉丁文流传下来，为知识分子提供了一种共同语言；基督教教义
为发展权利、正义和其他政治规范奠定了基础。因此，中世纪统
治秩序具有基督教国际社会秩序的特征，对它来说，基督教是至
高无上的，它从上帝那里寻求解决冲突和争端的权威，其基本的
政治立足点是基督教教义，而且它认为人类社会具有普遍的本质
假定。[①]

　　中世纪欧洲的扩张开始于 15 世纪，起初它是由教会推动、
统治者和骑士领导的，并得到了城镇的商人和许多地位低下的乡
下人的支持。当时，社会所有阶层的冒险家都热切地希望向外传
播宗教信仰、追求贸易、战争、土地、新的技术和思想。中世纪
欧洲的扩张主要沿着三个方向推进。第一个方向是向南和向西南
扩张，这个方向的扩张时间最为持久。公元 8 世纪左右，穆斯林
阿拉伯人和摩尔人占领了地中海沿岸岛屿和西班牙，并侵入法国
和意大利南部；而诺曼人则从北部侵入法国和意大利。通过不断
的扩张，欧洲基督教徒把穆斯林阿拉伯人和摩尔人赶出意大利和
西班牙，重新控制了主要由拉丁基督教徒居住的、而被阿拉伯人
和摩尔人统治的地区。南意大利和西西里岛则被来自法国北部的
诺曼冒险家所征服。第二个方向是沿地中海向东南方向扩张。通
过这个方向的扩张，基督教世界重新发现了巴勒斯坦的神圣领
土，并在广阔的黎凡特[②]地区建立拉丁基督教王国和领地。这些
好战的十字军骑士最初成功地侵入了伊斯兰世界心脏地带，但后
来他们仍然被土耳其人驱逐出去。欧洲扩张的第三个方向是向东

---

　　① ［英］戴维·赫尔德：《民主与全球秩序：从现代国家到世界主义治理》，胡
伟等译，上海人民出版社 2003 年版，第 36 页。
　　② 指地中海东部诸国及岛屿，包括叙利亚、黎巴嫩等在内的自希腊至埃及的地
区。参见《新英汉词典》，上海译文出版社 2000 年版，第 743 页。

进入位于西方基督教世界和拜占庭世界之间的波罗的海附近的非基督教地区。在过去几个世纪里，波尔人、德国人和斯堪的纳维亚人把基督教世界的边界向东推进了几百英里，直到遇到俄罗斯东正教的强烈抵抗才停止。这些十字军东侵改变了当地人的信仰，使他们皈依拉丁基督教，而且将他们带入了西欧贵族、教士、市民和农民的领地。这些东侵对俄罗斯，甚至欧洲国家体系来说，都是同样重要的。①

然而，中世纪欧洲的扩张是十分复杂的，他们并不仅仅是军事的或者限制在十字军运动。最初，他们为宗教热情所驱使，基督教赋予了这些扩张以合法性和合理性，但这些扩张也包含了欧洲对土地的渴望、贵族对荣誉和权力的欲望以及商人和手工业者对新市场的追求，所有这些构成欧洲向外扩张的要素都同时存在。② 不过，中世纪基督教的"普济主义、改变异端信仰的热情和十字军的好战精神"在欧洲向外扩张过程中也扮演了重要的角色。③

西方基督教世界开始面临挑战，主要来自于民族国家的兴起和宗教改革所引起的种种冲突。中世纪末期，随着领地、公国、侯国和城邦国家的衰落，国王们逐渐恢复了足够的力量来巩固他们的权威，并结束这些封建国家和城邦国家的实际独立地位。而随着国王力量变得越来越强大，中世纪基督教世界的统一性在西欧逐渐遭到削弱，那些统治欧洲新国家的人想从旧式统治和国家压迫的强制中解放出来，特别是想

---

① Adam Watson, *The Evolution of International Society*, London and New York: Pinter, 1992, pp. 148 – 149.

② Ibid. , pp. 149 – 150.

③ ［美］斯塔夫里阿诺斯：《全球通史：1500 年以前的世界》，吴象婴、梁赤民译，上海社会科学出版社 1988 年版，第 470 页。

从有能力管理他们行为的等级的或者霸权的统治者中解放出来,[①] 他们开始拒绝教皇事实上的，甚至名义上的政治权威。教皇权威的衰落和国王权力的上升在文艺复兴和宗教改革时期得到了进一步加强。文艺复兴改变了人们的思想，使人们趋向于传统的独立国家地位的模式，而宗教改革运动则破除了统治中世纪欧洲的神权理念和权威性，使人们开始依靠世俗统治者的力量。新教的兴起是对罗马教廷普遍权威的挑战，同时也是对神圣罗马帝国皇帝权威的挑战。因为信仰的统一是皇帝权力普遍性的支柱，皇帝权力一方面与教皇权力相对立，然而另一方面两者又是互为补充的，它们共同构成了中世纪基督教世界的中心。[②] 基督教世界统一性的瓦解，尤其是大多数中世纪制度、普世性教会瓦解的结果，进一步强化了权力向王权国家手里集中的过程。

但是，中世纪普世性政治组织的衰落，并没有使刚刚出现的现代国家立即获得无竞争的发展和政治优势，与现代国家并存和相互竞争的有帝国、城市国家和城市联盟等多种政治组织形式。不过，无论是部落联盟、城市国家，还是帝国都无法与现代国家进行有力地竞争。部落联盟大都被扩张的帝国所吞并，单个的城市国家大多被邻近的现代国家或帝国兼并，城市国家联盟和帝国开始接受某些现代国家的结构性特征，最明显的特征是拥有稳定的边界，以使它们能在现代国家占主导地位的世界里生存。[③] 促

---

① Adam Watson, *The Evolution of International Society*, London and New York: Pinter, 1992, pp. 252 – 253.

② ［日］山本吉宣主编：《国际政治理论》，王志安译，上海三联书店 1993 年版，第 16 页。

③ Barry Buzan and Richard Little, *International Systems in World History*, Oxford: Oxford University Press, 2000, p. 256.

使现代国家取代帝国、城市国家和城市联盟成为主要政治组织形式的根本原因，是由于它们的制度赋予了其动员社会资源的优势。现代国家的特征是把军事、征税、行政、再分配和生产性组织结合在一起，把资本和强权合二为一。在现代国家里，关键的结合体现在资本的所有者为国家提供财政资源，而强权的拥有者允许资本在政府中发挥重要作用。这种结合的好处在于它能有效地调动人们的个人潜力，为战争和经济创造更高的效率。首先，现代国家创造了一个比城市国家或城市联盟所能提供的更有效的经济环境，因此，它们不仅在欧洲，而且最终在全球国际经济体系中成为主导性的经济单位。同时，现代国家能够利用经济上的成功成为国际体系中最强大的政治行为体，因为在对抗性战争中，现代国家证明比农业帝国更有效率。在社会化和竞争的压力下，农业帝国和城市联盟作为两种极端的形式开始效仿现代国家，结果是结构和功能差别的体系特征受到削弱，并最终消失。长期努力的结果是欧洲乃至全球的国际体系全部由现代国家的相似单位构成。[1]

在现代国家的形成过程中，专制主义在塑造现代政体和国家体系上起着关键性作用。因为专制主义在集中垄断政治权力、寻求建立一个中央统治体系的过程中，为一个世俗的、民族的权力体系的出现铺平了道路。专制主义对权力集中的追求还有助于一系列对政治共同体的历史具有巨大重要性的发展，包括领土边界与一个统一的统治系统日渐吻合；财政管理的集中与延伸；行政管理权向中央集中；军事权力逐渐由国家垄断；常备军的建立；新的立法和执法机制的创立；国家间关系通过外交和外交制度的

① Barry Buzan and Richard Little, *International Systems in World History*, Oxford: Oxford University Press, 2000, pp. 246 - 247.

发展而规范化。专制主义促进了建立国家的进程，国家的建立减少了各国内部社会、经济和文化的差异，但是加大了国与国之间的差异。也就是说，它有利于民族认同的政治共同体的形成。①这些国家在专制主义的强大王权之下，实现了国家的统一，各自主张自己的国家主权，力图将国内各个阶级或阶层的忠诚都统一到国家上来。国家之间则以法律上对等身份来追求各自的国家理性，强调国家有权利为自己的需要可以不受限制地做任何事情，尤其是进行旨在维护国家安全和追求权力的对外战争。这些王朝国家之间的竞争和冲突，不仅在欧洲导致了数场王位继承战争，而且在欧洲形成了两种国家体系，即北欧体系和南欧体系。南欧体系包括西、葡、荷、英、法五个强国，神圣罗马帝国和奥斯曼帝国也在该体系中占有重要的地位。而当时北欧体系仍然是一个相对孤立的体系，瑞典、波兰—立陶宛主要为争夺波罗的海霸权，两国之间以及它们与东部邻国之间不断发生冲突。16 世纪，奥斯曼帝国和哈布斯堡王朝的斗争使两大体系相互联系起来，然而这两大体系依然保持了独立性。只是到了 17 世纪上半叶，由于三十年战争和法国与瑞典结盟，南欧体系和北欧体系才真正融为一体，形成一个统一的欧洲国际体系。

欧洲的海外扩张与民族国家的发展几乎是同时进行的。对所有的欧洲国家来说，海外扩张伴随着加强和重组内部行政部门和政府机构的运动。② 随着占主导地位的现代国家在内部发展过程中开始加速，西欧少数几个重要的现代国家开始向外扩张。首先是 16 世纪西班牙和葡萄牙在美洲和亚洲的扩张。西班牙摧毁了

---

① ［英］戴维·赫尔德等：《全球大变革：全球化时代的政治、经济与文化》，杨雪冬等译，社会科学文献出版社 2001 年版，第 49 页。

② Barry Buzan and Richard Little, *International Systems in World History*, Oxford: Oxford University Press, 2000, p. 269.

阿兹特克和印加帝国，在墨西哥、秘鲁、中美洲和加勒比海建立了自己的海外帝国。到 1564 年，西班牙还占据了菲律宾。葡萄牙沿非洲西海岸和东海岸，在波斯湾的入口处，在印度和印度尼西亚建立了军事要塞和贸易站，并着手实施对印度洋的海军和贸易的控制。它创建了与中国和日本的贸易联系纽带，并开始将亚洲与欧洲的贸易路线从陆上转到海上。它还开始了运往南美洲的奴隶贸易，并在巴西建立了殖民地。在这个世纪里，欧洲人摧毁了美洲前铁器时代的文明，对美洲和西伯利亚的游牧民族产生了重要的影响。17 世纪，英国、法国和荷兰开始对北美进行竞争性的渗透和殖民，并开始挑战西班牙和葡萄牙已经拥有的对中美洲和南美洲的控制权以及对亚洲的贸易垄断权。荷兰人的东印度公司开始渗入印度，接着，英国和法国开始相互竞争地入侵印度。荷兰人在西非和南非海岸确立统治地位，1619 年侵占台湾地区，并开始挑战葡萄牙在印度尼西亚的统治以及对中国和日本的贸易。在这个世纪里，欧洲人殖民扩张和殖民影响主要在美洲，而对非洲和亚洲的入侵活动主要是围绕贸易进行的，包括建立设防的沿海贸易站，而不是试图侵占或控制大面积的领土。[①]欧洲为获得新的财富来源不断在海外进行殖民扩张，有些国家比另一些国家获得了更多的殖民地和财富，这导致欧洲国家的力量从大陆中心向边缘地区转移。葡萄牙和西班牙国家衰落了，荷兰、英国、俄国崛起了。

随着欧洲海外扩张，他们发现外部世界有两种不同类型的共同体组成：一方面是拥有像欧洲一样高度文明的亚洲，另一方面是不为文明世界所熟悉的原始人群。在拉丁基督教东部是拥有高

---

①　Barry Buzan and Richard Little, *International Systems in World History*, Oxford：Oxford University Press, 2000, p. 262.

度文明的伊斯兰世界和中华帝国。伊斯兰世界由于继承了近东和希腊的文明，从而获得了持续和成功的发展。在亚洲大陆，当时同时存在着几个地区性的国际体系，如阿拉伯—伊斯兰国际体系、印度国际体系、东亚朝贡体系等，所有这些地区性国际体系都建立在高度文明的基础上，它们拥有自己独特的规则和制度，反映了一个主导性的地区文化。[①] 这些国际体系都拥有一套普世性主张，它们将自己视为世界的中心，而把世界其他地区归为从属地区，但事实上这些国际体系都没有能力使它们的普世性主张变成现实。[②] 伊斯兰国际体系和印度体系实际上是由大量独立的政治共同体组成。伊斯兰国际体系的基本单位包括"伊斯兰之家"（dar al Islam）和"战争之家"（dar al harb）两个方面。而且"伊斯兰之家"和"战争之家"基本上不是作为国家来理解，而是被视为宗教共同体。在理念上，伊斯兰教并无国家或民族区别的认识，上帝被看作人类一切权威和法律的来源，上帝通过先知穆罕默德赋予这些共同体以法律，这些法律既是"伊斯兰之家"的唯一指导者，同时又是包括"战争之家"在内的、人类所居住的世界里穆斯林共同体的指导者。[③] 东亚国际体系是中国和它的周围国家组成一个以中国为中心的封建朝贡关系，周围国家名义上依附于中国的统治王朝，定期或不定期向中国皇帝纳贡。

　　以上这些地区性国际体系尽管是非常不同的，但它们的一个共同特点就是理论上支持它们的是霸权或帝国。这种由拥有主导

---

①　Hedley Bull and Adam Watson, eds., *The Expansion of International Society*, London: Oxford University Press, 1984, pp. 1 - 2.

②　Martin Wight, *Systems of States*, Leicester: Leicester University Press, 1977, p. 119.

③　Adam Watson, *The Evolution of International Society*, London and New York: Pinter, 1992, pp. 112 - 119.

权的帝国与其周围力量较弱的国家之间组成的关系，怀特把它称之为"宗主国—国家体系"。在每一个"宗主国—国家体系"中，由特定条约管理政治权威之间的关系也是不同的。在边缘国家与宗主国的关系方面，他们可能不遵守宗主国的统治或者反抗宗主国的统治，有时强大的国王期望接管宗主国的统治，但他们并不联合来推翻宗主国的统治。因为在他们看来，即使原有的宗主国被推翻，新的霸权国将会继续设定规则和决定国际体系成员间关系的性质，因而在这些大的非欧洲国际体系内不存在对霸权概念产生疑问。在这些地区性国际体系里，相互之间的联系是非常有限的。它们通常只有一些海上贸易，在基督教世界和阿拉伯—伊斯兰体系之间联系多一些，除贸易关系外，还有外交往来和军事冲突。而在这些地区性国际体系以外，则是一些处于前文明状态的不发达地区，它包括撒哈拉沙漠的非洲、澳大利亚、亚洲和美洲的大部分。①

　　欧洲国家在海外扩张过程中对不同地区采取的政策是不同的。西班牙采取帝国征服和吞并的方式，他们在美洲原始人群地区大批地殖民并强行推广自己的文化。葡萄牙和荷兰则采取了商业和行政藩属方式。葡萄牙和荷兰在很长时间里，对高度文明和强大的亚洲国家并不总是采取帝国征服或者殖民的扩张方式，而且在19世纪以前他们事实上也没有能力这样做。他们努力寻求与所到之处的人民进行贸易、使他们皈依基督教或者在有些情况下采取与他们结盟的方式，以维持与非欧洲国家的和平与持久性质的安排。如葡萄牙在印度洋沿岸的活动明显地带有商业性质，目的是设法避开中间的阿拉伯人而直接与东方进行贸易。当然，

---

　　① Hedley Bull and Adam Watson, eds. , *The Expansion of International Society*, London: Oxford University Press, 1984, pp. 3 – 4.

向外传播基督教和打击奥斯曼帝国这个因素也是存在的。荷兰大体上亦采取这种方式，它的东印度公司先是通过向当地统治者提供保护来换取贸易垄断权，以后逐渐取得了对爪哇岛等地的控制，但在荷兰首席行政之下仍保留了当地的统治结构。此外，有些非欧洲国家有时可能愿意在互惠的基础上与欧洲国家达成有关便利贸易的协议和同盟。奥斯曼帝国从 16 世纪到 20 世纪初在欧洲国际体系中扮演着重要的角色。经济上，欧洲与黎凡特的贸易是其经济生活的重要组成部分；战略上，直到 17 世纪末，奥斯曼帝国占领了欧洲大陆 1/4 的领土，它一直是威胁欧洲的一支可怕的军事力量。它有时通过与欧洲的一个基督教国家结盟反对另一个国家，以达到维持欧洲力量平衡和自身安全的目的。从 17 世纪到 19 世纪，印度体系的国家与欧洲大国在欧洲国际体系内达成了商业和军事协议，中国和日本在 19 世纪中期之前与欧洲大国的协议也基本上是建立在互惠的基础上的。[①]

　　在欧洲进行海外扩张后的相当长时期里，这些地区性国际体系并不存在一个处理它们之间关系的单一的一套规则和制度。事实上，在 19 世纪以前的人类历史中，并不存在着一个遍及全世界的单一政治体系，教会法或自然法的鼓吹者们所提倡的人类大社会，实际上是一个想象中的社会，而不是一个实际上存在的政治体系。[②] 而且，当时也不可能实行一套维持各个独立政治共同体之间长期共处和合作框架的共同的和一致的规则，更不用说建立像外交公约、国际法形式、等级制原则或者战争惯例这样的全

---

　　① Hedley Bull, "The Emergence of a Universal International Society", in Hedley Bull and Adam Watson, eds., *The Expansion of International Society*, London: Oxford University Press, 1984, pp. 117 – 118.

　　② Hedley Bull, *The Anarchical Society: A Study of Order in World Politics*, London: Macmillan Press LTD, 1995, p. 19.

球性国际制度，以便利各个地区性国际体系之间的交往了。[1] 在欧洲国家与奥斯曼帝国长期遭遇的过程中，奥斯曼帝国的统治者是根据有信仰的"伊斯兰之家"和异教徒的"战争之家"的划分来处理与欧洲国家的关系的，这种解决与外部世界关系的方式实际上是穆斯林统治下管理附属民族安排的一种自然延伸。16世纪，为了管理奥斯曼帝国境内的法国人、英国人和荷兰人，奥斯曼帝国与这些国家建立了有关欧洲人在帝国境内的贸易和居住的协议（capitulations）。起初，这些协议是由奥斯曼帝国单方面解释的用来管理与异教徒国家公民关系的规则，它只有在同意该协定的苏丹在世时才是有效的。而当时欧洲人也同意按照这些协议来促进他们在欧洲以外的投资，并维护奥斯曼帝国境内欧洲人的权利。后来，随着欧洲力量的日渐增强和土耳其力量的相对衰落，奥斯曼帝国不得不对这些协定做出有利于欧洲人的修改。[2] 这就是说，在相当长的时期里，奥斯曼帝国是根据伊斯兰国际体系的规则来处理与欧洲国家之间关系的，只有当土耳其与欧洲国家在共同利益和根据平等对待的规则基础上互换外交使节时，土耳其才开始放弃伊斯兰国际体系，根据欧洲国际社会的规则和平等原则来处理与欧洲国家和人民之间的关系。同样的，在 19 世纪中期之前，中国、日本与欧洲国家之间的关系也不是建立在基于共同利益的一套规则基础上的，它们实际上是根据宗主国与附属国的方式来处理与外部世界的关系。只有当中国、日本被迫与欧洲国家签订一系列不平等条约时，它们才不得不接受欧洲国际

---

① Hedley Bull, "The Emergence of a Universal International Society", in Hedley Bull and Adam Watson, eds., *The Expansion of International Society*, London: Oxford University Press, 1984, p. 118.

② Adam Watson, *The Evolution of International Society*, London and New York: Pinter, 1992, pp. 217 – 218.

社会的规则和制度作为处理与外部世界关系的原则。

在一个全球性国际社会形成前的几个世纪里，在欧洲出现的管理欧洲人与非欧洲人关系的规则是自然法思想。这个思想来自于希腊和罗马的斯多葛学派，后来它一度被提升到拉丁基督教世界政治理论的中心地位的高度。在现代初期，自然法学说在基督教或欧洲人民之间发挥了重要作用。这个时期的自然法思想家包括16世纪的维多利亚、苏亚雷斯和17世纪的格劳秀斯、普芬道夫，他们所设想的国际社会都是建立在自然法道德基础之上的。这些思想家强调自然法思想的重要性，他们阐明了所有民族不管其信仰和习惯如何不同都拥有相同的权利和义务，这意味着基督教徒和其他人之间存在着某种共同的社会纽带。然而，即使在这些自然法思想家中，也没有人相信基督教国家之间的关系同基督教国家和非基督教国家的关系一样，都建立在相同的基础上。在格劳秀斯看来，在由自然法原则所维系的全人类这个较大的圆圈中，存在着基督教世界这个较小的圆圈，后者所遵循的是唯意志的神权法、世代相传的万民法惯例与规则、教会法和罗马法。①虽然自然法关于人类共同体的学说为非基督教徒或非欧洲人争取政治独立和民族解放、反抗欧洲的殖民统治提供了有力的思想武器，但自然法学说关于普遍国际社会的思想只是一个概念或思想，在世界政治共同体的愿望中并没有共同基础。即便在自然法发源地的现代欧洲，自然法对欧洲实践的影响也是有限的。在他看来，欧洲国家与非欧洲国家关系既不是建立在共同利益观念基础之上，也没有一套关于它们责任和义务的一致规则，更不用说在共同制度框架下合作。而且，自然法学说是当时扩张中的欧洲

---

① Hedley Bull, *The Anarchical Society: A Study of Order in World Politics*, London: Macmillan Press LTD, 1995, pp. 27 – 28.

单方面宣称的，它只是为迫使非欧洲国家和人民进入欧洲的商业和外交交往活动提供了一种理论基础罢了。事实上，关于自然法赋予人们贸易和外交的普遍权利的学说正在威胁同意这些权利的国家和人民的权利和利益。① 因此，自然法关于人类共同体学说的实质是为正处于扩张时期的欧洲的全球扩张利益服务的。

　　总之，随着教会权威的逐渐削弱和王权力量的不断加强，越来越自信的国王们开始宣称他们是自己领土的主权者，不受任何最高权威建立的法律的约束。他们对外追求国家至上原则，强调国家有权出于国家利益的需要可以不受限制地追求权力和发动战争，这样的结果是各王朝国家之间的战争连绵不断，基督教世界代表的有限的国际秩序结构逐渐被不受限制的无政府状态所代替。在这种背景下，大批思想家从 16 世纪起开始思考如何用一种新的国际法规则来约束主权国家，使主权国家在一种有序的国际社会框架内活动。他们承认重建普世性的基督教国际社会已经没有希望，必须阐明一种新的主权国家社会的规范来代替已经过时的基督教世界的规范。在他们的不断努力下，新的主权国家社会的秩序思想就开始出现了。

第二节　欧洲国际社会

　　到 18 世纪和 19 世纪，西方基督教世界的痕迹已经基本上从国际政治的理论和实践中消失，国家经过从王朝国家或专制主义国家到民族国家的发展，其地位已经完全确立，一整套现代国家

---

① Hedley Bull, "The Emergence of a Universal International Society", in Hedley Bull and Adam Watson, eds. , *The Expansion of International Society*, London: Oxford University Press, 1984, p. 120.

之间的行为惯例业已形成。① 此时的欧洲已不再只是一些政治组织的混合物，而是逐渐发展成为一个国家社会，主权原则和领土原则占据了优先地位。各个国家的主权巩固过程同时也是一个完整的国家间体系形成的过程，因为对每个国家主权的承认意味着承认其他国家在其边界之内享有同等的自主权和受到同等的尊重。国家主权观念的发展是国家间相互承认过程的核心，在此过程中，各国彼此承认对各自领土和社会的管辖权。因此，在存在国家间关系的世界里，不管其具体的政体形式是代议制还是非代议制，所有国家主权平等的原则逐渐成为处理国家间关系的最高原则。② 相互承认主权和国家在法律上平等的原则，是欧洲国际体系的最显著特点，也是它区别于宗主国体系的基本特征，它构成了欧洲国际社会的基础。因此，欧洲国际社会的起点和前提是实现国家间的正式平等，即主权平等，同时要有包括法律原则、规范和行为标准的结构。③ 只有当国家之间达成遵守诸如维持主权作为国际生活的中心原则这样的协议时，国际社会的发展才可能超越初级阶段而进入新的发展阶段。

　　这种国家秩序逐渐取代了中世纪欧洲和基督教国际社会的组织原则，并融入了自 17 世纪以来一直维系着国家体系观念的一系列规则之中。这种观念认为，拥有主权的国家组成了一个国际社会。这种主权国家秩序习惯上被称之为"威斯特伐利亚秩序"，这一秩序是在 1648 年的《威斯特伐利亚和约》之后出现

① Hedley Bull, *The Anarchical Society: A Study of Order in World Politics*, London: Macmillan Press LTD, 1995, p. 31.

② ［英］戴维·赫尔德等：《全球大变革：全球化时代的政治、经济与文化》，杨雪冬等译，社会科学文献出版社 2001 年版，第 50 页。

③ ［美］詹姆斯·多尔蒂、小罗伯特·普法尔茨格拉夫：《争论中的国际关系理论》，阎学通、陈寒溪等译，世界知识出版社 2003 年版，第 128 页。

的。该和约破除了中世纪以来罗马教皇神权政治体制下的世界主权论，第一次确立了国家间事务中的领土主权原则。因为该和约确立的主权制度解决了围绕中世纪时期存在的权威问题而出现的不确定性和事实上的混乱状态，新的主权国家摆脱了中世纪的分散权威体系，成功地创建和实施了自己的中心权威。① 《威斯特伐利亚和约》把主权国家构成一个国际社会合法化，它阐明了许多新的国家社会的规则和政治原则。根据和约确立的对外主权原则，现代国际关系的一系列法律规范得到了公认和强化。这个国家社会采用了三种基本规范作为国际行为标准。② 第一种规范确认了国家而不是教会或帝国是所有合法权威的来源，认为只有国家才是国际法中权利和义务的唯一或主要的承担者。它宣称主权国家拥有在其领土范围内的最高权威，它不从属于任何更高的政治权威，每个主权国家都是独立平等的。这套规范把主权国家社会的观念视为人类政治组织的最高规范性原则。第二种规范规定君主是本国领土上的最高权威，它可以自主决定自己的宗教信仰。"谁的领地，信奉谁的宗教"。这意味着由国王而不是教会来掌管本国臣民的精神世界，外国或外人无权借宗教的名义干涉君主在其领土内的事务，这样宗教不再成为从事战争和武装干涉其他国家内部事务的正当理由。第三种规范确认了均势作为国际社会的一种主要制度。均势的中心目标是要防止任何一个国家成为对国际社会发号施令的霸权国，确保所有成员国的自由和国际社会的生存。为了确保国家的独立和国际社会的存在，国家有使

---

① Robert Jackson, *The Global Covenant: Human Conduct in a World of States*, Oxford: Oxford University Press, 2000, p. 165.

② 罗伯特·杰克逊对国家社会的基本规范曾做过精辟的阐述，参见 Robert Jackson, *The Global Covenant: Human Conduct in a World of States*, Oxford: Oxford University Press, 2000, pp. 166 – 167。

用武力的合法权利。这种国家间的新秩序，在为国家体系的扩张提供了一个大致框架的同时，也明确承认各个国家拥有自治权和独立行动的权利。然而，对欧洲国际社会的规则和制度的全面阐述直到 18 世纪末 19 世纪初才得以实现，因为只有到了这个时候，领土主权、国家间相互平等、对其他国家内部事务不得干涉以及将国家的同意作为国际法义务的基础，才成为国际社会的核心原则。[①]

虽然《威斯特伐利亚和约》经常被看作欧洲国际社会的历史出发点，但是欧洲国际社会并不是在 1648 年开始的，而是从先前存在的制度和实践如常驻外交使节、国际会议、战争法和国际法中逐渐形成的。[②] 事实上，欧洲国家体系在创建外交机制或者宣告成员国之间法律体系和建构均势的意义上，当然不会使它的制度权威化。所有这些都是它的成员国完成的，它们之间的冲突和协调以及出于自私和偶然决定而把维持国际体系作为确保它们独立的必要基础，这些活动和政策促成了上述制度的形成。[③] 欧洲国际社会就是从追求霸权秩序的力量和竭力推动新欧洲向独立国家目标发展的力量之间的斗争实践中发展起来的。随着欧洲国家独立目标的实现和国家力量的提高，欧洲国家间的秩序问题变得越来越突出了。首先，主权国家由于受客观利益和外交、战略相互作用网络的影响，彼此联系越是紧密，它们就越是趋向于结盟和达成有秩序形式的协议。其次，国家间秩序的形成，还受

---

① ［英］戴维·赫尔德等:《全球大变革:全球化时代的政治、经济与文化》，杨雪冬等译，社会科学文献出版社 2001 年版，第 51—52 页。

② Robert Jackson, *The Global Covenant: Human Conduct in a World of States*, Oxford: Oxford University Press, 2000, p. 11.

③ Maurich Keens-Soper, "The Practice of a States-System", in Michael Donelan, ed., *The Reason of States: A Study in International Political Theory*, London: George Allen & Unwin, 1978, p. 32.

到自愿达成的一般协议、强制规则以及一定程度上有利于体系成员并形成为国际社会规则的促进。事实上，所有国家社会的法律、制度和行为标准都是为了维持一种国际秩序的生存。然而，主权国家的行动自由不仅要受到独立和自愿选择压力的限制，而且也要受到霸权因素的限制。欧洲社会总是在确保国家独立的体系和追求霸权秩序之间左右摇摆，霸权和与此相应的反霸活动，即结盟、战争、均势概念和设计用来阻止霸权的其他规则，是欧洲国际社会的主题。这种"霸权的连续性"被怀特视为欧洲国际社会的整体性特征。①

在十六七世纪，主权国家体系面临的威胁主要来自企图想统一欧洲的哈布斯堡王朝。哈布斯堡王朝企图恢复罗马教会的统一，摒弃新教，建立神圣罗马帝国在中欧的霸权地位。而德意志的新教诸侯和荷兰为了维持自己的独立地位，保持在宗教改革过程中所占有的领地，它们极力反对哈布斯堡王朝建立天主教统治的政策。法国统治者为了在欧陆打破哈布斯堡家族对它的包围，削弱哈布斯堡王朝的实力，它利用均势政策同新教国家英国、荷兰、德意志新教诸侯和奥斯曼帝国结成了反对哈布斯堡的联盟，支持德意志境内的新教诸侯和荷兰脱离哈布斯堡王朝统治的斗争。在反对哈布斯堡王朝企图建立欧洲大一统的长期斗争中，反霸联盟成员国不断的外交和战略对话，使他们之间的关系变得十分紧密，他们开始接受成员国主权平等的观念，把彼此看成事实上平等的国际社会成员。同时，规范成员国之间关系的新的国际法形式也在反霸阵营中发展起来。这些反霸斗争中形成的实践，后来被反霸联盟确认为新的欧洲国家社会的规则和合法性要素。

---

① Adam Watson, *The Evolution of International Society*, London and New York: Pinter, 1992, p. 252.

欧洲独立国家并不想要无政府状态，也不准备接受哈布斯堡王朝强加的霸权秩序，他们需要的是一个主权国家间的非霸权秩序。这样的秩序是在战争压力下由他们自己实行的，胜利后通过国际协议阐述的并经过新的国际规则和制度实施的秩序。这个重要思想作为欧洲国际体系合法性的重要依据，一直贯穿于该体系存在的整个历史时期。尽管争霸与反霸的斗争是欧洲国际社会的一个主题，但霸权原则从来没有获得过任何合法性。哈布斯堡王朝的霸权努力最终被反霸联盟所推翻，而反霸战争的胜利，使反霸联盟能够把主权独立和各国法律上平等的国家社会的概念合法化，并将这些原则写入和平解决的《威斯特伐利亚和约》之中。① 虽然《威斯特伐利亚和约》并没有具体阐明均势原则，但维持均势无疑是该和约一个不言自明的目标。因为既然国家接受没有高于主权之上的任何权威来维持它们之间的秩序，那么在国家社会中维持秩序的主要手段就是维持均势，以确保没有单个国家能够获得主导地位。

但是，霸权并没有因为《威斯特伐利亚和约》的签订而停止。在《乌特勒支条约》之前，由于国际社会尚缺乏足够的力量来确保其合法性得到遵守，因此国家主权和法律上平等的原则不断遭到实施霸权的强国的破坏，霸权仍然是欧洲国家体系实践的一个整体性特征。哈布斯堡王朝衰落后，原来反霸联盟的领导者法国开始成为新的霸权国家。不过，路易十四的霸权并没有持续多久就被反法联盟所推翻。在反对路易十四企图建立欧洲霸权斗争的过程中，均势逐渐被确认为国际社会的一种制度，因为在这个时候，欧洲领导人试图有意识地阐明反霸的国际社会的规则

---

① Adam Watson, *The Evolution of International Society*, London and New York: Pinter, 1992, pp. 254 – 256.

和制度。① 西班牙王位继承战争就是一个明显的例证。此时，欧洲国家的政策开始受到均势思想的影响，有关均势的思想不断地出现在外交公文、国家文件、同盟条约和和平条约中。② 到 1713 年结束西班牙王位继承战争的乌特勒支会议时，一个欧洲国际社会已经存在，因为《乌特勒支条约》明确宣布，"对整个欧洲自由和安全的最大威胁是西班牙王国和法兰西王国的合并"，而"均势是解决和建立欧洲基督教世界和平与稳定的最好和最牢固的基础"。《乌特勒支条约》有关均势的阐述表明欧洲国家体系已经意识到自己是一个国家联盟。欧洲国家体系作为一个国家联盟的独特性在于，虽然它属于人类政治联盟的领域，但它的结构是由外交、国际法和均势这样的制度组成的。③

　　到 18 世纪，均势开始成为欧洲国家领导人的一个可行的实践，因为路易十四的霸权野心受到遏制，没有一个国家感到有足够的力量可以挑战当时流行的反霸主张。法国和奥地利开始认识到维持均势对于欧洲国际体系的重要性，他们针对普鲁士的崛起偶然也会相互合作以防止均势遭到破坏。俄国经过彼得大帝的西方化和现代化，已经成为欧洲国际体系的一个大国和主权国家俱乐部的领导成员。而当时的海上强国英国致力于维持欧洲大陆的均势。因而国际体系不再体现为两极，而成为有英、法、奥、普、俄五个国家组成的多极均势了。而且，此时均势开始被视为

　　① Adam Watson, *The Evolution of International Society*, London and New York: Pinter, 1992, pp. 195 – 196, 181.

　　② Herbert Butterfield, "The Balance of Power", in Herbert Butterfield and Martin Wight, eds., *Diplomatic Investigations*, Massachusetts: Harvard University Press, 1966, p. 139.

　　③ Maurich Keens-Soper, "The Practice of a States-System", in Michael Donelan, ed., *The Reason of States: A Study in International Political Theory*, London: George Allen & Unwin, 1978, pp. 27 – 28, 32.

类似牛顿的力学体系，当一个成员国的力量相对于其他国家变得越来越强大时，这些国家应该联合起来以维持平衡，阻止优势国家对国际社会发号施令，这样做的目的是为了确保成员国的独立和国际体系的稳定。[1]

由此可见，欧洲国家的反霸实践和长期的外交活动，逐渐在现代国家体系内形成了一些"永远有效的原则和规则"，这些原则和规则对欧洲国际社会的形成起了十分重要的作用。当然，这并不是说欧洲国际社会是首先发展自己的规则和制度，而后再把这些规则和制度扩展到世界其他地区的。事实上，欧洲国家体系的发展是与欧洲的全球扩张同步进行的，它们彼此相互影响。[2]随着欧洲海外扩张和各国外交活动的增加，到 18 世纪初，欧洲国家体系的成员国在均势的主要框架内，逐渐设计出国际法、外交和国际合法性等基本制度来管理它们的国际社会。

国际社会的第一个制度是把体系的实践编辑成为一套关于战争与和平的管理规则，即成为国际法。国际法主要是从国家的实践中发展起来的一种规则和原则体系，它被用于管理国家间关系和缓和它们之间的冲突。[3] 早期国际法的大量内容涉及战争、海洋和外交使节的地位。16 世纪，中世纪基督教世界大一统观念衰微后，原来在和平时期或战争时期存在的一整套人们共同接受的处理各政治实体之间关系的观念，如信使与使节受到保护，战时通行证得到尊重，在夺取城市与赎回战俘时骑士制度的准则得

---

① 　Adam Watson, *The Evolution of International Society*, London and New York: Pinter, 1992, pp. 199 – 201.

② 　Hedley Bull and Adam Watson, eds. , *The Expansion of International Society*, London: Oxford University Press, 1984, p. 6.

③ 　Martin Wight, *Systems of States*, Leicester: Leicester University Press, 1977, p. 158.

到遵守等，对当时的欧洲政治已经失去了约束力。而欧洲正在形成的现代国家需要某种规则和制度来管理它们之间的关系。为了适应这种需要，调整主权国家之间关系的一整套法律——国际法——开始发展起来。由于缺乏公认的权威来仲裁独立的主权国家之间的矛盾和冲突，因此主权国家打交道的唯一方式是直接谈判或最后诉诸战争。于是，文艺复兴时代意大利这个小型外交舞台上所使用的一些外交手段，开始在欧洲其他地区流行起来。所有较大的国家开始互派常驻使节，虽然有特使继续派往国外，但是外交政策越来越依赖于常驻使节与派驻国政治家的经常接触和相互往来的公文。常驻使节的存在提出了一些法律上的问题，特别是外交豁免权问题。大使的人身和居所享有神圣不可侵犯的权利，即通常所说的外交豁免权，起初并不是由于接受治外法权的原则，而是出于共同的需要和共同的意识而建立起某种程度的既定惯例，后来才发展成国际法的正式规定。[①]

　　同时，战争在这一时期更多地成为大国需要认真考虑的政治问题。由于各国竭力强调国家的绝对主权，无限制追求国家利益，从而造成王朝战争频仍，国家之间出现无秩序斗争的状态，国家间关系变得难以预测。特别是三十战争的空前残酷性和巨大破坏性，使资产阶级和商人都感到有必要结束这种人人为战的战争状态，建立一个有序的国家间社会。而且，反霸的国王们也开始逐渐认识到，虽然成员国有意识地维持均势对国际体系的生存至关重要，但仅凭均势是不够的，利用成员国的谈判和长期实践形成的规则来约束国家的行为显得十分必要。这些惯例部分是由中世纪管理战争和不同王国之间商业的规则形成的，部分是汲取

---

　　①　G. R. 埃尔顿：《新编剑桥世界近代史》第2卷，中国社会科学院世界历史研究所组译，中国社会科学出版社2003年版，第15—17页。

了罗马国际法和古代其他法典的思想，但主要是来自欧洲国家对
变化的环境所做出的经验性反应。从 17 世纪开始，欧洲逐渐发
展出一整套管理主权国家关系的规则，这些规则开始是主权国家
基于利己考虑所作的安排和实践。而阐述和编纂这些实践成为国
际法的任务，主要是由反霸联盟中的清教徒国家的法学家完成
的，其中最著名的是格劳秀斯。① 1625 年他发表的《战争与和平
法》，目的在于试图建立一套来自神意或古老传统的规则，以尽
量减少战争和限制各政治实体间的暴力。他着重探讨了"什么
是正义的战争以及战争中什么行为是正当"的问题。他认为，
在当时宗教—政治战争的大动乱年代，基督教世界各政治实体之
间仍然存在着以基督教价值观念为基础、以自然法为本原的多重
社会纽带。因此，他在承认国家主权的同时，主张以伦理和法理
准则限制国家权利和国际冲突。但是，这个时期的国际法并没有
包括一整套来源于国家间相互合作的规则，它并不是主要根据国
家的实际行为来确定国家间的法律。这个时期法学家对自然法和
神法的关注，妨碍了国际法发展成为一个有别于道德哲学和神学
的独立学科。②

　　到 18 世纪，法学家瓦泰尔（Emerich de Vattel）开始把万
民法解释为关于国家的权利和义务的学问。他认为，国家可以
根据明确的约定、协定以及条约获得权利和承担义务。同时，
他十分强调国家在法律上的平等，认为国家力量上的强弱不具
有任何意义。这个时期的国际法著作，人类的理性代替了神的
意志，国际社会理论家开始根据实证法而不是自然法，来寻找

① Adam Watson, *The Evolution of International Society*, London and New York: Pinter, 1992, pp. 202, 188－189.

② Hedley Bull, *The Anarchical Society: A Study of Order in World Politics*, London: Macmillan Press LTD, 1995, p. 30.

约束国家行为的规则。更笼统地说，他们作为行动指导的并不是有关国家应该如何行动的抽象理论，而是那些正在日益增多的习惯法和条约法。他们强调国家是国际法的唯一主体，只有国家才具有在国际政治中使用暴力的合法权利，个人、非国家集团和国际组织这些行为体只是国际法的客体，因此这个时期所确立的限制暴力行为的规则，不同于早期自然法学派的相应观念。在他们看来，战争对当事双方来说都可能是正义的行为，战争仅仅是一种政治行为，国际法涉及的是考虑战争的事实以及管理国家进行战争的规则和方法，正义问题应该被排除在国际法之外，国际社会无力解决这个问题。因此，这些理论家所提出的限制战争的规则，对交战双方都给予同等的保护。他们主张用社会契约来保护成员国的利益，强调所有成员国都具有相同的权利和义务，国际社会的规则和制度来自于成员国的同意。所以，此时的国际法被看作一套来源于国家间合作的独特规则，它不同于跨越边界事务的国际私法，属于"国际公法"。[1] 但是，并不是所有的国际法都是根据欧洲国家特定的协定编纂而成的，欧洲在亚洲地区的实践也是形成国际法的重要来源。

第二个制度是外交。外交是适应国家体系的性质发展起来的。国家之间的定期交往产生了大量的互惠利益：商业往来、减少摩擦和在对付共同威胁方面的相互支持。这种互惠利益需要主权国家保持正常交往，解决彼此的分歧，以避免它们的关系受到破裂，损害彼此的共同利益。然而，独立政治共同体之间的外交

---

① Hedley Bull, *The Anarchical Society: A Study of Order in World Politics*, London: Macmillan Press LTD, 1995, pp. 33 – 35; Hedley Bull, "The Grotian Conception of International Society", in Herbert Butterfield and Martin Wight, eds., *Diplomatic Investigations*, Massachusetts: Harvard University Press, 1966, pp. 52 – 73.

以及伴随而来的外交豁免权原则，早在《威斯特伐利亚和约》之前就已存在。常驻外交使节最早出现在 15 世纪的意大利城邦国家。

　　在十三四世纪，意大利就出现了训练有素的专业外交代表。到了 15 世纪，由于不断增长的外交需要，在意大利出现了常驻的外交机构——大使馆。1494 年，欧洲列强卷入意大利事务后，这一制度通过阿尔卑斯山传入西班牙、法国和英国。其他欧洲国家开始纷纷效仿意大利的这种做法。在路易十三时期，红衣主教黎塞留把所有的外交事务集中到一个政府部门进行管理。到路易十四统治时期，外交使节的治外法权得到了法律上的承认，外交部长成为内阁的一员，法国在各大国的首都建立了常驻大使馆。在亚琛会议召开之前，欧洲的每一个国家都已经将外交作为其公共服务部门的一支。17 世纪和 18 世纪欧洲的全球扩张和贸易发展刺激了对外交特使的需求，特使们将王国或帝国的影响力扩散到其他国家。[①]

　　在《威斯特伐利亚和约》确认主权概念的基础上，外交惯例和国际法等国际社会的其他惯例也逐渐得到完善。例如，使团的权利得到确立。这一原则就是每个国家都有权向别国派驻外交使节以代表本国的利益，作为对等，也应接受来自对方的类似使节。外交使节在其驻在国享有广泛的司法豁免权，只要其行为得体，他的人身不受侵犯；他的档案和公务信函往来不得侵犯；使馆不得侵犯。[②] 常驻外交使节和常驻大使馆的神圣不可侵犯性，是明确表达国家体系事务的一套有约束力安排的

　　① ［美］康威·汉得森：《国际关系：世纪之交的冲突与合作》，金帆译，海南出版社 2004 年版，第 188 页。

　　② Martin Wight, *Power Politics*, Leicester：Leicester University Press, 1978, pp. 113 – 114.

两个最基本要素。① 在乌特勒支和会后，外交变成了持续的日常对话，这种对话的主要渠道是通过常驻大使和部长之间的双边秘密接触来进行的。在 1815 年的维也纳会议上，欧洲国家达成了关于按照国家平等原则确定外交使节位次的协议。在 1815 年后欧洲可以说形成一个基本的共同体而不是一个国家社会，因为这些欧洲国家不仅拥有共同利益，而且也分享一定的价值，它们具有大致相似的经济、社会和政治发展的水平，以及共同的文化和君主家族之间大量的个人联系，它们经常在欧洲协调的框架内相互对话和协调。②

当时，外交一般采取双边外交的形式，但是当需要召集重大的国际会议，主权国家之间的外交对话就更多地采取多边外交的形式。双边和多边的外交对话，使得成员国之间的关系保持了足够的灵活性和流动性，同时也维持了均势的正常运作。③ 而众多常驻外交使节的存在和他们频繁的外交活动，把近代欧洲各国连接成一个社会，在这个社会里，每个国家都是独立的，但它们由共同利益和共同价值的纽带联合在一起。正如 19 世纪中期法国宰相基佐所指出的："职业外交官在欧洲大社会里形成了自己的小社会，它按照自己的原则、习惯、见解和抱负而生活，它在国与国之间的分歧乃至冲突中保持着平静和持久的团结。以不同的国家利益为动力，但不受各国的成见或一时的激情的影响，那个外交小社会可能很清楚地认识到欧洲大社会的总体利益，倾注足

---

① Gerrit W. Gong, *The Standard of "Civilization" in International Society*, Oxford: Clarendon Press, 1984, p. 18.

② David Armstrong, *Revolution and World Order: the Revolutionary State in International Society*, Oxford: Clarendon Press, 1993, p. 247.

③ Adam Watson, *The Evolution of International Society*, London and New York: Pinter, 1992, p. 205.

够的活力使之战胜分歧，促使长期坚持大不相同的政策但彼此从不吵架和几乎总是分享同一块天地的人们，真诚地为同一政策的成功而操劳。"[1]

第三种制度是国际合法性（International Legitimacy）。合法性是一个有关国内秩序的政治和法律理论中被广泛讨论的概念，但是在国际层次上明确地探讨合法性思想的著作则并不多见。英国学派核心成员的著作，如怀特的《国家体系》、文森特的《人权与国际关系》、罗伯特·杰克逊的《准国家》和惠勒的《拯救陌生人》等，对国际合法性曾做过一些简要的论述。惠勒认为，合法性是国际行为的构成要素，如果国家的行为不符合合法性标准，那么它的行为就是不正当的，其行为就会受到限制。统治者追求合法性，不仅是为了满足他们的道德信条，而且是为了支持他们的主张。合法性对统治者是重要的，因为它可以使他们变得更安全。[2] 因此，统治者总是会想方设法使他们设立的规范和规则合法化。而国际合法性，根据怀特的观点，是指国际社会关于国际大家庭合法成员的一种集体认定，即国际社会对于其成员的合法身份、国家主权如何转移和国家的继承权如何管理的集体判断。这种国际合法性原则明显地具有国际政治和国内政治相类似的特点。[3]

欧洲国际社会是建立在一个复杂的国际合法性概念的基础上的。在美国革命和法国大革命之前，占主导地位的国际合法性原则是王朝原则，也就是说，由王朝原则来决定成员国的合法性和

---

① ［美］汉斯·摩根索：《国际纵横策论》，卢明华等译，上海译文出版社1995年版，第313页。

② Nicholas J. Wheeler, *Saving Strangers: Humanitarian Intervention in International Society*, Oxford: Oxford University Press, 2000, pp. 4 – 5.

③ Martin Wight, *Systems of States*, Leicester: Leicester University Press, 1977, p. 153.

国家统治者的权利和地位。王朝原则采取世袭君主制形式，它是现代社会从中世纪封建社会继承下来的主要遗产。君主主义本身就是一种国际体系，君主是欧洲的统治阶级，君主们通过定期的内部联姻来维护他们的社会主导地位。但是，世袭原则也不是绝对的，维持均势可能要求放弃王朝原则；有的统治者可能不满意他的地位或者正式放弃王位；有些国家采取选举方式来挑选他们的统治者。政治联盟通过王朝联姻而得到巩固，而这种联盟也往往会伴随着王朝婚姻的变化而变换。王朝合法性一般限制在基督教世界之内，万一发生基督徒和非基督教联姻的情况，王朝原则规定异教徒一方应以皈依基督教作为结婚的前提条件。在美国革命和法国大革命后，王朝原则开始让位于民族或人民原则，也就是说，人们普遍认为这类问题应该根据民族或人民的权利，而不是君主的权利来解决。于是，通过王室联姻来获取领土的方式，已经被全民公决的方式所取代，世袭原则已经让位于民族自决原则。1776 年发表的《独立宣言》宣称，一切人生而具有天赋的、不可剥夺的平等权利；为了保障人民享受这些权利，人民才成立政府，而政府是在人民同意基础上以契约的方式建立的，政府的权利来自被统治者的同意；如果政府违背人民的意志，人民有权废除它并成立新政府；国家主权属于全体人民。这样，王朝政治让位于人民政治。随后的法国大革命和拿破仑战争推动了人民政治进入民族政治的轨道，人的权利让位于民族的权利。民族或人民原则正式代替王朝原则是在 1919 年巴黎和会上，这次和会把民族自决原则确立为国际合法性的基本依据。①

　　不过，在戴维·阿姆斯特朗（David Armstrong）看来，人们

---

①　Martin Wight, *Systems of States*, Leicester: Leicester University Press, 1977, pp. 153 – 162.

在实践中还必须区分国际合法性原则的两个方面。一个是怀特定义的国际合法性的特定原则，即由国际社会集体认定的、在某个时期内流行的有关国家政权形式的特定规则，如王朝原则、民族原则或人民原则。另一个是国际合法性的一般原则，它是指当他们寻求认同某一种政治单位准许进入国家社会时，它限定了国家期望的一般属性。在基本层面上，国际合法性的一般原则只是为了寻找领土主权存在的明显证据。然而，随着国际社会在19世纪采取的限制形式越来越多，国际合法性的一般原则开始要求想要成为国际社会成员的国家必须符合一定的"文明标准"，如保护国内公民的基本人权、政府有能力遵守国际法和外交关系的规则、宗教平等和宗教宽容原则等。[①]

随着18世纪和19世纪欧洲国际社会的发展，欧洲的外交实践家和理论家开始详尽地阐述用于维持国际社会利益共同体的一系列行为准则和规范。这些行为准则和规范随着时间的发展逐渐被欧洲国家所接受，因为它们从长远来看是有利于国家的独立和总体福利的发展。通过对均势、国际法、外交和国际合法性的详尽阐述和应用，关于欧洲国际社会的一些共识逐渐出现。在18世纪，人们开始把欧洲看作一个由众多独立国家组成的统一的外交共和国，这些国家在生活方式、宗教和社会发展程度上都十分相似，或者说，它们在一个共同文化的框架内行动。[②] 伯克（Edmund Burke）把18世纪末的欧洲看作一个巨型国家，这个国家拥有共同基础的一般法律，但同时又存在一些不同的地方习

---

① David Armstrong, *Revolution and World Order: the Revolutionary State in International Society*, Oxford: Clarendon Press, 1993, pp. 36 – 37.

② Adam Watson, "European International Society and Its Expansion", in Hedley Bull and Adam Watson, eds., *The Expansion of International Society*, London: Oxford University Press, 1984, p. 25.

惯和法规。伏尔泰把当时的欧洲称作为"由几个相互联系的国家组成的大共和国"。因此可以说，欧洲国际体系到这个时候已经发展成为一个复杂的国际社会。正如怀特所指出的，近代欧洲国家体系所以能够发展成一个国际社会，主要由于它拥有一套各国普遍接受的规则和制度，它们包括主权国家、相互承认、大国、正式外交交往的方式、国际法和均势。正是依靠这些规则和制度，维持了欧洲国际体系的正常运行和秩序。①

但是，在欧洲国家体系中运作的各种规则并不能管理欧洲人和其他民族的关系。在欧洲之外，规则在实践上仍然是相当不同的。在美洲和亚洲，它们仍然采取以前的方式来处理相互之间的关系。在 18 世纪后期，主权平等的合法性激励了美洲的欧洲殖民者寻求独立的斗争，他们力图摆脱对欧洲国家的从属地位和卷入欧洲均势，作为一个独立国家管理自己的事务和利益。于是，美国爆发了反抗英国殖民统治的独立运动，并在法国的支持和帮助下获得了独立，建立了美利坚合众国。英国在拿破仑战争结束后，出于经济和战略的考虑，积极支持拉丁美洲国家反对西班牙殖民统治的独立运动。19 世纪初叶，许多拉美国家先后取得独立，并成为欧洲国家社会的成员。欧洲承认拉美新独立国家与美国确保西半球不卷入欧洲的殖民主义和权力政治的目标是一致的。② 美国宣布的"门罗主义"和英国海军的保护以及拉美新独立国家希望不受欧洲国际体系的约束，排除了美洲地区卷入欧洲均势、欧洲军事干涉和与欧洲结盟的可能性。

这些新独立国家希望不参加欧洲均势，维持它们在政治和战略

---

① Martin Wight, *Systems of States*, Leicester: Leicester University Press, 1977, pp. 129 – 152.

② Adam Watson, *The Evolution of International Society*, London and New York: Pinter, 1992, p. 266.

上的不结盟地位，但是它们并不想游离于欧洲国际社会之外。相反，它们想要维持同欧洲，特别是母国之间十分紧密的文化纽带，因为它们在血缘、语言、宗教、传统等方面与欧洲有千丝万缕的联系。这些拉美新独立国家与欧洲有着共同的文化基础，它们在国际关系中容易接受欧洲的规则和制度，而且新兴的美国在传播西方文明的过程中扮演了积极的角色。这些国家把自己视作为欧洲大家庭的成员，它们互派外交使节、接受国际条约，并在19世纪末成为重要的国际组织的成员。它们也积极开展与欧洲国家的贸易。当然，它们也发展一些如中立、管理航运和政治避难权之类的新规则，并希望这些修改被国际社会的所有成员接受，编入国际法或至少成为国际社会的行为规范。拉美新独立国家把自己看成为欧洲国际社会的成员，但又避免卷入欧洲体系的均势和战略的冲突，这样的安排也大体上得到了欧洲国家的接受和尊重。①

然而，亚洲的情况与美洲有些不同。在亚洲，奥斯曼帝国、波斯帝国、莫卧儿帝国和中华帝国都不同程度地卷入了欧洲国际体系，但是它们并不是欧洲国际社会的成员。土耳其和欧洲由于在宗教和文化上有明显的不同，它们对约束体系和思想构成物的国家、法律和政府概念的理解存在深刻的差异，这妨碍了它们对规则和制度的认同和接受。奥斯曼帝国在与欧洲国际体系的长期交往和冲突中，它们的统治者并不承认欧洲的主权平等和互换外交使节或者万民法的观念作为处理国家间关系的原则。② 它们不

---

① Adam Watson, "New States in the Americas", in Hedley Bull and Adam Watson, eds. , *The Expansion of International Society*, London: Oxford University Press, 1984, pp. 136 - 139.

② Thomas Naff, "The Ottoman Empire and the European States System", in Hedley Bull and Adam Watson, eds. , *The Expansion of International Society*, London: Oxford University Press, 1984, pp. 143 - 144.

愿意接受欧洲国际法的原则和制度，也没有在欧洲设立常驻外交代表的愿望，而且也不希望在欧洲国际法的基础上与欧洲国家建立外交关系，尤其是它们不接受欧洲的价值观。因此，土耳其人和欧洲人就设计了各自独立而又有一定限制的规则和制度来管理它们之间的紧密关系。这种安排开始更多地涉及商业交换的规则，而后逐渐扩展到外交、联盟等领域，然而正是这些安排改变了奥斯曼帝国的外交，影响了它的经济与社会结构。虽然在协议中奥斯曼帝国与欧洲国家的政治关系包含着互惠原则，但它们在实践上并不是互惠的，而是单边外交。① 这种混合安排同样也适用于欧洲与亚洲其他国家的关系。

在 1839 年鸦片战争前，中国在政治、经济和军事上与欧洲国际体系就发生了相互作用，但是中国并没有接受西方的规则和制度。相反地，中国顽固地坚持自己的文化优越性标准，拒绝与欧洲国家建立平等的条约关系，坚持用管理帝国内部宗主国与附属国的方式来处理与欧洲国家的关系，只允许欧洲国家在中国的沿海地区进行一些少量的贸易。② 可见，直到 18 世纪末，亚洲国家政府经常能够决定它们与欧洲人的贸易期限和其他关系，而当时欧洲人是根据亚洲文明国家特别是波斯帝国、莫卧儿帝国和中华帝国个体的特殊性，用在不同时间和地点发展起来的类似家庭的安排来管理不同文明之间时断时续的关系。在这种框架内，欧洲人的贸易和外交代表行为的规则是由个别亚洲国家的统治者

---

① Thomas Naff, "The Ottoman Empire and the European States System", in Hedley Bull and Adam Watson, eds. , *The Expansion of International Society*, London: Oxford University Press, 1984, pp. 156 – 158.

② Gerrit W. Gong, "China's Entry into International Society", in Hedley Bull and Adam Watson, eds. , *The Expansion of International Society*, London: Oxford University Press, 1984, pp. 171 – 175.

制定的特定协议决定的。[①]

但到 19 世纪，欧洲国际社会的自身组织与世界其他地区的关系发生了决定性的变化。拿破仑战争结束后，欧洲震惊于拿破仑霸权和一国主权无限制的危险，认为欧洲国际关系不能只是机械地依靠均势来运作，而应由俄、普、奥、英、法五国均势和大国协调来维持。其他国家尽管在法律上是独立的，但已下降到二流地位。同时，工业革命和现代技术极大地提高了欧洲国家的经济和军事力量，加强了它们对世界其他地区的竞争优势。因此，欧洲对外扩张遇到的抵抗变得越来越弱，扩张产生了越来越大的经济利益和战略利益。欧洲人现在可以比亚洲和非洲人生产和销售质优价廉的商品，而亚洲和非洲国家在欧洲强大的商品和军事力量面前基本上处于无力抵抗的地步，于是欧洲国家与亚洲国家达成的混合安排逐渐向有利于欧洲人的方向倾斜。欧洲各国（包括俄国和美国）能够将自己的体系网络扩展到全世界，把与奥斯曼帝国一起发展起来的各种管理制度，运用到包括从中国到摩洛哥在内的不同文化的其他地区，尽管它们对上述地区并不享有管辖权。[②]

不过，促使亚洲国家遵守西方规范的法律工具是西方大国凭借武力手段强加给它们的各种类型的政府间条约和协定。到 19 世纪上半期，欧洲大国通过一系列不平等条约迫使土耳其接受主权平等、互惠、商业自由等原则，并最终通过 1840 年的《伦敦协定》和 1856 年的《巴黎和约》迫使它进入欧洲国际社会。中

① Adam Watson, "European International Society and Its Expansion", in Hedley Bull and Adam Watson, eds. , *The Expansion of International Society*, London: Oxford University Press, 1984, pp. 25 – 26.

② Adam Watson, "Foreword", in James Der Derian, ed. , *International Theory: Critical Investigations*, New York: New York University Press, 1995, p. xii.

国在 1839 年鸦片战争后被迫与西方国家签订一系列不平等条约，西方国家的目的在于取得在北京派驻常驻外交代表和为外国商品进入中国打开市场大门的特权。19 世纪中期以后，中国逐渐丧失了关税和司法自主权，出现了不受中国政府管辖的领事裁判权，并于 19 世纪末最终在国际贸易、外交和法律关系方面接受了欧洲文明的标准，而原来实行的带有文化优越感色彩的处理与外国人关系的规则不得不被抛弃。① 可见，欧洲与奥斯曼帝国和亚洲国家的关系不止来自文化传统这个要素，它们之间的安排是随着地点和时间的变化而变化的，而欧洲的经济和军事优势在推动欧洲国际体系向全球扩张的过程中无疑发挥了重要作用。

　　随着欧洲国家体系逐渐扩展到非欧洲世界，亚洲、非洲和大洋洲的一些国家被并入了欧洲殖民帝国，另一些国家虽然保持了独立，但其在欧洲国家体系中的地位仍低于欧洲国家。为了获得与欧洲国家的平等地位和在新的全球性国际社会中拥有一些发言权，许多非欧洲国家希望参加欧洲国家社会。到 19 世纪中期，欧洲国家开始设立一定的"文明标准"，规定非欧洲国家想要成为国际社会的合法成员，不只应该接受它的规则，而且还要接受它的价值和道德标准。欧洲大国还坚持所有国家的政府都应该遵守一定的欧洲经济标准和商业实践，特别是影响外国人的经济标准和商业实践，非欧洲国家的成员资格不仅需要根据它们怎样管理对外关系来判断，而且还需要根据它们怎样管理自己来判断。② "文明标准"是 19 世纪欧洲扩张到非欧洲世界时针对两个

---

①　Gerrit W. Gong, "China's Entry into International Society", in Hedley Bull and Adam Watson, eds., *The Expansion of International Society*, London: Oxford University Press, 1984, pp. 171 – 183.

②　Adam Watson, *The Evolution of International Society*, London and New York: Pinter, 1992, p. 273.

问题提出来的。一是如何保护在非欧洲世界中欧洲人的生命、自由和财产，"文明标准"被"文明"国家期望用来保护这些基本的权利；二是哲学层面的问题，即决定哪些非欧洲国家能够在国际法上得到国际承认和可以接纳为"文明"国家。但在国家实践中，对这两个问题的表述可以归结为一个统一的检验标准和规则，即一个国家是否是"文明"国家和赋予国际社会的合格成员，只要看这个国家的政府是否有能力承担国际法中有约束力的国际义务，以及看它是否有足够的能力和愿望保护外国人的生命、自由和财产。①

按照格里特·冈戈（Gerrit W. Gong）的权威阐述，"文明标准"通常是指"一些用来辨识一个国家是否属于一个特定社会的一套暗含的或者明示的假定"。"根据这个定义，那些符合这一特定社会的文明标准的国家被纳入'文明'成员的圈子，而那些不符合这些标准的国家则被排除在外，被视为'不文明的'甚至可能是'未可化的'"。②"文明标准"开始只是作为一些暗含的假定出现，从 19 世纪中期起它已经具体化为一套国际习惯法的规则，并逐渐成为一种明确的法律原则和国际法学说的一部分。20 世纪初的"文明标准"主要包括以下一些要求：第一，一个"文明"国家必须保证本国公民和外国人的生命、尊严、财产等基本权利，以及保证旅行自由、商业自由和宗教自由的权利；第二，一个"文明"国家必须拥有确保国家正常运作的完善的政治机构，能对一定领土内的人民实行有效的统治，并具有保卫自身的能力；第三，一个"文明"国家必须总体上遵守包

---

① Gerrit W. Gong, *The Standard of "Civilization" in International Society*, Oxford: Clarendon Press, 1984, p. 24.

② Ibid., p. 3.

括战争法在内的国际法，它也必须拥有一套国内的法院、法规和公法的体系，以保证其辖区内本国公民和外国人的法律权利；第四，一个"文明"国家需要通过与他国保持充分和持久的外交来往来有效地履行其国际义务；第五，一个"文明"国家必须总体上遵守文明的国际社会公认的规范和实践，而殉葬、一夫多妻制和奴隶制被视为一种"不文明"行为，是国际社会所不能接受的。①

这些"文明标准"为界定"文明"社会边界和区分"文明"国家与"半文明"和"不文明"国家提供了一种法律方法。根据"文明标准"的原则，一个国家的国际法律权利和能力必须根据它履行文明要求的情况来确定。"文明标准"因而成为一种确定国家的国际地位包括它们的法律能力和权利以及国际社会等级次序排列的工具。按照"文明标准"的逻辑，19世纪的国际法学家把世界上的国家划分为"文明"国家、未开化国家和野蛮的地区。在每个领域，国家的法律权利和责任是以"文明"程度确定的法律能力为基础的。欧洲和美洲国家属于"文明"国家，它们有资格享有国际法的完全权利和责任，是国际社会的正式成员，因而得到国际法的充分保护。亚洲的独立国家，如土耳其、波斯、暹罗、日本和中国等，属于未开化国家，它们只享有"不完全的"国际法的地位和能力，是国际社会的准成员，因而只受国际法的部分保护。非洲、大洋洲和太平洋诸岛则属于野蛮人居住的地区，它们有权获得"自然或人类的承认"，但是没有能力履行国际社会的责任，因而被归入国际法中的次要地位，成为殖民地或保护国。"文明"国家有权决定未开化国家和野蛮地区的国际法律权利和能

---

① Gerrit W. Gong, *The Standard of "Civilization" in International Society*, Oxford: Clarendon Press, 1984, pp. 14 – 21.

力，可以把不平等条约、协议和受保护国体系强加给这些国家和地区，直到这些国家和地区达到了欧洲的"文明标准"为止。因此，治外法权成为许多非欧洲国家在国际上劣等地位的象征和"不文明"法律地位的标志。①

19 世纪的国际法设计了一整套有关殖民地、保护国、被保护国以及主要的、候补的和部分的国际社会成员这样的术语来描述它们的等级。到 20 世纪初，国际法学说开始坚持只有政治实体符合国家地位的一定标准，如有一个政府、有固定的领土、一定的人口和有能力参与国际关系或履行一定的国际责任时，它们才有权称之为主权国家。在欧洲国际体系的扩张过程中，尽管没有关于国家承认的正式标准，但是它在实践中经常得到扩展，而且只有获得其他国家的承认时才能拥有主权。到 19 世纪末 20 世纪初，欧洲国家开始把这种构成性承认学说应用于亚洲和非洲国家。那些名义上独立的非欧洲国家要想成为国际社会的正式成员，并享有国际社会成员的完全权利，只有当它们在法律和政治框架内达到了欧洲国家制定的"文明标准"时，才能加入最初的欧洲国家俱乐部。② 按照这一标准，奥斯曼帝国和日本在 19 世纪得到了西方主导的国际社会的认可，成为主权国家。作为成为国际社会成员的条件，土耳其和日本被迫采用欧洲的国际法、外交、商业等方面的规范和实践，而放弃了它们与外国"异教徒"和"野蛮人"打交道的传统规则和实践。

在 19 世纪，欧洲把自己看作是世界的政治和文化中心，它

---

① Gerrit W. Gong, *The Standard of "Civilization" in International Society*, Oxford: Clarendon Press, 1984, pp. 5, 55 – 56.

② Hedley Bull, "The Emergence of a Universal International Society", in Hedley Bull and Adam Watson, eds. , *The Expansion of International Society*, London: Oxford University Press, 1984, p. 121.

的"文明标准"成为当时流行的国际法中承认学说的组成部分。因此，"文明标准"有助于确定国家内部的身份和占主导地位的国际社会的外部边界。最初，国际社会是作为一个基督教国家和欧洲联盟的形式出现的。但随着欧洲国际社会逐渐扩张到非欧洲世界，非欧洲国家开始加入欧洲国际社会，国际社会开始被看作为"文明"国家的社会。于是，"基督教国家的法"和"欧洲公法"变成为"文明国家的法"。① 关于 19 世纪欧洲国际社会是独特的创始者俱乐部的学说，是一个有关实证国际法的学说，它与所有人享有道德权利的信仰是完全一致的。因为"文明"国家的社会代替欧洲国际社会的趋势，以及非欧洲国家只要在政治和法律框架内符合欧洲国家制定的"文明标准"都可以成为国际社会正式成员的学说，实际上考虑到有一个潜在的普遍国际社会的存在。② "文明标准"作为"神圣的托管文明"的组成部分，它明显地体现在历史上的托管体系之中。

19 世纪末，欧洲瓜分非洲的活动达到了顶峰，欧洲国家为了给它们侵占领土寻找一个合法性依据，提出了托管理论。这种理论认为，附属国和殖民地的人民没有能力管理自己，它们必须把统治国家的责任委托给"文明"民族；而"文明"民族负有对落后种族的集体责任和一般义务，它们负有对其直接控制下的落后种族的道德责任。"神圣的托管文明"提供了一种赋予占领国家以合法特权和责任的方法。欧洲国家为了避免它们在非洲、亚洲殖民地问题上的冲突，并使殖民地问题接受国际规则的制

---

① Gerrit W. Gong, *The Standard of "Civilization" in International Society*, Oxford: Clarendon Press, 1984, p. 238.

② Hedley Bull, "The European International Order", in Kai Alderson and Andrew Hurrell, eds., *Hedley Bull on International Society*, London: Macmillan Press LTD, 2000, p. 178.

约，它们力图利用 1815 年维也纳会议后的欧洲协调体系，通过
集体协议和偶尔的干涉来管理它们在非洲和亚洲的竞争利益。
1884—1885 年，英、法、德、意、奥匈、西和美国等 15 个国家
在柏林会议达成了瓜分非洲的协议，签署了《总议定书》。这个
《总议定书》阐述了缔约各方的相互权利和义务，它不仅为获得
非洲大陆的领土，而且为其后的殖民统治提供了一个规范性框
架。所有签字国都有义务遵守涉及有形领土的占领和避免相互间
诉诸武力的一定程序。瓜分是在没有发生战争的情况下实现的，
而在早期欧洲国家将美洲大陆殖民化时，战争则是典型的特征。
签字国后来还约定，如果将来发生战争，彼此都把非洲的领土置
于"中立规则之下"。这意味着它们不能用这些领土作为类似战
争行为的基础。尽管在两次世界大战期间它们并没有遵守这一规
则，但整个殖民时代殖民地边界几乎没有发生任何变动。[①] 欧洲
国家在非洲和中国采取协调行动的主要目的是确保这些地区的贸
易变得更安全，并为本国经济和种植园经济的发展提供原料和热
带产品。但一个次要的但更道德的目的是促使欧洲和美国人超越
他们现在可能实行的有条理的谨慎安排，遵守在他们文化基质中
发展起来的规范性规则和制度。[②]

　　虽然柏林会议的《总议定书》禁止它们之间的战争，但是
占领国可以使用武力对付不服从统治的非洲政治当局，这一规定
是与当时的国际法完全吻合的。当时的国际法承认征服的合法

---

　　① 　Robert Jackson, "The Weight of Ideas in Decolonization: Normative Change in In-
ternational Relations", in Judith Goldstein and Robert O. Keohane, eds., *Ideas and Foreign
Policy: Beliefs, Institutions, and Political Change*, Ithaca and London: Cornell University
Press, 1993, pp. 115 – 116.

　　② 　Adam Watson, *The Evolution of International Society*, London and New York: Pin-
ter, 1992, p. 273.

性，但不承认大多数非欧洲国家政府的主权。然而，《总议定书》却承认了有限的非主权（limit nonsovereign）或者非洲人的人权以及签字国保护这些权利的责任。该议定书推进了反对奴隶制运动的发展。① 实际上，促进附属国和殖民地人民的文明是 19 世纪国际法关注的一个重要主题，这个主题在 19 世纪欧洲殖民扩张达到高峰时召开的一系列国际会议上得到了明确的阐述。1815 年，维也纳会议的《最后议定书》规定了废除奴隶贸易；1885 年，柏林会议的《总议定书》规定了禁止奴隶贸易的条款，其中条款第 6 条规定：在《总议定书》上签字的欧美国家负有一种国际责任来改善非洲国家的"道德和物质福利"以及"保护和支持所有能给他们带来文明的宗教、科学或宽容的制度"。会议认为，虽然土著民族和人民没有能力保护自己的利益，但是他们的权利是受到国际法保护的，国际法要求强大民族在处理与没有防卫能力的落后民族和人民时必须遵守一定的行为规范。这种"神圣的托管文明"在第一次世界大战后被进一步制度化。国联盟约第 22 条规定，"在现代世界的艰苦条件下，对于那些没有能力自立的人民来说，他们应该采用这个原则：这些人民的福利和发展要求一种神圣的托管文明"；对这些"人民的监护委托给一定的先进民族和由他们代表国联的托管者来进行实施"。② 1919 年，巴黎和会关于殖民地问题决议实际上把托管地区的人民划分为三类，根据这些地区人民的发展阶段、领土地理和它的

① Robert Jackson, "The Weight of Ideas in Decolonization: Normative Change in International Relations", in Judith Goldstein and Robert O. Keohane, eds. , *Ideas and Foreign Policy: Beliefs, Institutions, and Political Change*, Ithaca and London: Cornell University Press, 1993, p. 116.

② Robert Jackson, *Quasi-States: Sovereignty, International Relations, and the Third World*, London: Cambridge University Press, 1990, p. 73.

经济条件等情况，委托管理的特点也不同：第一，中东地区的人民只要相对短的时期就可以自立；第二，热带非洲部落的人民将需要许多年的时间或者在欧洲监护下经过数十年的经济和政治进步才能取得独立；第三，太平洋的原始人群和西南非洲的霍屯督人在欧洲统治下至少需要花费一个世纪的时间才能独立。①

这些规范体现在那个时代包括非西方国家司法裁判权的一系列条约之中。所有瓜分、蚕食、不平等条约、港口条约和其他强加给非欧洲世界的强制性约束，揭示了来自欧洲经验的国家地位和实证主权的一般原则，它们构成了 19 世纪国际社会的典型特征。这些国际规则，大部分是由欧洲人或西方国家根据习惯法或它们之间的条约制定的，是为它们的物质利益和维护欧洲优势地位服务的，而受这些规则制约的亚洲、非洲和大洋洲的政府和人民，并没有同意这些习惯法和条约。这些国际规则不仅为欧美大国之间的关系，而且为那些共同形成国际社会的所有主权国家之间的关系提供了一个确定的和相互的基础。这些国际法和外交规则几乎完全是以欧洲为中心的。根据这些规则，欧美国家就可以在欧洲之外任意征服、购买、交换或其他方式来获得殖民地，而无须当地土著人的同意，这些土著人被视为没有能力给予或者保留这种同意。全球大陆和海洋的一半地区都被置于西方的统治之下，根据这些规范性观念，这种行动都或多或少地变得合法。这些殖民主义规范在某些地区一直持续到 20 世纪中叶。②

---

① Wm. Roger Louis, "The Era of the Mandates System and the Non-European World", in Hedley Bull and Adam Watson, eds. , *The Expansion of International Society*, London: Oxford University Press, 1984, p. 201.

② Robert Jackson, "The Weight of Ideas in Decolonization: Normative Change in International Relations", in Judith Goldstein and Robert O. Keohane, eds. , *Ideas and Foreign Policy: Beliefs, Institutions, and Political Change*, Ithaca and London: Cornell University Press, 1993, pp. 116 – 118.

由此可见，坚持"文明标准"是西方文化和价值优越感的体现，是一种文化帝国主义形式。欧洲国家通过创设"文明标准"，不仅否定了世界文化的多样性，而且把西方价值看成是世界的普遍标准,[①] 其目的在于把创建的法律规范以保护"文明"国家的海外利益的做法合法化，并通过赋予"文明"国家托管和殖民落后国家的"历史使命"，理所当然地对落后国家进行压迫和剥削。"文明标准"在欧洲国际社会扩张到全球国际社会的过程中所起的主要作用，从非欧洲人的观点来看，"文明标准"成为一种政治体制和制度结构的组织原则，它是推动它们进行国内改革以及调整和适应西方文明要求的指导方针。从欧洲人的观点来看，"文明标准"是欧洲国家检验非欧洲国家事实上是否符合"文明"国家的要求和可以承认为国际社会正式成员的一种方式。[②] 但是，"文明标准"也严重损害了亚洲、非洲和大洋洲国家和人民的自尊心和利益，它是西方支配和剥削非欧洲国家的不公正国际体系的一部分。而且，"文明标准"的观点忽视了亚洲国家的实践对欧洲国际社会发展的影响，因为非欧洲国家开始遵守国际社会并不是在欧洲孤立于世界其他地区的情况下发生的，而是伴随欧洲过去4个世纪在世界其他大陆的扩张同时发生的，是这种扩张经历的反映。因此，欧洲国家坚持"文明标准"部分地反映了欧洲的宗教和文明的优越感，部分地也是为了坚持自己的特权而否定其他国家的权利，而这样的标准事实上它们自己也不可能遵守。[③]

---

① Paul Keal, *European Conquest and the Rights of Indigenous Peoples*, Cambridge: Cambridge University Press, 2003, p. 152.

② Gerrit W. Gong, *The Standard of "Civilization" in International Society*, Oxford: Clarendon Press, 1984, pp. 8 - 9; 239.

③ Hedley Bull, "The Emergence of a Universal International Society", in Hedley Bull and Adam Watson, eds., *The Expansion of International Society*, London: Oxford University Press, 1984, pp. 123 - 124.

第三节　全球性国际社会

到了 20 世纪，国际社会一般不再被认为只是欧洲的国际社会，而是被视为全球性的国际社会。然而，对于全球性国际社会到底何时出现的问题，英国学派内部存在着两种不同的意见。布尔和沃森认为，到第一次世界大战时，一个全球性国际社会已经存在，它覆盖了包括欧洲、亚洲、非洲、美洲在内的整个世界。此时，它的成员已经成为世界性了，最明显的标志是 1899 年和 1907 年两次海牙国际会议的召开，当时非欧洲国家开始登上了国际政治舞台。1815 年在维也纳会议上还只有欧洲国家出席，但在 1856 年结束克里米亚战争的巴黎和平会议上已经有奥斯曼帝国参加，到 1899 年的海牙和平会议上已有美国、墨西哥、奥斯曼帝国、日本、波斯和暹罗出席，到 1907 年的海牙会议上，有 16 个拉丁美洲国家的代表参加，这预告了第三世界在国际舞台上的崛起。① 海牙会议标志着主权国家俱乐部超越欧洲和美国向世界范围的正式扩张。在他们看来，只有当一个国际体系中的欧洲国家和各种独立政治共同体开始意识到它们在一个共存和合作的结构中有共同利益，或者明确地同意共同规则和制度的时候，一个真正的全球性国际社会才会出现。而作为一个全球性国际社会的要素之一，就是在永久的基础上交换外交代表，特别是开始交换外交使者和建立常驻使馆、采用共同的外交礼仪和程序；另一个要素是采用国际法的共同形式和在这些多边会议上国家代表的发展，它证明了从《威斯特伐利亚和约》时期到现代

---

① Hedley Bull and Adam Watson, *The Expansion of International Society*, London: Oxford University Press, 1984, pp. 217, 123.

国际社会的发展。① 怀特也持有类似布尔和沃森的看法。他认为，欧洲国际体系超越欧洲和美洲的扩张第一次在法律上得到承认是在 1899 年和 1907 年的两次海牙会议上，而欧洲国际体系转变为世界体系最后是通过国际联盟和联合国完成的。②

布赞和利特尔不同意将第一次世界大战作为全球性国际社会出现的标志。他们认为，在 20 世纪初，国际体系的行为体还不是完全平等的主权国家，当时世界上还存在着广大的殖民地，这些殖民地根本没有享有独立的内政和外交，因此此时国际社会的全球化仅仅是表面的。而一个真正意义上的全球性国际社会是在第二次世界大战后许多殖民地获得独立，并且其主权得到世界大部分国家承认后才完全形成的，其重要标志是在这个国际共同体中各国相互承认成员国法律上的平等地位。③ 但实际上，国际关系学界大多数学者把第一次世界大战作为全球性国际社会出现的标志，因为到第一次世界大战，国际体系的范围已经覆盖亚洲、非洲、拉丁美洲、大洋洲，像中国、波斯、埃塞俄比亚、暹罗等国家参加了第一次世界大战，而且作为代表出席了巴黎和会，并成为国际联盟的成员国，它们在履行国际社会的"文明标准"方面迈出了重要的步伐。也就是说，这些国家和人民开始接受欧洲国际社会的主要规则和制度。因此，不能否定它们现在已经是国际行为主体和国际社会的成员。如此多的非欧洲国家开始成为国际社会的成员表明，此时国际社会在地理范围上已经不再局限

---

①　Hedley Bull, "The Emergence of a Universal International Society", in Hedley Bull and Adam Watson, eds. , *The Expansion of International Society*, London: Oxford University Press, 1984, pp. 120 – 121.

②　Martin Wight, *Systems of States*, Leicester: Leicester University Press, 1977, p. 117.

③　Barry Buzan and Richard Little, *International Systems in World History*, Oxford: Oxford University Press, 2000, p. 337.

于欧美国家，而是成为全球性的国际社会了。因此，以第一次世界大战作为全球性国际社会出现的标志还是比较合适的。

欧洲国际社会向全球国际社会转变的主题，是欧洲支配地位的衰落。这种衰落不是欧洲在与美国和苏联关系中所处地缘重要性的下降，而是欧洲国家或西欧国家在更广泛意义上力量和地位的下降，现在国际体系已不再以欧洲为中心了。欧洲支配地位的衰落不仅是由于美国和苏联实力的上升和欧洲相对力量下降所造成的，而且也是与亚洲、非洲的兴起和第三世界的影响分不开的。[①] 虽然欧洲支配地位的衰落和全球性国际社会的出现并不是突然发生的，而是在 1945 年之前半个世纪中逐渐形成的，其中欧洲大国间发生的两次世界大战加速了这个过程，它毁坏了欧洲控制国际体系的能力，[②] 但是非西方国家对西方国家的造反无疑是导致一个全球性国际体系出现的重要因素。

在 19 世纪末 20 世纪初，西方支配地位的主要支柱是欧洲殖民国家，特别是英国、法国、德国和意大利。美国、俄罗斯、英国的白人领地、拉丁美洲国家也是西方主导地位的支持者和获益者，虽然它们的态度在某些情况下是矛盾的。美国虽曾是一个反殖民主义国家，它在道义上经常同情反殖民运动，但它本身也是欧洲全球扩张过程的产物。美国是通过在北美大陆的西进运动以及在加勒比海和太平洋的不断扩张逐渐发展起来的，因此它本身就是一个殖民国家。美国否认美洲黑人的平等权利，在亚洲和非洲谋取不平等的经济地位，从 20 世纪 50 年代起，随着欧洲殖民统治的崩溃和新殖民主义成为第三世界反对的主要目标，美国不

---

① Hedley Bull, "The European International Order", in Kai Alderson and Andrew Hurrell, eds. , *Hedley Bull on International Society*, London：Macmillan Press LTD, 2000, p. 175.

② Adam Watson, *The Evolution of International Society*, London and New York：Pinter, 1992, p. 278.

可避免地成为第三世界抗议和敌视的对象。俄国是一个有半亚洲特性的国家，它的领土横跨欧亚大陆，但它的文明主要属于西方。俄国历史上是一个相对落后和不发达的国家，它的力量和地位相对于西方大国是比较脆弱的。与美国一样，俄罗斯帝国本身也是欧洲扩张的产物，它通过不断对外扩张，大量兼并毗邻国家领土，到 19 世纪末发展成为横跨欧亚的大帝国，因而战后的苏联也成为第三世界国家潜在敌视的目标。拉美国家有反对殖民统治和民族解放的传统，但它们本身也是欧洲在拉丁美洲扩张和镇压当地土著人的产物。这些独立的拉美国家都是根据欧洲的国家模式建立的，居住的人民主要来自欧洲移民及后裔，他们宗教上信仰天主教，语言和文化上属于欧洲。这些国家把自己视为欧洲大家庭的成员，它们互派外交使节、接受国际条约，并在 19 世纪末成为重要的国际组织的成员。因此在一定程度上讲，它们与西方宗主国创立的国际规则的斗争在有些方面是内部的斗争，反映的是拉美人民对欧洲国家人民成功地在美洲扩张的不满，以及它们在经济和政治发展上失败的不满。①

　　非西方国家反抗欧洲支配地位的斗争涉及政治、宗教、意识形态和文化的各个方面，它包括非西方国家争取主权平等或独立的斗争、第三世界争取民族独立、种族平等、经济正义和文化解放的斗争。反抗西方支配地位的斗争最早出现在 19 世纪后期，当时中国、日本、土耳其、波斯、暹罗等名义上独立但只享有次等地位的国家为争取国家的平等主权，展开了反对欧洲殖民国家和美国殖民统治的斗争。这种争取平等主权的斗争首先开始于日

---

　　①　Hedley Bull, "The Revolt Against the West", in Hedley Bull and Adam Watson, eds., *The Expansion of International Society*, London: Oxford University Press, 1984, pp. 217 – 219; Adam Watson, *The Evolution of International Society*, London and New York: Pinter, 1992, pp. 266 – 268.

本。日本从明治维新后始终把修改不平等条约作为重大的外交课题。经过长期的努力，日本终于在 1899 年正式废除了治外法权，1911 年收回关税自主权，从而获得了与西方列强平等的主权地位，而且通过对外侵略把不平等条约强加给朝鲜和中国。需要指出的是，日本争取主权平等的斗争，并不意味着反对殖民统治，因为日本力求使自己成为一个拥有与西方国家同样权利的殖民国家。1895 年，日本通过甲午战争强迫清政府签订了《马关条约》。土耳其通过 1923 年的《洛桑条约》废除了欧洲国家的治外法权，获得了与西方国家平等的主权权利；埃及通过 1936 年的《英埃条约》获得了独立的主权权利；中国通过 1943 年与美国、英国签订的协议废除了治外法权，并取得了大国的地位。[①]

同时，在第一次世界大战前后，许多从属民族如波希米亚人、立陶宛人、波兰人、匈牙利人、塞尔维亚人、罗马尼亚人、保加利亚人以及其他一些民族，宣称他们有从被战争摧毁的德意志帝国、俄罗斯帝国、奥匈帝国和奥斯曼帝国统治下获得独立的权利。在 1919 年的巴黎和会上，民族自决获得了准官方的地位，从而导致许多中东欧地区的大多数民族获得了国家独立。然而，中东地区原奥斯曼帝国的非欧洲民族除土耳其外都没有取得国家独立，它们成了国际联盟的"托管地"。显然，1919 年的民族自决并没有扩展到我们今天所说的第三世界。[②]

亚洲、非洲、加勒比海和太平洋地区人民反对欧美殖民统

---

① Hedley Bull, "The Revolt Against the West", in Hedley Bull and Adam Watson, eds., *The Expansion of International Society*, London: Oxford University Press, 1984, p. 220.

② Robert Jackson, "The Weight of Ideas in Decolonization: Normative Change in International Relations", in Judith Goldstein and Robert O. Keohane, eds., *Ideas and Foreign Policy: Beliefs, Institutions, and Political Change*, Ithaca and London: Cornell University Press, 1993, pp. 120 – 121.

治、争取政治独立的斗争，是非西方国家反抗欧洲支配地位的主要内容。尽管殖民体系在第一次世界大战后由于受十月革命和威尔逊"十四点"提纲有关民族自治原则的影响而遭到重大冲击，[①] 但是，广大亚非人民争取民族解放和政治独立的革命高潮主要发生在第二次世界大战之后。战后广大的亚非人民掀起了反帝、反殖、争取民族独立和解放的新一轮高潮，一大批亚非国家先后摆脱了西方殖民主义的统治宣布独立。亚洲殖民地在 20 世纪 40—50 年代大部分获得独立，非洲、加勒比海和太平洋的殖民地在 60—70 年代获得了独立。随着葡萄牙殖民帝国在 1975 年的崩溃，传统的欧洲殖民主义宣告结束。

　　按照布尔的看法，战后造成欧洲殖民体系崩溃的因素主要有以下五个方面：第一，亚非拉人民思想上和精神上的觉醒。他们不再把旧的殖民秩序看作是一个自然事实，而是认识到只要他们组织起来进行斗争可以结束这种不合理的秩序，这推动了他们争取民族独立和解放的斗争。第二，西方国家对维持殖民统治的能力和意志的减弱是导致殖民体系瓦解的一个重要因素。第一次世界大战摧毁了西方国家维持旧的殖民秩序的自信心，他们开始支持与殖民统治合法性相矛盾的民族自决原则；而第二次世界大战又极大地削弱了欧洲殖民大国的力量，以至于它们没有能力维持旧的统治地位。而且，随着第三世界人民政治上动员起来维护它们的利益，西方国家公开使用武力来维护旧的殖民统治变得代价越来越大了，这导致它们对长期坚持的观点——殖民地能够增加国家的权力和财富——产生了怀疑。第三，战后苏联作为一个大国迅速崛起，成为一个有全球干预能力的超级大国。它对非殖民

---

　　① Adam Watson, *The Evolution of International Society*, London and New York: Pinter, 1992, pp. 281 – 282.

化运动的支持以及苏联社会主义的模式对第三世界国家和民族解
放运动的吸引力，这有利于第三世界反对西方支配地位的斗争。
第四，战后美国和苏联形成敌对的两大军事集团，美苏竞相争取
非殖民化运动中兴起的民族主义者的支持。东西方之间的激烈对
抗给殖民列强造成了很大的压力，限制了它们对第三世界的干
涉，同时增加了反殖民主义者要求独立的机会。第五，第三世界
国家在反对帝国主义、新老殖民主义斗争中的团结和合作，是促
使西方殖民体系瓦解的另一个重要因素。①

　　然而，在罗伯特·杰克逊看来，战后帝国主义列强军事实力的
衰落、殖民地经济上的无利可图以及冷战对非殖民化的影响这些因
素都是客观存在的，但是规范性观念的根本变化，以及大部分主权
国家政府和公众舆论精神上的相应变化，影响了他们在主权国家地
位权利观念上的看法。当苏联和美国呼吁亚洲民族主义者的支持
时，反殖民主义成为有感召力的口号。任何大国都不能忽视或不顾
这种新的国际公共舆论所体现出来的反殖民主义观念和信念，即使
是仅仅出于对其信誉的关心也不允许那样做。到20世纪60年代，
大部分国家（甚至包括大部分殖民国家）不再认为殖民地政权是一
个合法的政府形式。它们相信殖民地民族有资格获得独立的权利，
而无须附加其他条件，这些观念的变化是推动英国、法国、荷兰等
殖民帝国放弃殖民统治、允许殖民地独立的重要原因。也就是说，
非殖民化的变革既不是通过民族主义者威胁或使用武力来实现的，
也不是殖民地对于帝国的经济作用出现突然变化的结果，而是通过
宗主国主动让渡主权来实现的；而第三世界的民族主义者则充分利

　　① Hedley Bull, "The Revolt Against the West", in Hedley Bull and Adam Watson, eds. , *The Expansion of International Society*, London: Oxford University Press, 1984, pp. 224 – 227.

用了现存的规范观念和制度来实现自己的独立主张。因此，尽管反殖民斗争及其胜利明显地涉及权力，但从根本上是规范的胜利，因为非殖民化毕竟是关于合法和非法规则的观念的变化，而不是均势或帝国主义经济作用的变化。①

20 世纪 50 年代以后，第三世界反抗西方支配地位的斗争主要有三个联盟：亚非万隆会议、不结盟运动和 77 国集团。1955 年 4 月的万隆会议是第一次由亚非国家主持召开的会议，目的在于加强亚非国家和人民的团结，为反对帝国主义、殖民主义，建立新型的国际关系，维护民族独立，建设自己的国家而共同努力。出席这次会议的有来自亚非的 29 个国家，会议最后通过了关于促进世界和平与合作的宣言，提出了著名的"万隆十项原则"作为有关国家和平共处、友好合作的基础。"万隆十项原则"包括：尊重基本人权和联合国宪章的宗旨和原则；尊重一切国家的主权和领土完整；承认一切种族和一切大小国家的平等；不干预或干涉他国内政；不使用集体防御安排措施来为任何一个大国的特殊利益服务，任何国家不对其他国家施加压力；不以侵略行为或侵略威胁或使用武力来侵犯任何国家的领土完整或政治独立等。万隆会议的成功召开，极大地鼓舞了亚非人民争取民族解放和民族独立的斗争，加速了西方殖民体系的瓦解过程，它标志着第三世界作为一支政治力量登上了国际政治舞台。

20 世纪 60—70 年代，第三世界联盟的首要目标是强调经济问题和反对新殖民主义的斗争。"二战"后到 60 年代初，新兴的亚非国家所面临的国际环境依然十分险恶。一方面，旧的殖民

---

① Robert Jackson, "The Weight of Ideas in Decolonization: Normative Change in International Relations", in Judith Goldstein and Robert O. Keohane, eds., *Ideas and Foreign Policy: Beliefs, Institutions, and Political Change*, Ithaca and London: Cornell University Press, 1993, pp. 128 – 130.

体系崩溃后，一些老殖民国家千方百计设计新的外部干涉形式来
维持它们原有的地位，而美国凭借其强大的经济、军事力量，用
各种方式对新兴独立国家进行渗透和干涉。因此，新兴独立国家
不仅面临老殖民主义卷土重来的危险，而且受到美国新殖民主义
的威胁。另一方面，战后以美苏为首的两大军事集团的长期紧张
对抗不时威胁着世界和平与安全，新兴独立国家面临着在政治上
和战略上卷入两大军事集团的危险。这种国际条件促使新兴独立
国家逐渐选择了反帝、反殖和不结盟的道路。在南斯拉夫、埃
及、印度、印度尼西亚和加纳五国首脑的积极倡导下，1961 年 9
月，在南斯拉夫首都贝尔格莱德举行了第一次不结盟国家首脑会
议。出席这次会议的有 25 个亚非国家，会议最后通过了《不结
盟国家的国家或政府的首脑宣言》和《关于战争的危险和呼吁
和平的声明》，呼吁各国积极支持民族解放和民族独立运动，努
力消除帝国主义和一切形式的殖民主义。1964 年 10 月，在埃及
首都开罗举行了第二次不结盟国家首脑会议。这次会议最后通过
了《和平与国际合作纲领》，这个纲领比第一次会议的宣言更明
确了反帝、反新老殖民主义的立场。它指出："帝国主义、殖民
主义和新殖民主义是国际紧张局势和冲突的一个基本根源。"这
次会议还将经济发展问题作为重大的政治问题列入不结盟国家的
议事日程，呼吁第三世界国家加强经济合作，从而促成了 1964
年联合国第一届贸易和发展会议的召开以及 77 国集团的诞生。[①]

　　第三世界联盟在国际上开展的反殖民主义斗争，促使联合国
大会于 1960 年通过了《允许殖民地国家和人民独立的宣言》

---

　　① 　 Peter Lyon, "The Emergence of the Third World", in Hedley Bull and Adam Wat-
son, eds. , *The Expansion of International Society*, London: Oxford University Press, 1984,
pp. 229 – 232.

(1514 号决议)。该宣言强调，"所有人民都有自治的权利，政治、经济、社会或教育条件的不足不应该作为拖延独立的借口"，"任何针对一个国家的民族统一和领土完整的部分或完全破坏的企图都是与《联合国宪章》的目的和原则不相符的"。这个宣言被第三世界国家和许多其他国家视为联合国颁布的解放所有尚未独立的殖民地民族的"第二宪章"，因为从这时开始，出于发展或教育水平等借口拖延独立的观点在道德上已明显低于普遍的自决观点。一种新的体现绝对的和无限制的自决权的规范观念开始取代以前根据显示的自治能力赋予其权利的规范观念。1970 年，联合国大会通过的 2621 号决议在谴责了葡萄牙殖民主义和南非种族隔离政策是"反人类的罪行"之后宣布，"任何继续进行殖民主义的形式和现象都是对构成《联合国宪章》、《允许殖民地国家和人民独立宣言》和国际法原则的一种犯罪"；它同时声明，支持殖民地人民为民族自治的斗争的外部干涉是合法的，而任何镇压这种斗争的尝试则是与《联合国宪章》相违背的。这样，平等与自决的新观念取代了殖民地和托管制度的不平等与监护的旧概念。反殖民主义规范框架反映的前殖民地法律上的国家地位原则是一个以权利为基础的国际关系和法律模式。根据这些规范，独立不再是一个政治能力问题，或者民族统一、军事能力、国民财富、受教育的公民身份或者其他经验性和功能性标准的问题，而纯粹是一个从属民族享受这种权利的问题。在这个规范框架中，殖民地、保护国、委任制、托管制、共管制、联系国或任何类型的国际法律从属关系都无立足之地。①

---

① Robert Jackson, "The Weight of Ideas in Decolonization: Normative Change in International Relations", in Judith Goldstein and Robert O. Keohane, eds. , *Ideas and Foreign Policy: Beliefs, Institutions, and Political Change*, Ithaca and London: Cornell University Press, 1993, pp. 124 – 126.

进入 20 世纪 70 年代后，随着布雷顿森林体系的瓦解和发展中国家经济、贸易条件的不断恶化以及南北方贫富差距的日益扩大，不结盟运动的重心开始从政治领域转到经济领域，争取经济正义的斗争成为第三世界联盟反抗西方支配地位的重要目标。事实上，早在 1964 年 77 国集团形成时，第三世界联盟关注的焦点就开始从反殖民主义转移到关注后殖民世界西方国家的经济支配地位。① 这次会议发表了《77 个发展中国家联合宣言》，强调要"采取一切可能的办法来增加它们之间的接触和磋商，以便在国际经济合作方面确定共同的目标和制定联合的行动计划"，加强发展中国家的谈判地位，推动建立国际经济新秩序的斗争，从而加速发展中国家的经济发展。在 60 年代，西方国家和第三世界国家在国际发展问题上争论的焦点是富国和穷国在发展中有共同利益的领域采取何种伙伴形式的讨论。但到了 70 年代，在第一次石油危机和世界经济衰退的影响下，第三世界反对西方国家的斗争转移到要求在世界范围内重新分配财富。于是双方争论的话题也发生了变化：从原来富国和穷国的伙伴思想转到为世界产值而斗争、从发展援助转到要求重新分配财富。②

1970 年 9 月，在赞比亚首都卢萨卡举行的第三次不结盟首脑会议上，通过了《关于不结盟和经济发展的宣言》，宣言明确把"争取实现平等互利基础上的经济独立和相互合作"作为不结盟运动的基本目标之一，要求缩小发达国家同发展中国家之间正在不断扩大的差距。1973 年 9 月，在阿尔及利亚首都阿尔及尔举行的第四次不结盟首脑会议上，会议通过的《经济宣

---

① Hedley Bull, "The Revolt Against the West", in Hedley Bull and Adam Watson, eds., *The Expansion of International Society*, London: Oxford University Press, 1984, p. 222.

② Ibid..

言》明确将建立"国际经济新秩序"确定为不结盟运动的基本
纲领，并第一次提出了南南合作和南北对话的思想，要求联合
国召开一次特别会议专门讨论经济发展问题。在广大发展中国
家的努力下，1974 年 5 月，第六届特别联大通过了《建立国际
经济新秩序宣言》（以下简称《宣言》）和《建立国际经济新
秩序行动纲领》（以下简称《行动纲领》）等文件。《宣言》指
出，国际经济新秩序的基本目标就是创造一个有利的国际经济
环境以促进发展中国家的经济发展，并在发展中国家和发达国
家之间最终确立公正、平等、合理的国际经济关系。《行动纲
领》则进一步阐述了建立国际经济新秩序的具体内容，主要包
括各国对本国自然资源和经济活动享有永久的主权，发展中国
家应完全参与国际货币体系的决策过程等。[①] 它表明发展中国
家在争取经济正义的过程中取得了一定的进展。但是，为贯彻
第六届特别联大通过的有关决议，1979 年 5 月，在菲律宾首都
马尼拉召开的第五届联合国贸发会议仍然未能就国际经济秩序
改革、国际技术转让规则以及发展中国家债务问题达成协议，
这表明发展中国家争取建立国际经济新秩序的斗争将是一个漫
长的过程。

　　非白人国家和人民反对白人至上主义的斗争是欧洲国际社会
向全球国际社会转变过程中的一个重要主题，也是非西方国家反
对欧洲支配地位的重要内容之一。旧的西方占支配地位的国际秩
序是与白人的特权地位相联系的：主权国家的国际社会首先是白
人国家的国际社会；非白人在白人占统治地位的国家或地区处于

---

① Peter Lyon, "The Emergence of the Third World", in Hedley Bull and Adam Watson, eds. , *The Expansion of International Society*, London: Oxford University Press, 1984, pp. 233 – 237.

屈辱的次等地位。① 在欧洲占主导的时代，欧洲国家由于受到斯宾塞的社会有机体论和社会达尔文主义的影响，种族优越论盛行一时。它宣称白种人是优等种族，它享有对非白人劣等种族进行统治的帝国责任。当时，葡萄牙人和法国人认为他们负有对其统治区域的非欧洲人基督教化和文明化的帝国使命，而英国人的主导性观点是他们享有对落后种族实行托管的思想。各种形形色色的种族优越论渗透到欧洲帝国的模式中，直接影响了欧洲殖民者和非欧洲的本地人、帝国和欧洲从属领地的关系。② 但是，从人类学的观点来看，种族主义学说的作用无非是要把欧洲支配地位合法化和支持文化优越论，似乎世界上不仅存在一种上帝委任的统治，而且欧洲人就是上帝委任的统治者，如主人与仆人、家长与孩子的关系一样。现在种族歧视已经被抛弃，任何为种族歧视辩护的学说都被国际社会视为非法的。不管什么肤色，他们都得到国际法的尊重，这是从欧洲占主导时代以来发生的一个具有重要意义的变化。欧洲国际秩序向全球性国际秩序转变的标志之一，是白人国家相对于非白人国家在数目上的减少，以前主权国家社会几乎完全由白人国家组成现在变成主要由非白人占优势的国家组成。③

然而，非欧洲人为改变这种受歧视的不平等状态经过了长达几个世纪的斗争。在非殖民化的过程中，种族平等的思想曾经发挥了重要的作用。它促使非欧洲人相信他们与欧洲人是平等的，

① Hedley Bull, "The Revolt Against the West", in Hedley Bull and Adam Watson, eds., *The Expansion of International Society*, London: Oxford University Press, 1984, p. 221.

② R. J. Vincent, "Racial Equality", in Hedley Bull and Adam Watson, eds., *The Expansion of International Society*, London: Oxford University Press, 1984, pp. 239 – 240.

③ Ibid., pp. 240, 251.

这极大地鼓舞了非欧洲人民为争取种族平等而斗争；而且种族平等的思想以及不平等的记忆还鼓励他们不是模仿而是渴望显示与欧洲人的不同。① 18 世纪的美国独立战争和法国革命提出的人权学说开始只应用于欧洲人，它在实践上并没有扩展到非欧洲人。但是，随着人权思想的传播和发展，在欧洲和美洲逐渐兴起反对奴隶制和禁止奴隶贸易的运动。1804 年，海地黑人通过反抗法国和西班牙的殖民统治而获得独立，建立了第一个黑人共和国；19 世纪中后期，美国黑人获得了自由。1905 年，日本在日俄战争中战胜了俄国，打破了白人不可战胜的神话，它一般被视为蒙古人种对欧罗巴人的胜利，因而具有全球性意义。而第一次世界大战不仅是一场欧洲白种人之间的大屠杀，而且在战争中欧洲人利用其所管辖属地的非白种人殖民地军队来屠杀其他白种人，这一事实不仅证明了民族国家相对于种族所具有的优越地位，而且还证明了欧洲文明的衰落。第一次世界大战摧垮了欧洲人的自信心和能力，它加速了欧洲支配地位的衰落。但是，日本在巴黎和会上没有成功地将人种平等的条款列入大会议程，也表明了种族主义的色彩并没有消退，它不过是换了一种更为巧妙的形式罢了。②

　　不过，真正决定性的变化还是发生在第二次世界大战之后。战后大批亚非国家先后取得独立，非白人开始成为世界人口中的大多数；20 世纪五六十年代美国黑人争取民权的斗争取得胜利，它对其他西方国家的政策产生了深刻的影响；南非白人政权的种族隔离政策遭到国际社会的强烈谴责，它不仅被开除出英联邦，

---

　　① R. J. Vincent, "Racial Equality", in Hedley Bull and Adam Watson, eds. , *The Expansion of International Society*, London: Oxford University Press, 1984, p. 250.

　　② Ibid. , pp. 240 - 241.

而且它的白人政权成为国际社会的弃儿。[①] 现在，保护人权和种族平等的思想已成为国际社会的共识，反殖民主义和种族平等的原则成为国际社会的正式学说的一部分。在国联盟约的序言中，种族平等的思想得到承认。在《联合国宪章》中载明了不管种族、性别、语言还是宗教的差异，人民享有完全自治的权利，尊重和保护人权和基本自由已经成为国际社会的原则。1965 年，联合国大会明确表达了种族歧视制度化是帝国主义的一种功能的思想，这与《允许殖民地国家和人民独立的宣言》是一致的。这一观点被 1973 年联合国大会通过的《禁止并惩治种族隔离罪行国际公约》所接受。该公约认为，"必须终止殖民主义以及相关的一切隔离和歧视办法"。[②] 然而，我们必须承认，种族平等的思想不仅在理论上没有被国际社会一致接受，而且在实践上也远远没有完成。

　　第三世界争取文化解放的斗争，也是非西方国家反抗西方的一个重要内容。在欧洲国际体系向全球扩张的过程中，欧洲国家凭借武力打开非欧洲国家大门的同时，还把基督教文明和西方文明强加给它们。欧洲社会宣称它们应该支配非欧洲国家，因为西方文明优越于非西方文明，欧洲人比非欧洲人更有组织性、更健康、更富有创造性、更充满活力和自信。[③] 非西方人民争取摆脱西方世界精神或文化优越地位的斗争，目的是为了维护他们在精

----

① Hedley Bull, "The Revolt Against the West", in Hedley Bull and Adam Watson, eds. , *The Expansion of International Society*, London: Oxford University Press, 1984, p. 221.

② R. J. Vincent, *Human Rights and International Relations*, London: Cambridge University Press, 1986, p. 80.

③ Michael Howard, "The Military Factor in European Expansion", in Hedley Bull and Adam Watson, eds. , *The Expansion of International Society*, London: Oxford University Press, 1984, p. 33.

神上的认同和自主。不过，非西方国家和人民反抗西方支配地位斗争的许多思想和价值本身来自于西方，他们要求国家主权平等、民族自治权利、种族平等权利和经济正义权利的主张是以西方道德前提为其出发点的，即使是要求文化解放或自主的主张也是重复了 18 世纪赫尔德（Herder）宣称的文化民族主义以及 19 世纪欧洲发展起来的民族主义，因而它也可以被看作是西方的价值。当时在西方力量仍然占据主导地位的情况下，非西方国家提出的要求主权平等、种族平等和文化解放的主张，只有根据西方国家制定的权利宪章①和国际条约提出时才是正当的，它们发出的道德诉求只有根据西方社会有共鸣的术语和措辞来阐述。事实上，当时非西方国家人民也不可能提出自己的概念作为反对西方支配地位的思想武器。然而，随着亚洲、非洲和其他非西方人民力量的增强，这些国家原有受西方教育的领导人逐渐被在本土文化熏陶下成长起来的代表所代替，他们开始越来越少地依赖西方的思想和价值，而更自由地采用不同的语言和措辞来表述自己的主张。伊斯兰意识的复兴就是一个明显的事例。现在第三世界国家宣称它们对自然资源和所有经济活动拥有绝对的主权，它们强调分配正义而不是西方国家主张的相互正义，等等。②

　　总之，战后第三世界的崛起结束了 19 世纪末 20 世纪初欧洲人在国际社会中的支配地位。今天非欧洲国家在国际社会中已经占绝大多数，联合国成员几乎包括了世界上的所有国家，人们基本上已经摒弃了有关国际社会必须以某种特定文化或文明为基础

---

　　①　如《人权与公民权利宣言》、《美国独立宣言》、《国际联盟盟约》、《大西洋宪章》、《联合国宪章》。

　　②　Hedley Bull, "Justice in International Relations", in Kai Alderson and Andrew Hurrell, eds. , *Hedley Bull on International Society*, London：Macmillan Press LTD, 2000, pp. 212 – 218.

的观念。① 然而，今天的国际社会也失去了 1815 年以后欧洲国际社会那样的道德和文化凝聚力，因为随着第三世界国家开始成为国际社会成员的大多数，国际社会已不再建立在共同文化的基础之上，文化的多样性影响了成员国在国际社会的规则和制度问题上达成一致。不过，文化的多样性并没有因此导致国际社会共同基础的消失，因为虽然现在作为国际社会的主导性因素如国际法、外交和行政制度主要依赖于一种现代性的世界文化，但第三世界和西方国家在维持国际社会的规则和制度上仍然拥有许多共同利益。第三世界反抗西方支配地位的斗争是要改变欧洲人建立的不合理的国际秩序，而并不是要否定全球国际社会的规则和制度，其实质是要在世界范围内重新分配权力和财富。这就是说，第三世界国家争取政治独立、经济正义和文化解决的斗争，并不是要推翻国际社会的规则和制度，它们仍然坚持欧洲国家体系的最重要的特点，即无论国家大小所有成员国在主权和法律上平等。它们要求修改欧洲国际社会规则和制度中带有歧视性质的东西，给予它们在国际事务中平等说话的权利；它们非常重视得到国际社会的外交承认和成为各个国际组织的成员，特别是第三世界坚持西方发达国家有责任支持和援助第三世界国家的发展。换言之，第三世界国家并不想改变国家社会，而是要改善它们在国家社会中的地位。②

---

① Hedley Bull, *The Anarchical Society: A Study of Order in World Politics*, London: Macmillan Press LTD, 1995, p. 37.

② Hedley Bull and Adam Watson, eds., *The Expansion of International Society*, London: Oxford University Press, 1984, pp. 430 – 435.

第五章　国际社会的规范和制度

在所有的社会中，秩序都是依靠一定的规则、规范和制度来维系的。在国内社会中，创立和维持秩序的规则、规范和制度是通过中央政府的权威来实现的。而国际社会不同于国内社会的主要特点，就是它缺乏一个统一政府，不存在权威中心和相应的权威分配，这就产生了在国际社会中支撑秩序的有关规范、规则和制度如何创设和维持的问题。英国学派把规范、规则和制度的创设和维持作为国际关系理论研究的核心，而制度则被视为维持国际秩序的中心。之所以如此，主要因为：第一，制度赋予国际社会以真正实质性内容；第二，制度支撑了英国学派文献中所讲的国际秩序；第三，英国学派对制度的特定理解，是它区别于新自由制度主义的国际机制研究的主要内容之一。[①] 鉴于英国学派在认同和研究国际社会的制度或一组社会规则、习惯和惯例的运作方面的兴趣，有些学者又把英国学派称为"制度主义"。[②] 然而，英国学派所说的制度，是指"一

---

① Barry Buzan, *From International to World Society? English School Theory and the Social Structure of Globalization*, Cambridge: Cambridge University Press, 2004, p. 161.

② 在学术界，苏格拉米最早把英国学派称为"制度主义"。后来，温特、杜瓦尔（Raymond Duvall）用"旧制度主义"来称呼英国学派，以区别于基欧汉（Robert Keohane）的新自由制度主义。参见 Hidemi Suganami, "The Structure of Institutionalism: An Anatomy of British Mainstream International Relations", *International Relations*, 7（5），1983, pp. 2363 - 2381；Alexander Wendt and Raymond Duvall, "Institutions and International Order", in Ernst-Otto Czempiel and James N. Rosenau, eds. , *Global Changes and Theoretical Challenges: Approaches to World Politics for the 1990s*, Lexington Books Issues, 1990, pp. 51 - 73。

组社会规则、约定、习惯和惯例，是一套在社会成员间得到普遍遵守的习惯性约定，它提供了人们在适当环境下确定可以做什么和不可以做什么的一个基本框架"。① 这个制度概念涉及的是国际社会的基本制度，并"不侧重于国际组织，例如联合国和它的专门机构以及各种地区性国际组织"，因为在他们看来，"只有均势、国际法、外交、大国的作用和战争，才是国际社会的有效制度"。②

　　规范问题一直是政治研究的中心内容。政治生活中涉及的规范主要有两类：一类是"自然法则"（natural laws），它是客观的，并能够通过经验予以检验证实的社会行为模式；另一类是"规范性法规"（normative laws），它指禁止或限制人们行为方式的规则，即判断人类活动对错、好坏的一种行为标准。实证主义者所涉及的规范主要指前者，而英国学派所讲的规范主要指后者。③ 英国学派研究世界政治方式的显著特点就是强调规范和价值。人类世界是由有意义的行为标准的规范构成的，而规范建立在赋予这个世界以明显特征的基本行为标准的基础上。价值是规范研究的主题，国际社会的重要价值包括和平、安全、独立、秩序、正义、人权、环境保护等。这些规范和价值是在一定的历史时空中存在，它们是在国际关系的实践活动中发展起来、由国务活动家在特定时间内设计出来的道德标准，主要用于规范国家在国际事务中的行为，它具体反映在治国方略的实践之中。政治家和国务活动家在特定的时间、地点和形势下涉及如何平衡各种相

　　① Hidemi Suganami, "The Structure of Institutionalism: An Anatomy of British Mainstream International Relations", *International Relations*, 7（5）, 1983, p.2365.

　　② Hedley Bull, *The Anarchical Society: A Study of Order in World Politics*, London: Macmillan Press LTD, 1995, Introduction, pp. xvii – xviii.

　　③ Robert Jackson, *The Global Covenant: Human Conduct in a World of States*, Oxford: Oxford University Press, 2000, pp. 77 – 78.

互冲突的道德原则或道德要求，即实践伦理的问题。因此，要理
解国际关系的实践伦理，学者就必须运用丰富的想象力和判断力
深入国家领导人和国务活动家当时所处的情景和角色中去，通过
分析他们普遍接受的道德标准和想法来理解他们的行为。否则，
规范研究就会严重脱离国际政治的现实而失去任何价值。[①]

　　英国学派国际社会理论的一个重要特点就是该学派的代表人
物在其著作中始终贯穿着伦理关怀，注重对国际秩序进行规范的
和制度的研究。英国国际政治理论委员会的宗旨就是建立一种
"探索国家体系的性质、外交的前提与观念、外交政策的原则、
国际关系和战争的伦理"的国际政治理论。英国学派的第一部
论文集《外交探索》反映了该学派坚持的宗旨，其观点整体上
是历史的，过程是经验的和演绎的。这些文章充满着道德关怀，
他们的目的旨在阐明那些"在整个历史中把国际社会连接在一
起的审慎和道德责任的原则"，它代表了不断努力理解位于其深
层的权力政治秩序与国际法律秩序之间的关系，认为国际生活中
没有一种秩序的解释可以忽视存在于这种关系核心的复杂性和模
糊性。[②] 在他们看来，国际关系从根本上说是以人类活动作为研
究对象，以人类的理解力和判断力为出发点，国际关系理论研究
必然是关于道德和规范问题的，也就是涉及思考人类命运的历史
哲学。[③] 他们认为，社会科学研究根本不存在价值中立之类的东
西，政治领域的学术研究中总是有一个价值判断和规范假定问

---

①　Robert Jackson, *The Global Covenant: Human Conduct in a World of States*, Oxford: Oxford University Press, 2000, pp. 79 – 88.

②　Herbert Butterfield and Martin Wight, eds. , *Diplomatic Investigations*, Massachusetts: Harvard University Press, 1966, pp. 11 – 13.

③　Martin Wight, "Why Is There No International Theory?" in Herbert Butterfield and Martin Wight, eds. , *Diplomatic Investigations*, Massachusetts: Harvard University Press, 1966, p. 33.

题。任何政治领域的学术研究，必须考察和评论带有价值判断的假设，把道义问题和政治问题视为研究工作的组成部分，而不应当排除价值判断的假设。当人们从事于某个政治主题研究时，最重要的是要考察作为这个政治主题一部分的伦理和政治假定，并清晰地阐明其伦理内涵。[①] 因此，根据政治领域流行的规范假定来理解国家间世界，是英国学派理论关注的中心。[②] 鉴于伦理或规范在国际关系中的重要作用，怀特将伦理问题置于其理论研究的核心地位。他的三大思想传统不仅代表了有关国际政治性质的三种不同的认识，而且实际上代表了三种不同的道德主张：现实主义坚持非完美主义道德，强调谨慎或权宜之计可能是限制国家行为的唯一规则或原则；理性主义力图把谨慎和道德责任结合起来，认为国家不仅受到谨慎或权宜之计规则的约束，而且也受到道义和法律原则的制约；革命主义主张世界正义，强调人类共同体是最高的道义目标。本章力求通过对英国学派涉及的基本制度以及关于秩序与正义、主权、人权与国际干涉等关系的系统考察，以揭示国际社会理论的规范性特点。

第一节 国际社会的基本制度

在寻求国际秩序的过程中，国家经常会面临两类基本的合作问题：一类是协调（collaboration）问题，即它们必须通过合作

---

① Hedley Bull, "International Relations as an Academic Pursuit", in Kai Alderson and Andrew Hurrell, eds. , *Hedley Bull on International Society*, London: Macmillan Press LTD, 2000, pp. 260 – 261; Hedley Bull, *The Anarchical Society: A Study of Order in World Politics*, London: Macmillan Press LTD, 1995, p. xviii.

② Andrew Linklater and Hidemi Suganami, *The English School of International Relations: A Contemporary Reassessment*, New York: Cambridge University Press, 2006, p. 263.

来获得共同利益；另一类是协作（coordination）问题，即需要通过集体行动来避免特定的结果。为了处理这些问题，国家社会逐渐发展起基本制度。基本制度（primary institution）就是由国家阐述的、用来解决无政府状态下与共处相联系的协作和协调问题的那些实践的基本规则。罗伊斯—施密特认为，制度的等级是由它们在行为体构成时的重要性决定的，基本制度由基本的制度实践生产和再生产，这些制度实践的意义是由它们所体现的基本制度的规则来定义的。① 而布赞认为，基本制度的思想是一种本质上会产生或形成其他所有制度的思想，也就是说，基本制度是一种拥有双层等级的制度，其中有些制度比其他制度更为根本、更为基础，它们能够产生其他制度。基本制度不仅"决定行为体的构成，而且决定行为体之间合法活动的模式"。② 显然，布赞所概括的国际社会基本制度的特点，本质上是与英国学派著作中所使用的制度概念基本一致的。

虽然英国学派的代表人物在其著作中没有明确提出基本制度这个概念，也没有尝试对基本制度做过一般界定，但他们力图发展有关国际社会基本制度的思想。怀特认为，国际社会的制度是由其性质确定的，这些制度有外交、联盟、保障、战争和中立。其中，外交是谈判的制度，联盟是实现共同利益的制度，仲裁是解决国家之间次要争端的制度，战争则是最终解决争端的制度。③

①　Christian Reus-Smit, "The Constitutional Structure of International Society and the Nature of Fundamental Institutions", *International Organization*, 51 (4), 1997, pp. 557 - 558.

②　Barry Buzan, *From International to World Society? English School Theory and the Social Structure of Globalization*, Cambridge: Cambridge University Press, 2004, pp. 176, 167.

③　Martin Wight, *Power Politics*, Leicester: Leicester University Press, 1978, pp. 111 - 112.

他把主权、外交、国际法和均势看作是欧洲国际社会所特有的。
布尔认为，现代国际社会的制度包括均势、国际法、外交、战争
和大国管理五种形式，这些制度主要来自于他的共处规则，即限
制暴力、确保财产权和遵守协议，因为这些共处规则规定了国际
社会成员实现共处的基本条件，决定了社会的基本要素。[①] 布赞在
系统地考察英国学派代表人物有关国际社会制度的思想后指出，
国际社会的基本制度除了国际法、外交和均势外，还应包括主权
和领土。主权是威斯特伐利亚国际社会最基本的一项制度，它是
财产权的象征和相互承认规则的基础，不干涉、自治、非歧视原
则甚至国际法，都是从主权制度中派生出来的。领土或领土完整
是一种不同于主权的独特的国际社会制度，它确定了国家之间的
边界，并和主权一起构成了威斯特伐利亚国家体系的本质。国际
法可以看成是现代国际社会的一般制度和一套基本原则，它也可
以视为关于范围广泛的各种特定问题的潜在的、永久的特别法。
没有国际法，就很难想象会有主权国家之间的国际关系。外交作
为国际社会的一种基本制度，它衍生了信使、国际会议、外交语
言、仲裁和多边主义等形式。均势被大国普遍接受为一个有序原
则，当我们把均势理解为一种公认的社会实践和共享价值而不是
无政府状态的机械产物时，它包括了联盟、保障、中立、大国管

---

① 对于布尔的制度来自于哪一种规则，目前学术界存在不同的看法。布赞认为，
布尔的制度来自于他的共处规则，布尔提出的制度既反映了他的多元主义倾向，又体
现了他对国家社会的历史和现实条件的理解。苏格拉米则不同意布赞的观点，他认为
国际法、外交和大国管理这三种制度既体现布尔所说的共处规则，同时也体现了他的
合作规则，只有均势和战争两种制度才可以说与共处规则相关。参见 Barry Buzan,
From International to World Society? English School Theory and the Social Structure of Global-
ization, Cambridge: Cambridge University Press, 2004, pp. 169 – 170; Andrew Linklater and
Hidemi Suganami, *The English School of International Relations: A Contemporary Reassess-*
ment, New York: Cambridge University Press, 2006, p. 51, note 3.

理和战争。① 下面我们就英国学派所涉及的主权、国际法、外交、均势、大国管理等基本制度在国际社会中的地位和作用，作一些简要的探讨。

一　主权

国家主权是威斯特伐利亚国际体系所赖以存在的基础，它构成了政治理论乃至近代国际法的全部结构的基础。对于主权的特点以及它在国际政治中的地位和作用，英国学派学者给予了极大关注。怀特认为，主权国家意味着承认没有高于自己的政治权威。也就是说，每个国家不仅宣称对自己享有最高的政治权威，而且它承认其他国家也享有在法律上平等的权利。② 艾伦·詹姆斯从国家独立的角度来认识国家主权，他认为主权意味着对其他国家的根本独立，"根本独立"的含义是指一个国家的结构不是大的构成性安排的一部分③。从这个意义上说，主权具有三个主要特点，即它是"法律认可的（legal）、绝对的和统一的状态"。所谓"法律认可的"，是指国家的结构在法律上并不从属于其他任何国家，它在国际法上必须是平等的，尽管它在事实上并非一定如此。主权国家的突出特点就是拥有一套与它的基本结构有关的法律安排，因此，主权是建立在法律而不是物质实体的基础之上。主权是一个法律概念，它表达了一种法律现实而不是物质现实。我们说那些主权国家是至高无上的，因为根据它们自己的根

---

① Barry Buzan, *From International to World Society? English School Theory and the Social Structure of Globalization*, Cambridge: Cambridge University Press, 2004, pp. 182 – 183.

② Martin Wight, *Systems of States*, Leicester: Leicester University Press, 1977, p. 23.

③ Alan James, *Sovereign Statehood: The Basis of International Society*, London: Allen & Unwin, 1986, p. 25.

本法体系来说，它们都是独立的。所谓"绝对的"，是指主权国家是绝对独立的，那里不存在中间状态。像"托管统治"和"非正式国家地位"这样的安排尽管在国际法上曾经得到过承认，但它们并不意味着半主权，它们属于不同的法律类别。所谓"统一的"，是指主权国家在其管辖范围内是至高无上的权威，不管一个国家的结构是集中制的还是联邦制的，在与其他国家的对外关系上它都是唯一的权威。[①] 也就是说，主权意味着对内享有最高的和最终的政治权威，对外享有独立自主权和法律上平等的权利。

　　鉴于主权本质上是由规则定义的法律秩序，所以它可以适当地根据规则明确表达的政治秩序来予以理解。一般来说，根据规则所起作用的方式不同，可以把规则划分为限制性规则和构成性规则两种类型。限制性规则规定和制约人们的行为，构成性规则塑造新的行为体、形成新的利益、创建新的行动类别。其中，"构成性规则是一切社会生活的制度基础，没有构成性规则，一切有组织的人类活动，包括国际政治，都无法开展"。[②] 主权作为国际社会的一项构成性规则，它确定了国家是国际社会的合法成员以及有关国家允许做什么和不允许做什么的规则。因为只有主权国家成为国际政治的行为体，并在它们之间关系中确立了相互承认主权的构成性规则之后，才会形成现代国际体系。怀特认为："除非每一个国家在坚持自己主权的同时，也承认其他国家

---

　　① 关于主权特点的讨论，参见 Alan James, *Sovereign Statehood: The Basis of International Society*, London: Allen & Unwin, 1986, pp. 39 - 57; Robert Jackson, *Quasi-States: Sovereignty, International Relations, and the Third World*, London: Cambridge University Press, 1990, p. 32。

　　② 约翰·鲁杰：《什么因素将世界维系在一起？新功利主义与社会建构主义的挑战》，载［美］彼得·卡赞斯坦、罗伯特·基欧汉和斯蒂芬·克拉斯纳编：《世界政治理论的探索与争鸣》，秦亚青等译，上海人民出版社 2006 年版，第 272—276 页。

有权坚持和享有自己的主权，否则不可能形成一个主权国家的社
会。这种互惠关系是西方的主权概念所固有的。"① 布尔也明确
指出，在当今现代国家体系中，人类大社会之所以有秩序，正是
因为以下原则获得了普遍的认可：每个国家都有自己的人口和领
土，并且拥有各自的管辖范围，但所有国家又都遵循一套共同的
规则，其中最基本的是认同主权国家社会的观念是人类政治组织
的最高规范性原则。② 也就是说，在国家间关系中，正是所有国
家的主权平等被确认为管理国家之间相互关系的基本准则，这才
创设出国际社会秩序。因此，主权平等是国际社会的中心原则和
构成性规则，不干涉、领土完整、自治、非歧视原则和国际法，
都是从主权这个构成性规则中派生出来的。例如，不干涉原则是
承认国家享有主权，并且拥有自己固有的权威这一原则的必然结
果。不干涉原则源自于主权原则，它是主权概念中派生出来的一
个原则，不干涉原则要求国家不得干涉别国的内政，它意味着必
须尊重别国的主权。国际法也是如此。国家是国际法的主体，但
这并不意味着国家是国际法的产物，而是主权国家创造了国
际法。③

二　国际法

国际法是国际社会思想依靠的根本制度，重视国际法在国际
政治中的角色和功能是英国学派理论的一个重要特色。曼宁认

① Martin Wight, *Systems of States*, Leicester: Leicester University Press, 1977, p. 135.

② Hedley Bull, *The Anarchical Society: A Study of Order in World Politics*, London: Macmillan Press LTD, 1995, pp. 134–135.

③ Robert Jackson, *The Global Covenant: Human Conduct in a World of States*, Oxford: Oxford University Press, 2000, p. 102.

为，国际法的存在是国际社会有序存在的前提，国际法作为一种
有约束力的规则体系，它是传统外交假定存在的必要条件；只有
国际法存在，国际关系的游戏才能正常运作。① 布尔也指出，国
际法可以被视为制约国家以及国际政治中其他行为体之间相互关
系的一组规则。国际社会存在的基本证据是国际法的存在，正是
由于在国际政治中存在着一些国家和其他行为体承认对自己具有
约束力的规则，人们才可以谈论存在一个国际社会。② 然而，国
际法更为重要的作用是其在国际秩序维持中所起的作用。艾
伦·詹姆斯认为，国际社会如同国内社会一样，基本上依赖法律
作为有关正统行为的思想框架。法律的作用一般是建立一种尽可
能严格的约束关系，这是因为法律在影响和管理人类行为方面能
够发挥重要作用。因此，它对于人类社会中体系的创建和维持有
着重大作用。法律可以宣称有关正统行为的观念，它在很大程度
上有助于人们产生有关可以做什么、不可以做什么的稳定期望。
法律赋予一系列复杂的具有约束性质的承诺，它鼓励了人们对法
律效力和持久性的必要程度的信念。另外，法律履行的一个基本
功能就是赋予一系列程序以合法性标记，因为缺乏这样的手段，
社会或它的成员就不可能创立任何有效的强制性规则。③ 沃森在
肯定国际法的管理和约束力对维持国际秩序作用的同时，还指出
了国际法有伦理的或规范的功能，即寻求正义和期望创建道德规

---

① C. A. W. Manning, *The Nature of International Society*, New York: John Wiley &
Sons LTD, 1962, p. x.

② Hedley Bull, *The Anarchical Society: A Study of Order in World Politics*, London:
Macmillan Press LTD, 1995, p. 124.

③ Alan James, "Law and Order in International Society", in Alan James, ed., *The
Bases of International Order: Essays in Honour of C. A. W. Manning*, Oxford: Oxford Uni-
versity Press, 1973, pp. 67 – 68.

则和标准的作用。[①]

在英国学派学者中，布尔对国际法在国际社会中的作用作了最为系统的阐述。他认为，国际法对国际秩序维持所起的作用主要表现在三个方面：第一，国际法的最重要作用是把主权国家社会的观念视为人类政治组织的最高规范性原则；第二，国际法阐述了国家以及国际社会其他行为体相互共处的基本规则，这些规则包括：限制国家和其他行为体之间暴力行为的规则；有关这些行为体之间协议的规则；有关主权和独立的规则；第三，国际法有助于动员国家和国际社会其他行为体遵守国际社会的各种规则，这既包括基本的共处规则，也包括合作规则和其他规则。除了国际法通过约束国际行为来确保国际社会的规则得到遵守外，其他一些重要因素，比如有关当事方接受协议所基于的目标或价值观念，受到一个强国的惩罚以及互惠利益等，也促使国际社会的行为体遵守国际法。虽然布尔强调国际法对于国际秩序的维持能够发挥重要作用，但他认为国际法的局限性也是十分明显的。一方面，国际法并非是国际秩序的一个必要的或者关键条件，国际法固然对国际秩序的维持起了重要作用，但从理论上讲，国际法所具有的这些功能也可以通过其他方式得以实现。另一方面，国际法本身不足以产生国际秩序，除非具备其他条件，否则国际法不具有任何功能。[②] 因此，国际法本身不能够成为"以法律实现世界和平"或者"通过世界法律走向世界和平"构想所阐明的那样，成为维持秩序或者和平的工具。

---

① Adam Watson, *Diplomacy: The Dialogue Between States*, Philadelphia: Institute for the Study of Human Issues, 1986, p. 41.

② Hedley Bull, *The Anarchical Society: A Study of Order in World Politics*, London: Macmillan Press LTD, 1995, pp. 134 – 139.

三　外交

外交是国际社会中的重要制度，也是英国学派理论研究的主题之一。沃森的《外交：国家间的对话》一书的中心，就是围绕外交的性质和潜力、外交与法律、意识形态和国家责任而展开的。英国国际政治理论委员会的研究目的之一，就是力图"探索外交共同体的性质和突出特征、作用方式、成员国责任以及政治交往中的可靠准则"。[①] 在英国学派看来，外交是国家间交流的制度和国际社会存在的重要象征，国际社会体现在外交体系、均势、国际法和其他功能性的国际制度之中。外交官不仅代表着他们国家的尊严和主权原则，而且代表了国家同意和维持的国际社会的规则和惯例，他们的存在构成了国家在彼此关系中遵守规则的最基本证明。[②] 然而，对于外交的定义以及它在国际社会中的地位和作用，英国学派学者的看法仍然存在一些差异。

布尔认为，外交是国家和其他世界政治实体之间通过官方代表并且以和平方式进行交往的行为，它包括外交惯例以及对外政策的制定和实施。外交存在的前提条件是不仅存在着一个国际体系，而且存在着一个国际社会。也就是说，只有当两个或者两个以上国家作为体系的组成部分进行互动，并且它们接受了复杂的规则和惯例，互派驻外使团，外交才可能成为现实。虽然当今的外交制度要以存在着一个国际社会为前提，但是国际社会的存在

---

① Herbert Butterfield and Martin Wight, eds., *Diplomatic Investigations*, Massachusetts: Harvard University Press, 1966, p. 12.

② David Armstrong, *Revolution and World Order: the Revolutionary State in International Society*, Oxford: Clarendon Press, 1993, p. 247.

并不以外交制度的存在为前提。^① 而沃森认为，外交是两个或更多的独立国家之间用和平方式来调整它们之间的差异或促进它们共同利益的一种特殊对话形式。尽管外交早在现代国家体系形成之前就已经出现，但这种活动只有在独立国家组成的国际体系的背景下才能得到适当的理解。只要存在国际体系，国家就会感到需要进行定期的交流，并在它们之间展开持续的外交对话；但只有一个发展了的国际社会，才能为外交提供充分的可能性，并为它设定活动范围。^② 戴维·阿姆斯特朗综合了上述两种观点指出，尽管在国际关系的大多数特定情况下，外交这个词通常涉及大量不同政治实体的对话，但一个更全面的外交定义需要考虑发生在主权国家之间的对话。因为只有拥有主权的国家之间才会有平等的交往和对话，而大使馆和外交代表象征着主权国家的尊严、荣誉和特权。但另一方面，主权只有在被承认为中心原则的国家社会的背景下才赋有意义，因为如果国家无法就它们共同关心的事情定期进行交流，就无法设想有一个国际社会的存在；当然这种交流也不可能根据一般理解的谈话习惯而产生。事实上，主权国家社会的存在也是以基于一定的普遍接受的规则和惯例基础上的外交关系体系的存在为前提条件的。^③

对于外交在国际社会中的作用，虽然英国学派学者都承认外交具有容纳和解决国家间分歧，促进各自的国家利益以及维持国际秩序的功能，但是他们各自的侧重点存在一些差异。巴

---

① Hedley Bull, *The Anarchical Society: A Study of Order in World Politics*, London: Macmillan Press LTD, 1995, pp. 156, 160 – 161.

② Adam Watson, *Diplomacy: The Dialogue Between States*, Philadelphia: Institute for the Study of Human Issues, 1986, pp. 9 – 13, 213 – 214.

③ David Armstrong, *Revolution and World Order: the Revolutionary State in International Society*, Oxford: Clarendon Press, 1993, pp. 245 – 246.

特菲尔德强调，外交的基本作用在于避免武力，虽然实力依然在外交中发挥着重要作用，但它转变为一种讨价还价的能力，一种推动谈判的力量。通过推动国家间的对话，外交为共同利益的容纳和存在提供了机会，它使国务活动家经常意识到他们的国家生活在国际社会之中。[①] 也就是说，外交的根本作用是避免武力、推动谈判和促进共同利益。怀特认为，外交的功能是交流、谈判和收集情报。[②] 布尔在怀特关于外交功能的基础上，又增加了"使摩擦的影响最小化"和"象征着国际社会的存在"这两大功能。他说，由于不同的政治共同体具有不同的价值观念、关注对象以及敏感程度，所以国际关系中总是存在着摩擦。而外交的重要功能之一，就是要最大限度地减少摩擦以及消除摩擦所产生的影响。另外，外交官，甚至是最初的信使，是存在着一些受到国家以及国际体系中的其他实体尊重的规则的明显体现。[③] 沃森则认为，外交的作用不只是为了交流信息，而且也是为了讨论、谈判和接受相互承诺；国家参加这类持续的外交对话的经历会影响讨论和塑造它们的目标。外交使国家始终意识到愿望和异议以及其他国家的同意目的在于达成协议，这种对他国意图和能力的意识，为每个国家的外交关系提供了机会和设定了限制，避免了随意妄为的外交行为，从而形成一种连贯和系统的政策。外交对话还促使国家认识到需要妥协和约束以及这样行为的好处。最后，外交对话还在成员

---

① Alberto Coll, *The Wisdom of Statecraft: Sir Herbert Butterfield and the Philosophy of International Politics*, Durham: Duke University Press, 1985, p. 104.

② Martin Wight, *Power Politics*, Leicester: Leicester University Press, 1978, pp. 115 – 116.

③ Hedley Bull, *The Anarchical Society: A Study of Order in World Politics*, London: Macmillan Press LTD, 1995, pp. 163 – 166.

中培育了一种国际社会有价值的观念。① 简言之，外交对话的作用在于缓解和文明化国家间的差异，并设法协调它们的利益，促进它们的共同利益。

另外，英国学派学者不同意有的人关于当今外交对于国际秩序的维持已经没有什么作用的观点。他们指出，自从第一次世界大战以来，职业外交官的某些作用有所下降或者职业外交官作用的性质发生了变化，但这并不意味着外交已经不能对国际秩序的维持发挥重要作用，而只是说明外交的作用在方式和手段上发生了某些变化。职业外交官的作用下降，可能既是 20 世纪国际秩序条件恶化的一个原因，也是 20 世纪国际秩序条件恶化的一个结果。他们认为，只要实际的战争需要避免，20 世纪的外交就很难摆脱其传统作用。如果我们的外交目标是和平的话，那么外交家们事实上就是在谋求发展一种全面的国际秩序，并实现某种稳定。从这个意义上说，20 世纪的外交不能不与过去的外交保持连续性。传统外交机制是世界上所有国家的共同财富，它将适应国际环境的变化，通过现有外交机制以外的方式继续发挥自己的积极作用。②

四 均势

均势是国际政治中讨论最多的一个概念。均势是权力政治机制的构造原理，是国家体系不成文宪法的第一项条款，它普遍被

---

① Adam Watson, *Diplomacy: The Dialogue Between States*, Philadelphia: Institute for the Study of Human Issues, 1986, pp. 213 – 214.

② Hedley Bull, *The Anarchical Society: A Study of Order in World Politics*, London: Macmillan Press LTD, 1995, pp. 166 – 177; Herbert Butterfield, "The New Diplomacy and Historical Diplomacy", in Herbert Butterfield and Martin Wight, eds., *Diplomatic Investigations*, Massachusetts: Harvard University Press, 1966, p. 190.

看作是国际社会的构成原则。只要存在国际秩序和国家体系，均势这条法则就会起作用；而倘若各国政府充分注意其长远目标，这条法则也会起作用。[①] 同时，均势又是大多数国家在大多数情况下寻求自我保存的政策。"只要没有国际政府，国家因而主要专注于它们的生存，国家就会寻求在各自间维持某种平衡。"[②] 但是，均势也是一个含糊不清和含义丰富的术语。根据怀特的看法，均势有着九种不同的含义。均势的最初含义是指权力的均衡分配，在这种状态下，没有一国可以占据如此优势，从而对他国造成威胁。均势的第二种含义是指权力应当均衡分配的原则，均势的这一含义一直存在于从 1713 年《乌特勒支和约》直到俾斯麦时代的国际协议中，法律文件规定均势是国际法不可缺少的条件。均势的第三种含义是指现存的权力分配，它意味着经过自然发展将来可能的权力分配。均势的第四种含义是指以牺牲弱国为代价来维持大国力量同等增大的原则。均势的第五种含义是指我们应该有力量空间来防止权力变成不均匀分配的危险。均势的第六种含义是指大国拥有维持力量均衡分配的特殊作用。均势的第七种含义是指在现存权力分配中拥有一种特殊利益。均势的第八种含义是指拥有支配地位。均势的第九种含义是指国际政治所固有的导致权力均衡分配的倾向，它强调的是一条支持并强化均势原则第二条含义的国际政治规律；这样即使大国忽视或否认均势原则，这条规律依然对它们产生影响。[③]

---

① Herbert Butterfield, "The Balance of Power", in Herbert Butterfield and Martin Wight, eds., *Diplomatic Investigations*, Massachusetts: Harvard University Press, 1966, p. 147.

② Martin Wight, *Power Politics*, Leicester: Leicester University Press, 1978, p. 184.

③ Martin Wight, "The Balance of Power", in Herbert Butterfield and Martin Wight, eds., *Diplomatic Investigations*, Massachusetts: Harvard University Press, 1966, pp. 151 – 166.

尽管均势这个词有多种含义，但是我们不能抛弃均势这个词，因为它所表达的思想是很重要的。均势这个制度不管是在过去还是现在，在维护国际体系的秩序中都发挥着至关重要的作用。巴特菲尔德认为，在这个受武力支配的世界上，均势不仅保证小国的生存，而且确保其拥有某种自主性，拥有独立行动的能力。具体而言，就是对外政策方面的独立性。更重要的是，均势原则限制了各国的利己本性和野心，使得它们为了确保国际秩序的长远利益而限制短期目标，进行有限战争，不过分削弱敌人，因而均势有利于国际体系的整体利益或国际秩序的稳定。[①]　怀特指出，均势的主要作用是为了确保国家的自由和国际社会的整体利益，国际社会的稳定和成员国的自由有赖于权力均衡，权力分配既是国际自由的条件，又是国际秩序的条件。均势仅仅意味着许多弱小国家可以联合起来阻止强国获得威胁它们以及颠覆它们独立、自由和行动自由的权力，它是自我保存的学说。在均势的发展过程中，期望成员国的自由优先于期望国际秩序；当国际秩序概念出现时，国际体系已经得到了充分发展。均势只是使国际秩序与各个国家共同体成员的独立协调起来的手段。[②]

布尔将均势区分为简单均势和复杂均势、总体均势和地区均势、自然均势和人为均势，并详细探讨了均势对国际秩序的维持所起的重要作用。他认为，在国际体系中无论哪一种均势，其目标不外乎两个：一是防止在整个国际体系中出现一个主导地位的

---

① Herbert Butterfield, "The Balance of Power", in Herbert Butterfield and Martin Wight, eds., *Diplomatic Investigations*, Massachusetts: Harvard University Press, 1966, pp. 140 - 142.

② Martin Wight, "The Balance of Power and International Order", in Alan James, ed., *The Bases of International Order: Essays in Honour of C. A. W. Manning*, Oxford: Oxford University Press, 1973, pp. 100 - 101.

霸权国家，二是维持国家体系本身。这就意味着国家为了维持均势这个共同目标而彼此进行合作，以阻止某个试图取得优势地位的国家，而且也应该承担不破坏均势的责任，即它包括自律和他律两个方面。① 在他看来，在现代国家体系中，均势的维持具有三个历史性作用：第一，整个国际体系中存在着总体均势，可以防止国家体系被强国征服使之转变为世界帝国；第二，地区均势的存在维护了某一特定区域的国家独立，使它们不受地区强国的吞并与控制；第三，总体均势和地区均势的存在，为维持国际秩序所必须依赖的其他制度如外交、战争、国际法、大国管理等的实施提供了条件。因此，在整个国际体系中，维持均势应成为各国的共同目标。然而，在维持国际秩序方面，均势的三个作用并不是完全协调的。维持均势的原则往往是以牺牲小国利益为代价的，大国的均势经常是通过瓜分和吞并小国来维持的；均势的存在是国际法发挥作用的基本条件，但维持均势又经常违反国际法规则。均势机制的一个基本方法是战争和战争威胁，维持均势需要使用武力反对别国的侵犯，不管这个国家是否违反国际法规则。发动战争以恢复均势，用战争威胁维持均势，军事干涉另一国的内部事务以反对第三国的侵犯，不管这个国家是否已经违反国际法规则。因此，维持均势与遵守国际法之间经常会发生冲突。②

五　大国管理

大国管理是英国学派所考察的一种与均势概念有联系的制

---

①　Hedley Bull, *The Anarchical Society*: *A Study of Order in World Politics*, London: Macmillan Press LTD, 1995, pp. 101 – 102.

②　Ibid. , pp. 102 – 105.

度。均势作为国际社会的制度是与大国管理的作用分不开的。历史上欧洲协调体系用大国会议来管理欧洲的平衡，大国会议被看作是解决大量总体利益问题和赋予各种领土解决和政治安排以合法性的权威方法。它也管理比均势这个术语更为复杂的政治均衡问题。尽管如此，如果没有包括足够的牵制、约束和抵消的完全精确的均势来阻止某个大国的过分野心，那么，政治均衡还是必须由权力分配来支撑。① 怀特指出，所谓大国，是指拥有同国家体系本身一样广泛的普遍利益，并能够以武力来保卫或者促进这些利益的国家。② 布尔则更多的是从国际社会角度来定义大国的含义的。他认为，大国意味着它们之间组成了一个具有某种入会规则的俱乐部，它们不仅在军事实力方面具有一流的地位，而且其他国家也承认它们在维持国际体系的和平与安全方面拥有某些特殊权利与义务。换言之，大国的概念体现了国际社会的思想，即国际社会是由一系列独立政治实体所组成的，它们通过共同的规则和制度以及它们的接触和互动而构成一个整体。大国在诸如国际联盟和联合国这样的国际组织中拥有特殊的权利与义务，而且大国的这种权利与义务得到了其他国家的承认。③

关于大国在国际体系中的地位和作用，怀特指出，大国扮演了维持国际秩序的"管理者"的角色。一方面，大国不断扩大各自的势力范围，并在自己的势力范围内控制和压迫小国；但另一方面，大国之间维持了广泛的均势，尊重对方的势力范围，努

① David Armstrong, *Revolution and World Order: the Revolutionary State in International Society*, Oxford: Clarendon Press, 1993, pp. 278 – 279.

② Martin Wight, *Power Politics*, Leicester: Leicester University Press, 1978, pp. 50 – 52.

③ Hedley Bull, *The Anarchical Society: A Study of Order in World Politics*, London: Macmillan Press LTD, 1995, pp. 194 – 196.

力避免和控制危机以及战争的爆发。因此，大国在国际体系的发展中起着领导作用，它们更多地决定了国际体系的运行规则。[①]布尔认为，大国之所以能够影响国际秩序，这不仅在于大国拥有强大的军事力量，这确保了大国在国际上说话算数，它们的要求得到满足，而且在于它们推行有助于维持国际秩序的政策。大国主要通过两个途径来维持国际秩序：处理好相互之间的关系；运用自己的超群实力地位，在一定程度上左右整个国际社会的事务。具体地说，大国通过维持总体均势，努力避免在相互关系中发生危机或者努力控制相互间业已发生的危机，努力限制或遏制相互之间的战争，单方面利用自身在局部地区的主导地位，相互尊重对方的势力范围，根据大国一致或者共管的理念，采取联合行动等方式，来处理它们相互之间的关系和维持国际秩序。[②]当然，大国在国际社会中能够发挥多大的作用，主要取决于其他国家对其行为合法性的认可程度。因此，要理解大国或大国管理的作用，除了看到构成国际体系的国家所拥有的权力不平等这个因素之外，还要考虑到声誉、权威和合法性等社会因素。

第二节　秩序与正义

秩序与正义的关系一直是英国学派理论关注的主要问题之一。对于这个问题，英国学派的观点是基本一致的，即认为秩序与正义是对立统一的关系，没有秩序就不可能会有正义，而没有

　　[①]　周桂银：《马丁·怀特：权力政治、国家体系和思想传统》，载陈志瑞、周桂银和石斌主编：《开放的国际社会：国际关系研究中的英国学派》，北京大学出版社 2006 年版，第 139 页。

　　[②]　Hedley Bull, *The Anarchical Society: A Study of Order in World Politics*, London: Macmillan Press LTD, 1995, pp. 200 - 201.

正义的秩序最终会成为不稳定的秩序，但秩序在一般情况下，尤其是与正义相抵触的情况下具有优先地位。巴特菲尔德认为，国际秩序的创建及其维持是头等重要的大事，创建国际秩序并不只是国务活动家和外交家的一项选择，而是他们的一项责任，尤其是那些大国及其领导人的责任。① 因为"国际秩序并不是自然界的恩赐，而是人们深思熟虑、仔细谋划和精心设计的产物。虽然它是不稳定的、看上去非常抽象的事物，但它需要人们像对本国或其他私人事业那样对它忠诚和关注"②。他强调成员国在国际社会中的责任，认为国务活动家在处理对外政策时不仅要维护和促进本国的利益，而且还要承担更广泛的国际义务，维护作为整体的、能够为所有成员国带来好处的国际体系本身。在国际领域中，国务活动家需要意识到历史的教益、追求国家利益的限制和普遍认同的道德观念。③ 然而，巴特菲尔德也看到了秩序与正义之间存在的矛盾，反对一味地维持现状，而看不到变革和进步的要求。他主张在对外事务中坚持审慎和道德责任的原则，做到权力与道德、秩序与正义的统一。对于 20 世纪五六十年代第三世界"对西方的造反"，他认为，非西方的行动是正当的，也是值得尊重和同情的，西方不仅要站在非西方的立场上看待问题，而且要反省过去帝国主义和剥削的罪过。如果西方漠视非西方的正义呼声，不满足他们的正义要求，那么"为正义而战"就可能

① Alberto Coll, *The Wisdom of Statecraft: Sir Herbert Butterfield and the Philosophy of International Politics*, Durham: Duke University Press, 1985, pp. 104 – 105.

② Herbert Butterfield, "The Balance of Power", in Herbert Butterfield and Martin Wight, eds., *Diplomatic Investigations*, Massachusetts: Harvard University Press, 1966, p. 147.

③ Alberto Coll, *The Wisdom of Statecraft: Sir Herbert Butterfield and the Philosophy of International Politics*, Durham: Duke University Press, 1985, p. xiii.

成为非西方对付西方的武器。①

在秩序与正义的关系问题上，怀特也持有与巴特菲尔德类似的看法。他认为，秩序与正义是人类社会的两种价值，它们实际上反映了道德与均势的关系，但两者长期以来存在着矛盾，为了维持国际秩序有时以牺牲正义为代价，而追求正义有时不惜以破坏国际秩序为代价。国际秩序的维持既取决于权力分配的平衡，又有赖于一套共同遵守的国际规范和习惯，如抵抗侵略的原则和以正义平衡秩序的原则等，两者相互依赖，缺一不可。因此，国际社会在秩序与正义的关系上或者更准确地说在道德秩序、法律秩序与均势的关系上，必须保持一定的平衡，不仅要关注秩序，也要关注正义，只有这样国际社会才是安全和稳定的。② 尽管巴特菲尔德和怀特对秩序与正义的关系进行了一定的分析，但更系统阐述是由布尔和文森特做出的。他们探讨的核心问题就是围绕国际社会中秩序与正义的本质这个主题展开的，只不过两人关注的侧重点有所不同而已。布尔关注的是某个既定秩序的现状与要求变革之间存在的道德和实践的紧张，而秩序与正义何者优先则是这个主题的关键；而文森特所关注的是如何在确保以主权和不干涉为基本原则的国际秩序框架的前提下，修补国际社会多元主义出现的裂痕，确保人类的基本权利和社会公正。

世界政治秩序是布尔理论关注的中心，也是其代表作《无政府社会》一书的主题。布尔把秩序定义为维持社会生活基本

①　周桂银：《赫伯特·巴特菲尔德：基督教、历史与国际政治》，载陈志瑞、周桂银和石斌主编：《开放的国际社会：国际关系研究中的英国学派》，北京大学出版社 2006 年版，第 130 页。

②　Martin Wight, "Western Values in International Relations", in Herbert Butterfield and Martin Wight, eds., *Diplomatic Investigations*, Massachusetts: Harvard University Press, 1966, pp. 103 – 110.

的或主要目标的一种行为模式，认为秩序不仅仅是世界政治中的一个现实的或可能的状态，它一般也被视为一种价值，特别是被看作通过国际社会制度实现的一种价值。讲秩序是一种价值，是因为国际秩序是促进国家社会或国际社会的基本目标的一种特定安排，这些目标包括维持国家体系和国际社会本身的生存、维护国家的独立、维护和平以及确保所有社会生活的目标，即确保安全、信守承诺和稳定财产。[1] 讲秩序是一种事实，是因为人们获取国际社会这些目标是十分广泛的。布尔在《无政府社会》中把秩序划分为三类：社会生活的秩序、国际秩序和世界秩序，但他着重分析了国际秩序。他认为，国际体系在可预见的将来会继续存在下去，而且不一定会过时，因此要有效地确保世界秩序的维持，只有在国际体系中的国际社会要素继续存在下去并得到加强的情况下才有可能。国际秩序的存在，体现在所有国家在获得国际社会的基本目标上存在共同利益，也体现在它们为实现这些目标所建立的共同规则以及所有国家都参加共同制度上。[2] 在布尔看来，国际社会不仅包括秩序，而且还涉及正义。所谓正义，一般是指人的正当行为或美德，但更多地是指一类特定的正当行为，这就是公正地对待人的行为，或者公平地对待人们应得的权利和好处。[3] 他把正义划分为国际正义或国家间正义、个人正义或者人类正义、全球正义或者世界正义三类，并认为国家间正义

---

① Hedley Bull, *The Anarchical Society: A Study of Order in World Politics*, London: Macmillan Press LTD, 1995, pp. 74, 8 – 19.

② R. J. Vincent, "Order in International Politics", in J. D. B. Miller and R. J. Vincent, eds., *Order and Violence: Hedley Bull and International Relations*, Oxford: Clarendon Press, 1990, p. 49.

③ Hedley Bull, "Justice in International Relations", in Kai Alderson and Andrew Hurrell, eds., *Hedley Bull on International Society*, London: Macmillan Press LTD, 2000, p. 208.

在世界政治中占据主导地位，人类正义次之，世界正义则几乎没有任何地位。他区分了交换正义与分配正义，并特别强调我们应该关心国际关系中的分配正义问题。①

然而，秩序与正义两者之间经常存在着矛盾，维持国家社会内部秩序的规则和制度，经常与世界正义、人类正义以及国际正义的主张相冲突。首先，现存的国际秩序框架与那些实现世界正义的构想之间存在着矛盾。因为世界正义或者全球正义的理想只有在存在一个世界社会或者全球社会的情况下，才能成为现实。因此，有关世界正义的主张要求改变国家体系和国家社会，它具有革命性。但是在一个国际体系和国家社会的背景中，追求世界正义的理想将会与维持现存秩序的做法发生冲突。其次，国际秩序的框架也与人类正义的主张相矛盾。因为国际社会关注人的权利与义务，而有关人的权利与义务的观念可能会对特定人群所认同的国家构成挑战，也就是说，人类社会的理念可能威胁国际社会的基础。那些支撑国际秩序的制度和机制当它们完全发挥作用或者完成它们功能的时候，必然会违背日常的正义理念。最重要的是，国家对正义拥有不同的，甚至冲突的解释，这可能损害国际社会的组织。②

秩序与正义之间的内在紧张是 20 世纪 70 年代理性主义探讨的中心课题，如何解决两者之间的矛盾，突出地反映了布尔的理性主义立场。保守主义者认为秩序与正义是必然冲突的，秩序应该优先于正义，因为在国际社会中维持秩序是第一位，而要求公

---

① Hedley Bull, "Justice in International Relations", in Kai Alderson and Andrew Hurrell, eds., *Hedley Bull on International Society*, London: Macmillan Press LTD, 2000, p. 223.

② Hedley Bull, *The Anarchical Society: A Study of Order in World Politics*, London: Macmillan Press LTD, 1995, pp. 83 – 89.

正变革的主张可能会危害国际社会的秩序。革命主义者也承认维持秩序和实现正义的目标是相互冲突的，但认为正义是最重要的价值：为了实现正义，可以不惜牺牲国际秩序，即使导致世界混乱也在所不惜。而布尔认为维持秩序和促进世界政治的公正变革这两种主张并非必然是相互冲突的，它们有时是可以相互协调的。任何维持世界政治秩序的机制要想长久地存在下去，都需要在某种程度上满足公正变革的要求。因此，一种明智的追求秩序目标的行为也将考虑正义的主张；同样地，公正变革的主张也需要考虑秩序的目标，因为变革只有被纳入某些维持秩序的机制之中，它才能获得成功。不仅如此，如果国际社会当事各方就正义问题达成共识，那么要求国际秩序发生公正变革的行动就不会削弱国际秩序的基础。即便是当事各方并没有就正义问题达成共识，只要国际社会支持它所认可的公正变革，特别是所有大国达成了这种共识，那么即使是变革导致局部的和暂时的混乱，整个国际秩序也不会因此受到损害。[①] 也就是说，世界政治秩序的维持最好满足正义的要求，而正义的实现最好在秩序的背景下进行，明智的外交政策应该在秩序和正义两个目标之间不断寻求协调。

在秩序与正义的关系上，布尔一方面认为秩序是人类事务中值得追求的或者有价值的东西，是实现其他价值的条件，任何形式的正义，只有在一种秩序的背景中才能成为现实；而且只有当存在一个在某种程度上确保社会生活的基本目标得以实现的行为模式的时候，我们才能追求先进的或者次要的目标。国际秩序，或者国家社会内部的秩序，是国家间正义或者平等的条件；如果

[①] Hedley Bull, *The Anarchical Society: A Study of Order in World Politics*, London: Macmillan Press LTD, 1995, p. 91.

没有国际秩序，也就没有诸如国家平等和独立的权利，或者各民族有权决定自己命运的权利这种东西。同样地，世界秩序或者人类大社会中的秩序，是实现人类正义或者世界正义的条件。但另一方面，他同时指出，虽然秩序是世界政治中值得追求的目标，而且也有理由优先于其他目标，但是我们不能因此把秩序视为压倒一切的价值，而且我们不能因为某个特定制度或者行为方式有利于秩序的维持，就认为该制度是合适的或者这样的行为方式应该被加以采纳。事实上，秩序和正义的思想都是价值体系的组成部分，是所有世界政治行为者手中的辩护工具。秩序优先于正义并非是绝对的，在有些情况下，正义的考虑会置于秩序之上。①显然，布尔对秩序和正义这个复杂问题的阐述是双重的：一方面，任何追求正义的行为都不应该危及秩序，秩序优先于正义；但另一方面，秩序和正义这两个原则的相互依赖程度是随着情况的变化而定的。

不过，布尔对秩序和正义关系强调的侧重点前后是有明显变化的。在《无政府社会》中，布尔关注的焦点是国家社会的维持只有通过世界政治中存在的秩序才能实现，坚持正义的实现最好在秩序的背景下进行，而当代国际秩序的维持需要通过不断加强国际社会制度的办法加以实现。布尔把国家体系看作是在世界上获得政治和经济正义的重要保障以及防止大国以普遍利益为借口干涉其他国家内部的屏障。在他看来，如果国际社会的要素继续存在并得到加强，而且潜在的世界主义文化真正成为世界主义性，现存的世界政治结构——主权国家体系——对于在全球层次上获取人类面临的各种目标来说，是一

---

① Hedley Bull, *The Anarchical Society: A Study of Order in World Politics*, London: Macmillan Press LTD, 1995, pp. 93 – 94.

种有效的方法。① 这就是说，通过改革国家体系，在国家社会
中发展更多社会连带主义情感，不仅大国的利益得到某种程度
的满足，而且小国在国际体系中要求重新分配财富和权力的合
理主张也得到一定的实现，从而使大国和小国在维持国际社会
的共同利益和共同价值观念方面达成某种共识。为此，大国和
小国之间的共同文化要素必须得到加强和扩大，唯有这样，国
际社会的共同价值和制度才具有更坚实的基础。②

布尔承认，由于国家在权力方面事实上存在着深刻的不平
等，大国在维持国际秩序方面负有特殊的责任。但他同时认为，
大国总是面临如何使其他国家认可自己在国际体系中发挥特殊
作用这个问题。大国在国际社会中发挥管理作用的前提是，在
国际社会中有足够多的国家明确承认大国的这种作用，从而使
得大国的行为具有合法性。为此，大国必须努力避免使自己的
特殊地位正式化和明确化，避免采取引人注目的破坏秩序的行
为，满足世界上某些公正变革的要求，拉拢主要的二流强国
等。③ 在他看来，虽然国家在有关正义的含义上存在不同的看
法，但它们仍然能够在维持国家间秩序的基本目标方面取得一
致。

然而，布尔晚年对多元主义提供的国家间秩序和世界秩序
日益感到失望，开始强调多元主义国家社会不断出现的规范性
弱点，这导致他探讨社会连带主义的可能性以及它在分配正义、
环境保护和普遍人权等根本目标上的更广泛一致的前景。1984

① Andrew Linklater and Hidemi Suganami, *The English School of International Relations: A Contemporary Reassessment*, New York: Cambridge University Press, 2006, p. 70.

② Hedley Bull, *The Anarchical Society: A Study of Order in World Politics*, London: Macmillan Press LTD, 1995, pp. 303 – 305.

③ Ibid. , pp. 199 – 222.

年在《国际关系中的正义》一文中，布尔力图超越国家中心论，他反对霍布斯关于国家拥有自然权利或者固有权利的观点，认为："在国际关系中不管是国家或别的行为体，它们都必须服从于和受国际共同体权利的制约；主权国家和主权人民的权利源自国际共同体或国际社会的规则，并受到它们的制约。"他指出，在历史早期阶段人们声称的主权国家或者独立政治共同体享有自然权利或固有权利的学说现在已不可能被接受，原则上必须放弃主权不受国际社会规则的制约、享有不受限制的权利的思想。[①]

其次，布尔的正义概念开始更多地强调人类正义和世界正义。他认为，正义问题涉及的不仅是国家和民族问题，而且是一个想象的人类共同体中所有个人的问题。国家社会的道德价值必须根据它有助于个人正义的实现来判断，因为国家间秩序的价值"仅仅是派生的价值，最重要的价值必须根据组成人类的个人的权利和利益来判断，而不是由人们被划分为国家的权利和利益来衡量"，而且"我们的正义概念需要考虑世界共同善的观念"。[②]他特别关心国际关系中的分配正义问题，强调西方国家应该接纳第三世界关于在国际秩序中重新分配财富和权力的主张，因为重新分配财富对于西方国家和第三世界形成一个全球一致的共识至关重要。他说，国际关系中的正义必须与秩序相协调，第三世界和西方国家的冲突可以看作是国际关系中正义和秩序价值之间的冲突。第三世界致力于促进国际政治经济的变革，也与国际秩序有利害关系，而西方国家维持现状需要有一定的正义原则，因此

---

① Hedley Bull, "Justice in International Relations", in Kai Alderson and Andrew Hurrell, eds., *Hedley Bull on International Society*, London: Macmillan Press LTD, 2000, pp. 219 – 220.

② Ibid., pp. 221 – 222.

国际关系中秩序与正义的要求在实践上是一致的：没有正义也就不可能有长久的秩序，为第三世界人民获取正义的措施，从长期来看同样将使国际秩序或稳定的前景最大化的措施。① 在他看来，现在国际秩序有赖于更大程度上满足第三世界国家的正义要求，如果国际社会不仅在维持秩序上，而且在追求国际正义、人类正义，甚至世界正义上达成共识，特别是所有大国达成了这种共识，那么它在维持最起码的秩序或者共处局面上就处于一个更加有利的地位。② 他认为，西方国家满足第三世界国家的正义要求可以缓和国际秩序与正义之间的内在紧张，然而要求社会正义的主张仅仅是解决这种紧张关系的几个动力之一。要求国际人权保护的主张本质上要求限制国家作为国际合法权利主要承担者的原则。③

　　但问题在于，究竟什么原因导致布尔晚年开始探讨社会连带主义的可能性？我们认为，促使布尔晚年国际社会思想变化的因素主要有三个方面。首先，他对美苏两个超级大国在维持国际秩序方面发挥的作用日益感到失望。在布尔看来，大国在维持国际秩序方面应该发挥两方面的作用：一是处理好它们相互之间的关系；二是运用大国的主导地位，在一定程度上管理好整个国际社会的事务。美苏作为两个超级大国按理应在维持国际和平与稳定方面负有特殊的责任，但是东西方意识形态的对立阻碍了它们充当国际秩序守护者的角色，这促使布尔开始对多元主义能否容纳

---

　　① Hedley Bull, "Justice in International Relations", in Kai Alderson and Andrew Hurrell, eds. , *Hedley Bull on International Society*, London: Macmillan Press LTD, 2000, p. 227.

　　② Hedley Bull, *The Anarchical Society: A Study of Order in World Politics*, London: Macmillan Press LTD, 1995, p. 91.

　　③ Andrew Linklater, *Beyond Realism and Marxism: Critical Theory and International Relations*, New York: St. Martin's Press, 1990, p. 20.

冷战时期意识形态两极化产生很大的怀疑。

其次，随着欧洲国际社会的全球化和非殖民化运动的发展，非欧洲国家开始成为国际社会成员的大多数，它们中的许多有缺陷和脆弱性的国家越来越成为影响国际秩序的一个重要因素。对布尔来说，对国际秩序的挑战并不完全来自无政府状态的压力，而且也与特定国家和国家结构的国内弱点有关。他认为，当前国际秩序的一个基本特征是，世界上许多在国家统治下的国家严格意义上说并不能算国家，只是出于礼貌才把它们称为国家。这些国家缺乏足够的权威和固定的立法、行政机构，经常不尊重宪法或法律规则，而且南方大多数国家否定人民基本的公民和政治权利，有些国家甚至拷打和谋害公民，这些国家看上去更类似于半国家（quasi-states）或准国家（nascent states）。① 如果这些有缺陷的国家不能提供起码的国内秩序，或者缺乏合法性和没有能力提供安全以及满足经济发展的要求，那么一个以国家中心的国际社会概念就存在很大的问题。

第三，文化多样性与国际秩序的关系一直是布尔晚年关注的中心。欧洲国际社会转变为全球国际社会所产生的文化异质性与国际秩序的关系，引起了布尔极大的兴趣。他认为，欧洲国际秩序向全球国际秩序的转变，代表了一个比东西方权力政治和意识形态对抗的出现更基本的发展。布尔晚年的著作主要围绕与此相关的两个主题展开的：一是第三世界的出现重新提出了对正义问题的关注；二是非西方"对西方的造反"。在文化多样性与国际秩序的关系这个问题上，布尔的思想总是左右摇摆。一方面，他乐观地看到国际社会中的许多规则如国际法、外交或者战争和贸

---

① Hedley Bull and Adam Watson, eds., *The Expansion of International Society*, London: Oxford University Press, 1984, p. 430.

易方面的规则是在没有共同文化的基础上发展起来的，现在亚洲和非洲等第三世界国家已经接受了欧洲国际社会的基本要素，如主权国家、国际法规则、外交的程序和惯例以及国际组织。在这些领域，第三世界国家一直寻求重建现存的国际规则和制度以消除针对它们的歧视和不平等，维护它们的利益。但它们也承认在尊重多元主义的共存伦理上与西方国家有共同利益，这不仅是因为它们需要利用这些规则来处理它们与西方国家的关系，维护自身的主权和独立，而且如果没有这些规则它们就不能处理相互之间的关系。① 这意味着主权和不干涉原则仍然是国际社会的基本规则。但另一方面，布尔对欧洲国际社会的全球化过程中出现的"薄"的共同利益和共同价值观念到底能延续多久持悲观的看法。国际社会的多元主义概念确保了文化异质的国家间秩序，但今天全球国际社会的文化异质性显然是一个不利于成员国在有关基本规则和制度方面达成一致的因素。他通过对冷战和非殖民化的分析提出的问题是：国家间秩序依赖于一些最低程度的意识形态一致究竟能够维持多久？多元主义者主张秩序优先于正义，因为他们相信人类之间缺乏足够的团结一致来提供正义，但如果多元主义不能提供共存的伦理，那么我们为什么要接受这个道德最小主义呢？布尔在《无政府社会》的结尾部分已经感到秩序和正义都依赖于在国家社会中发展更多的社会连带主义情感。②

　　需要指出的是，布尔晚年虽然被社会连带主义所吸引，但他思想中的现实主义因素阻止了他接受一种有说服力的社会连带主义的世界政治理论。他认为，在国家仍然是世界政治主要行为体

---

① Hedley Bull and Adam Watson, eds., *The Expansion of International Society*, London: Oxford University Press, 1984, pp. 433 – 434.

② Tim Dunne, *Inventing International Society: A History of the English School*, London: Macmillan Press LTD, 1998, pp. 148 – 149.

的情况下，加强社会连带主义的方法只能由国家充当全球人权的保护者，但在国际上尚未就人权的意义和人权的各种权利（经济、社会权利与公民和政治权利）之间的优先性达成一致的背景下，在世界范围内促进人权就有冒颠覆国家间共存秩序的危险。世界社会只是一种理想，如果我们把世界社会作为一种合适的政治和社会框架来加以实施，那么就会招致很大的危险。① 可见，布尔晚年虽然对多元主义日益感到失望，更多地倾向于社会连带主义，但他意识到世界主义道德意识的限制，因而他在秩序和正义关系上仍然存在着无法克服的内在矛盾。

在秩序与正义的关系上，文森特的观点与布尔基本一致。他认为，除非是以秩序为媒介，否则很难发现正义是如何出现的，因此，秩序从性质上讲具有优先地位。② 因为秩序无疑是实现其他价值的条件，如果一个社会连最起码的生活秩序都没有保证，那么追求其他一些更高层次的价值就无从谈起。为此，他主张秩序优先于正义，坚持不干涉原则是国际社会的基本规则，认为国家坚持绝对的不干涉原则必须容忍不正义，例如在别国滥用人权，因为干涉将违反国家主权原则；与国家地位有联系的价值将优先于人道主义干涉。不干涉原则最初被视为一种正义原则来自于国家基本权利（包括平等、自由和独立）的学说，而不干涉原则实际上是个人的自然权利和义务在国际生活中的体现。③ 文森特晚年

---

① Hedley Bull, "Justice in International Relations", in Kai Alderson and Andrew Hurrell, eds. , *Hedley Bull on International Society*, London: Macmillan Press LTD, 2000, p. 221.

② Iver B. Neumann, "John Vincent and the English School of International Relations", in Iver B. Neumann and Ole Waever, eds. , *The Future of International Relations: Masters in the Making*, London and New York: Routledge, 1997, p. 50.

③ R. J. Vincent, *Nonintervention and International Order*, New Jersey: Princeton University Press, 1974, p. 344.

力图在国家社会中发展基本人权的社会连带主义方式，来克服布尔的多元主义在秩序与正义之间的冲突。一方面，他认为国际社会的规则是实现人的基本权利和政治自由的前提条件，如果国家间不能学会共存，那么它们之间的冲突将使人权的讨论变得毫无意义；另一方面，他又强调人权并不只是会对秩序造成损害，国家实际上能通过尊重人权而增强自身的合法性。如果国际社会能够在人的基本权利方面达成共识，那么对国际秩序的维护就能起到更好的作用。[①] 鉴于从社会连带主义的角度来探讨秩序与正义问题，势必会更多地涉及与此相关的主权、人权以及国际干涉的合法性问题，因此，对文森特关于秩序与正义的讨论，必须联系主权、人权和国际干涉这组概念才能完整地加以理解。

第三节　主权、人权与干涉

主权与不干涉是两个相互关联的概念，它们是保证在无政府体系中存在秩序的两个基本原则。从逻辑上说，承认国家主权意味着承认其他国家在其边界之内享有同等的自主权和法律上的平等权，坚持国家主权就是坚持不干涉别国内政。因此，主权和不干涉是国家在相互关系中必须遵守的原则和规范，它们是国际法的一个基本规范。文森特指出，承认国家主权原则是国家之间共存的基础，如果国家享有主权的话，那么就应该坚持不干涉原则。不干涉原则把国家主权看作国际社会的一个标准，它清楚地表明每一个国家为了确保自己的主权不受干涉，就不得不尊重别国的主权。不干涉原则在国际关系中的一个重要作用就是确保国家主

---

① 许嘉等：《"英国学派"国际关系理论研究》，时事出版社 2008 年版，第 325页。

权原则，它还有助于界定国际法领域与国内法领域的边界。①

　　人权与干涉是相对于主权与不干涉的两个概念。干涉是国际关系研究中一个核心而又古老的主题，但同时也是一个容易引起争议的概念。国际法学家奥本海认为："干涉是指一个国家对另一个国家事务的强制或专断的干预，旨在对另一个国家强加某种行为或后果。"② 怀特采用了类似于奥本海的干涉定义，他认为干涉可以界定为一个或者多个国家不经宣战，对另一个国家的事务进行强制性的干预。一种干涉行为可以从几个角度进行考察：干涉涉及的是有关国家的外部事务还是内部事务？干涉的对象是大国还是小国？干涉的目的是维持现状还是改变现状？前者可称为防御性干涉，后者则是进攻性干涉；干涉是干涉国强加的还是应被干涉国的请求而实施的？如果是应被干涉国的请求而进行干涉，那么这种请求是来自该国的政府，还是反政府派别或者反叛团体？上面每种情况的法律和道德情形都不一样。③ 文森特对干涉所下的定义范围相对较宽，他认为："干涉是指一个国家、一个国家内部的一个团体、一组国家或一个国际组织所从事的强制性地干预另一个国家内部事务的活动。它是一个有始有终却又相互分离的事件，其目的旨在改变特定国家的权威结构。"根据他的观点，干涉应该包括以下一些因素：一个行为者或者代理人（它可能不仅仅限于国家）；一个目标；能被分解成不同类型的特定行动（干涉的手段）；干涉的目的；以及干涉的国际背景，所有这些因素对于完整地分析干涉现象

---

　　① R. J. Vincent, *Nonintervention and International Order*, New Jersey: Princeton University Press, 1974, pp. 14 – 15.

　　② ［英］詹宁斯和瓦茨修订：《奥本海国际法》，第一卷第一分册，王铁崖等译，中国大百科全书出版社 1995 年版，第 314 页。

　　③ Martin Wight, *Power Politics*, Leicester: Leicester University Press, 1978, p. 191.

都相当重要。[1]

从上述对干涉所作的界定中我们可以发现，干涉的基本属性是它的强制性，它涉及武力威胁，即便没有实际使用武力。干涉与外交抗议、调解或主动给予友好援助有着明显的不同，它是一种施加压力的方式，是一种不理会受干涉国同意与否的行为，目的在于迫使干涉对象做原本不会做的事，或是阻止它做本来可能要做的事。[2] 对此，霍夫曼曾指出，干涉是一种未经所在国同意而采取的强制性质的行为，目的在于结束一个已经无法代表人民或失去控制能力的政府国内出现的无序和骚乱。[3]

当一个政府利用国家工具对付本国人民或者国家陷入无序状态时，人道主义干涉问题就被提了出来。在干涉的价值问题上，国际社会存在着"国家主义"的不干涉和世界主义的干涉两种完全不同的立场。"国家主义"的不干涉立场是迈克尔·沃尔泽（Michael Walzer）在《正义与非正义战争》一书中明确提出的。他认为，国家和个人一样，应当视为自由人，他们对自由的追求要求他人不进行干涉。国家是一种通过共同传统来表达的有各自共同利益和愿望的个人联合体，这种共同传统形成一种共同生活，而国家的作用在于保护这一共同生活免受外部世界的干扰。任何国家的道德声望均取决于它在这方面干得是否出色。除非有证据表明某个国家在这方面完全失职，如粗暴地蹂躏本国公民，或出现民族分离运动，或进行反干涉，否则人们就不应该去干涉

① R. J. Vincent, *Nonintervention and International Order*, New Jersey: Princeton University Press, 1974, pp. 3 – 13.

② Martin Wight, *Power Politics*, Leicester: Leicester University Press, 1978, p. 192.

③ Stanley Hoffmann, "Sovereignty and the Ethics of Intervention", in Stanley Hoffmann et al. , *The Ethics and Politics of Humanitarian Intervention*, Indiana: University of Notre Dame Press, 1996, p. 18.

他人的事务。"国家道德"认为,国家不仅有能力承担道德责任,而且它们还是国际社会中的权利和义务的唯一承担者;而个人和群体只有通过他们国家的中介才能进入国际社会,它们是国际法的客体而不是主体。如果主权和不干涉是国际社会的原则,那么承认一个国家的主权就是国际合法性的标准。不干涉原则在国际社会的作用,首先在于确保作为首要构成性规则的国家主权,然后是减少暴力的机会和限制战争的理由。如果干涉起到了上述基本作用,那它就可能是合法的,但如果试图用其促进国内合法性原则,那它就是非法的。因此,坚持不干涉原则的反干涉可能是合法的,但这一点不适用于为支持内战中的正义一方而进行的干涉,或者为促进自由主义而进行干涉。这就是合法主义之说。由此看来,不干涉所承认的是多元论,它认可国家内部的多样性,试图阻止对它的强制性削弱;它承认外国人的外国性。然而,它也可以承认文化差异在某些程序上是同道德相关的。因此,对多元论的这种承认不是出于对国家社会在道德上感到满意或认为无论哪一个国家终究会和别的国家一样美好的看法,而是出于对干涉者可能选择的立场带来的有害后果感到忧虑。①

"国家道德"的中心思想是,国家为了维持它们之间的秩序,应该减少对各自国内的不道德行为的敏感程度。而世界主义道德的中心思想是,为了获得全球正义,应该提高某个地区的人民对另一个地区发生的错误行为的敏感程度。因为在一个真正的全球共同体里,每个人之间都有关联。② 世界主义道德认为,人们不能想当然地假定一个国家自动地在道德上是善的,国际社会

---

① R. J. Vincent, *Human Rights and International Relations*, London: Cambridge University Press, 1986, pp. 113 - 117.

② Ibid. , p. 118.

也不能根据其存在就断言一个国家自动地在道德上是善的。国家的自治权利依赖于它在推动社会正义方面的记录，或依赖于它在实现社会的基本人权方面的有形记录；国家实际上必须在国际社会赢得它的合法性。如果国家不能确保人类的基本人权，那么国际社会为维护社会的基本人权而进行的战争就是正义的。①

英国学派对干涉问题的关注一直是围绕着主权和不干涉问题展开的，因为在涉及干涉与不干涉问题时，最紧迫的问题是要搞清楚当代国际社会究竟是更接近于格劳秀斯的"社会连带主义"概念，还是更像实证主义的"多元主义"。② 因为对这个问题的分析不仅将决定不干涉原则在当代国际法中的地位，而且它为我们了解国际社会回应英国学派提出的一些重要的规范性问题，如战争原因和战争行为、干涉的合理性或非法性、全球资源的分配和人权的内容，提供了有益的背景理论。③ 在主权、人权与国际干涉问题上，英国学派的立场大体上是一致的，即一方面认为主权和不干涉是国际社会的基本规范，它是确保无政府状态下世界秩序的两个基本原则，而干涉在法律上和道德上总是错误的。因为主权国家和独立的政治共同体享有独立自主的权利，坚持主权就应该坚持不干涉原则，而强制的干涉侵犯和剥夺了这种权利。但另一方面，他们同时认为干涉是国际关系中一个司空见惯的现象和特征，是维护国际社会正常秩序的一个重要方法。只要我们承认国际社会的存在，就得承认干涉在国际上的必要性，因为国际社会中均势的不稳定性和它

① 迈克尔·史密斯：《国际伦理与干涉》，载张曙光、胡礼忠主编：《伦理与国际事务新论》，上海外语教育出版社 2004 年版，第 120—121 页。

② R. J. Vincent, *Nonintervention and International Order*, New Jersey: Princeton University Press, 1974, pp. 295 – 296.

③ Tim Dunne, *Inventing International Society: A History of the English School*, London: Macmillan Press LTD, 1998, p. 11.

的成员在道德发展中长期的不平等，决定了在国际关系中进行适当
的干涉仍然是必要的。干涉的目的是为了确保均势、人权和国际社
会的统一性，其中维持均势是比维护文明和道德标准更好的干涉理
由，而维护文明标准又是比维持现存政府更好的干涉理由。不过，
他们看到干涉经常与国家独立权利相冲突，因此他们强调干涉只能
作为有条件的重要例外而非通则。① 但是，由于英国学派核心成员
所处的时代以及他们关注的重心不同，因而他们对主权、人权与国
际干涉强调的侧重点经常也存在一些差异，尤其是布尔和文森特之
间的差异表现得更为明显。布尔更多地从多元主义的角度来看待主
权、人权与国际干涉问题，而文森特则更多地从社会连带主义框架
内来考察的。

　　在主权、人权和干涉问题上，布尔的态度前后出现过一些变
化。在早期阶段，布尔主要是从国际社会的多元主义角度来看待
主权、人权和国际干涉问题的。他认为，国家是国际社会的直接
成员，个人和群体只是间接的国际社会成员，国际社会的基础是
相互承认主权，接受主权原则意味着不干涉别国的内部事务。在
这样的社会里，维持国家间的秩序被看作是最高的价值，② 而干
涉是与主权原则相冲突的，它在法律上和道德上都存在疑问。为
此，他极力维护国际社会多元主义的伦理规范，认为主权和不干
涉原则为拥有不同文化和道德的国家提供了一个共存的国际秩
序。他强调，尽管国家无法就正义的含义达成一致，但它们能够

---

　　①　R. J. Vincent, *Nonintervention and International Order*, New Jersey: Princeton University Press, 1974, pp. 40 – 41; Hedley Bull, ed., *Intervention in World Politics*, Oxford: Clarendon Press, 1984, p. 2; Martin Wight, "Western Values in International Relations", in Herbert Butterfield and Martin Wight, eds., *Diplomatic Investigations*, Massachusetts: Harvard University Press, 1966, pp. 113 – 120.

　　②　Hedley Bull, "Human Right and World Politics", in Ralph Pettman, ed., *Moral Claims in World Affairs*, London: Croom Helm LTD, 1979, pp. 82 – 83.

在维持国家间秩序的基本法律和道德规范问题上取得一致。如果在实践中应用集体安全和人道主义干涉的社会连带主义方案，不仅会给国际社会脆弱的结构带来过多的负担，而且还会削弱或者损害传统的维持国际秩序的手段。然而，布尔晚年对国家社会的道德合法性提出疑问，这导致他在 20 世纪 80 年代的著作中较少集中于国家间法律实施的"薄"的社会连带主义概念，而开始寻求发展一种"厚"的人类共同体的社会连带主义概念。

在《无政府社会》一书中，布尔就隐含地表达了这样的思想：国家社会的道德价值应该根据它是否有利于个人福利来判断，因为世界秩序道义上应该优先于国际秩序，人类大社会的价值是首要的价值。这个思想处于布尔道德标准的核心。[1] 然而，在 1984 年《国际关系中的正义》一文中，布尔开始更多地关注人权、南北之间财富和权力分配不平等问题。他认为，国家社会的道德价值必须根据它有助于个人正义的实现来判断，因为国家间秩序的价值只是派生的价值，最重要的价值必须根据个人的权利和利益来判断。虽然我们居住的世界仍然是一个主权国家体系，但是在这个体系中，个人权利和责任的思想开始占有重要的地位，现在发达国家之间已经就它们有责任在全世界维护某种最低程度的人类福利方面达成了一定的共识。布尔意识到，发达国家正在出现世界主义的道德意识，它促使人们逐渐同情不分地域的人类贫困和痛苦，这种对世界范围福利的关心表明世界主义道德意识的发展和人类情感的重大变化。[2] 他呼吁西方国家应该接

---

① Nicholas J. Wheeler, *Saving Strangers: Humanitarian Intervention in International Society*, Oxford: Oxford University Press, 2000, p. 27.

② Hedley Bull, "Justice in International Relations", in Kai Alderson and Andrew Hurrell, eds., *Hedley Bull on International Society*, London: Macmillan Press LTD, 2000, pp. 220 - 222.

纳第三世界国家要求经济正义和社会正义的合理主张，消除西方国家拥有过多特权的不合理的国际政治经济秩序。但他同时认为，西方国家应该在非西方世界传播世界主义的情感，在处理与第三世界国家关系时不应该停止考虑人权标准，在这方面它们没有理由迁就第三世界国家。[①] 对布尔来说，通过不同文化间的对话，尊重人权可以在非西方国家的土壤中培育起来。这就是说，与强调国家的权利和责任的多元主义观点不同，布尔晚年将个人的权利和责任置于国际社会的伦理标准的中心位置，倾向于从社会连带主义出发来看待人权和国际干涉问题。他认为，干涉是现代国际关系的一个普遍特征，没有一个学者能够否认干涉有时是正当的。因此，在下列情况下实施的干涉通常是允许的，例如出于被干涉国的邀请、自卫、反干涉或支持一个国家驱逐侵略或者反对外来压迫，或者由国际社会集体授权而实施的干涉。[②]

不过，虽然布尔晚年开始重新探讨社会连带主义的价值，但他对国际干涉仍然抱十分谨慎的态度。因为在他看来，尽管人权在世界范围内得到越来越多的承认，现在我们比国际政治历史的早期阶段更愿意承认干涉行为，但这并不意味着国家为了支持人权有单方面使用武力干涉其他国家的权利，也不意味着可以用一些其他的规则去代替不干涉规则，而是应该考虑怎样修改和调整这个规则以适应特定的环境。现在国家仍然担心一种严格的人权学说将产生干涉别国内部事务的可能性，特别是第三世界国家担心占主导地位的西方国家将采用欧洲的人权观念来削弱它们最近

① Hedley Bull, "Justice in International Relations", in Kai Alderson and Andrew Hurrell, eds., *Hedley Bull on International Society*, London: Macmillan Press LTD, 2000, p. 244.

② Hedley Bull, ed., *Intervention in World Politics*, Oxford: Clarendon Press, 1984, pp. 2 - 3, 157 - 158.

取得的主权。不仅如此，目前人们对干涉的性质和范围也存在着争论，对什么样的人道主义干涉才算合法尚未达成一致，而且人们对什么是正义也缺乏一致的认识。"国际共同体对实施人道主义干涉这一概念的勉强承认，不仅反映了人们不愿由于承认个别国家的干涉权利而危害了主权和不干涉规则，而且也反映了人们对什么是人权问题缺乏一致的认识。"① 况且，由于国家之间权力和财富分配的不平等，干涉更多的是西方发达国家对第三世界的干涉，而且干涉的动机十分复杂，有经济的、意识形态的、安全的和人道主义的，所以很难说干涉不是出于某个国家的私利。② 正是基于上述因素的考虑，布尔认为主权和不干涉仍然是国际社会的基本规范，干涉仅仅只能作为不干涉规则的一种例外。

文森特早年受布尔观点的影响，在干涉问题上坚持国际社会的多元主义概念，极力维护主权和不干涉原则，反对国际干涉。他在《不干涉与国际秩序》一书中，从历史、法律、政治学等角度阐述了不干涉原则作为国际社会的一项基本原则能够得到遵守并保持有效性的原因。首先，从历史的角度看，大多数国家在大多数时间里事实上都是根据不干涉原则行事的。其次，不干涉原则也是 19 世纪和 20 世纪国际法的一个基本原则，尽管不干涉原则在当代国际社会受到了一些挑战，但它作为国际法中的一个普遍规则的地位仍然没有发生任何动摇。因为国际社会仍然是一个由主权国家组成的社会，在这个社会里，国家不接受任何凌驾于它们之上的权威。要确保和维持国

---

① Hedley Bull, ed. , *Intervention in World Politics*, Oxford: Clarendon Press, 1984, p. 193.

② Ibid. , pp. 153 – 156.

家间的秩序，必须有一个承认和尊重国家各自权威的规则，而不干涉原则就是一个相互承认和相互容忍的规则。因为这个规则不仅承认彼此的存在，而且还承认行为的多样性；它不仅确保了国家的主权权利，而且提供了它们共存的条件。因此，只要国际社会基本上是由主权国家组成，遵守不干涉规则就是国家间有序共存的最低条件。① 可见，在无政府的国际社会里，主权和不干涉原则是指导国家间关系的基本原则，也是维持国际社会秩序与多样性的必要规则。

在文森特看来，在由主权国家组成的国际社会里，不干涉原则是为了阻止个人和集体妨碍国家间关系而制定的。在这样的社会里，支持不干涉原则道德上应该优先于干涉规则。其主要理由在于：首先，国际社会不存在一种保证干涉别国内政的干涉者行为公正的机制，在大多数情况下，干涉他国往往是出于干涉者自己的利益，而非整个国际社会的利益。其次，即使干涉者是出于公正的道德目的进行干涉，干涉也不会受到被干涉国人民的欢迎，因为干涉来自国外，是由拥有不同文化和价值观的人来实施的，它本身在道德上就会引起争议。即便干涉取得了一些道德好处，它也会带来苦果。最后，国际上缺乏一种超越国际边界和赋予特定干涉行为正当性的普遍道德权威。而且，任何人道主义干涉的原则都会为各种各样的干预发出特许，虽然这种声称人道主义的干涉听上去似乎有些道理，但它却会严重扰乱现有的国际秩序。正是由于国家间的相互猜疑以及它们对干涉原因和效果的担忧，所以国际社会的成员只能在

---

① R. J. Vincent, *Nonintervention and International Order*, New Jersey: Princeton University Press, 1974, pp. 385, 330 – 333.

不干涉原则上达成最低限度的一致。① 他认为，不干涉学说是一种不仅最接近于国际社会的现实，而且很可能既符合大国利益也符合小国利益的主义。不干涉原则作为一个国家间行为的原则，它建立了一国干涉另一国内部事务是不合法的一般假定，这一假定为大国获得了一个法律上的暂停时间，它必须为践踏这一假定寻找好的理由。在设计出一种新的国际法以符合战后世界政治现实之前，作为主权国家秩序的不干涉原则仍然没有过时。②

然而，尽管文森特坚持主权与不干涉原则的立场，但他反对绝对主权的观点和进步主义学说，主张"相对主权"的观点，即国家主权受到限制它的国际法规则的制约，主权存在于法律范畴之中。他认为，"相对主权"的观点在维护主权主导地位的必要性和维护国际法之间建立起某种平衡，并突出了不干涉原则在维持国家主权原则上发挥的双重作用：它不仅在保护国家免受外部干涉方面发挥了重要作用，而且在国内法和国际法之间建立了一道屏障，国际法不仅尊重主权，而且国家在国际法下有能力履行它们的义务。③

他指出，自从格劳秀斯时代以来，人道主义干预就一直围绕不干涉问题而展开。一方面，不可能通过干预的方式既维护人权，又避免由此所产生的副作用以及因干预国的最终动机而损害国际秩序。《联合国宪章》虽然规定了个人拥有基本的人权和自由，国

---

① R. J. Vincent, *Nonintervention and International Order*, New Jersey: Princeton University Press, 1974, pp. 345 – 348; R. J. Vincent, *Human Rights and International Relations*, London: Cambridge University Press, 1986, p. 114.

② R. J. Vincent, *Nonintervention and International Order*, New Jersey: Princeton University Press, 1974, pp. 361 – 362.

③ Ibid., pp. 296 – 297.

家有尊重和保护人权的法律责任，但是《联合国宪章》仍缺乏关于人权的清晰定义，国际社会对什么是人权、怎样保护人权以及在国家和国际秩序内主权和人权何者应该优先等问题，尚缺乏一致的认识。这导致国际社会对人道主义干涉的解释缺乏统一的认识，到底是暴君轻视人权对和平的威胁大，还是进行人道主义干涉的威胁大。而人道主义干涉学说存在的问题是对干涉者的动机给予了太多的信任，而且更重要的是，支持在特定情况下的干涉可能会颠覆国际秩序本身。① 但另一方面，文森特也承认不干涉原则不是保护大规模屠杀行为的遁词。他主张在我们找到一条人道主义干涉的中间道路之前，坚持"国家道德"的不干涉立场，反对国际社会采用干涉来促进人权和一定的政府形式。他说："在自然主义忽视国家实践的倾向和实证主义将任何国家行为都作为法律行为的倾向之间，国际法必须寻找一条中间道路。在目前情况下，我们还不清楚是否在严格禁止任何纯洁的不干涉原则和可能会践踏现有法律的干涉原则之间已经找到了一条人道主义干涉的中间道路。在我们有信心认为已经找到了这样一条中间道路之前，或许还是不干涉原则为相关的国际法提供了切实可行的原则。"②

但是，由国家中心主义所构建的道德框架是与由世界社会观念所引出的道德框架不相容的，因为"不干涉原则所选择的是有关国家社会的框架，而人道主义干涉的主张，即国家有责任尊重人权的观念，则是源自有关个体的框架"。③ 多元主义规则的道德

---

① R. J. Vincent, *Nonintervention and International Order*, New Jersey: Princeton University Press, 1974, pp. 307 - 308.

② Ibid. , pp. 347 - 348.

③ Iver B. Neumann, "John Vincent and the English School of International Relations", in Iver B. Neumann and Ole Waever, eds. , *The Future of International Relations: Masters in the Making?* London and New York: Routledge, 1997, p. 50.

正当性与国家实际的人权实践之间存在的明显矛盾，导致文森特逐渐对自由国家主义拥护者关于国家能够有效保护它们公民的主张表示怀疑，促使他开始修改多元主义的"国家道德"模式，而转向以关注人权为中心的社会连带主义。鉴于社会连带主义是根据国家社会为人类道德进步提供条件的能力来对它进行评估的，因此对他来说，尊重普遍人权就成为检验文明的后殖民时代国际社会的一个重要标准。但是，文森特社会连带主义转向的最明显标志是1986年他发表的重要著作——《人权与国际关系》。因为他在该书中探讨了主权与人权、人权与国际关系等问题，并着重阐述了"修改的"社会连带主义的国家道德概念，从而在布尔主张的多元主义国际社会概念的基础上，发展出一种社会连带主义的国际社会概念。他认为，人权从两个基本方面对国际社会的至高无上地位提出了重要挑战：一方面，源于将个人而非国家作为世界政治的主要行为体的观点；另一方面，人道主义干涉的观点对不干涉原则以及建构国际社会的主权原则所提出的最有力挑战。因此，文森特指出，他从事这项研究的目的之一，就是要在某种程度上矫正英国学派其他成员在分析有关人权和世界社会的重要性时所表现出来的"坦然的怀疑态度"。他认为，忽视人权在世界政治中的作用"这可能会忽视国际关系向世界政治转变所具有的重要意义，这种转变所具有的意义并不亚于建立国家社会，而人权观念对世界社会来说则起到类似助产士的作用"。①

　　文森特指出，人权是每个人由于其人的属性且人人都平等享有的权利，它是以我们人类自然属性的要求为基础的。但不同文化对人权的理解不同，而且东西方关系和南北方关系中关于人权

---

　　①　R. J. Vincent, *Human Rights and International Relations*, London：Cambridge University Press, 1986, pp. viii, 128.

的争论迄今尚未停止。北方国家强调公民和政治权利优先，南方国家强调经济和社会权利优先，因而人权的观念实际上因文化而异。如何解决在人权问题上的"文化相对主义"难题，他认为关键在于在坚持人权的各种观点之间寻找一个平衡点，既坚持每个人因他们的人性应该享有的人权，又承认世界上对这些权利的存在、内涵和重要性存在着争议。[①] 这个平衡点就是人的"基本权利"思想。因为最低限度的基本权利思想满足了权利标准，它把国内需要和国际合法性结合起来，解决了在人权问题上的"文化相对主义"难题。"基本权利"思想既充分保证了国际社会的普遍价值的一致性，也兼顾了国际社会的多样性问题，它并没有颠覆民族和文化的敏感性，因而这个思想为国际社会中各国的行为规定了一个必须遵守的下限，而在此下限之上则完全属于各国自己管辖的范围。[②] 换言之，用"基本权利"作为最低限度来修正国家道德，实际上较好地解决了国家道德和世界主义道德面临的困境。它既解决了国家道德观主张世界上只存在国家的国家主义思想，而对个人境遇、集体境遇或整个世界境遇的主要道德问题视而不见的现象，又避免了世界主义道德中总是有些含糊不清的问题，即我们已经居住在一个世界主义的世界里，我们可以立即着手世界政治，[③] 从而为国家社会框架内处理主权、人权和干涉三者的关系提供了有效的方法。

　　文森特所说的"基本权利"，是指公民作为个人应当享有的

---

　　① R. J. Vincent, *Human Rights and International Relations*, London: Cambridge University Press, 1986, pp. 13 – 14, 56.

　　② R. J. Vincent and Peter Wilson, "Beyond Non-Intervention", in Ian Forbes and Mark Hoffman, eds. , *Political Theory, International Relations, and the Ethics of Intervention*, London: The Macmillan Press LTD, 1993, p. 126.

　　③ R. J. Vincent, *Human Rights and International Relations*, London: Cambridge University Press, 1986, p. 124.

生命权，即个人免受暴力侵害的安全权和生存权。他认为，享受生命权是享受其他一切权利所必不可少的条件，其中对生存权的考虑又优先于其他任何权利，因为生存权是人与生俱来就有的权利。人的基本权利理应得到满足，全球贫困的境况是对当代世界社会的这些基本权利的最严重侵犯；而且对于国际社会而言，根除全球贫困的灾难比在世界范围扩大西方自由观念更有吸引力。① 我们之所以要接受人的基本权利，原因在于我们作为人类的一员，对人的生命价值承担了义务，如果没有生命权，我们的日常工作就会失去许多意义，而如果这一义务仅仅由于疆界而受到削弱则是没有道理的。文森特提出以人的基本权利为核心的社会连带主义的重要意义，不仅在于它修正了国家道德，而且修正了那种认为国家的国内合法性与其国际合法性毫无关联的观点。因而，他实质上提出了一个新的国际合法性的标准问题，即一个国家在国际社会中的合法性不仅取决于它是否拥有主权，而且在很大程度上取决于这个国家是否尊重其国内公民的基本人权。

他认为，现在人权所起的作用是决定一个国家在国际社会中是否具有合法性，即该国的所作所为是否得到法律或权力的认可或授权。现在对于一个国家而言，成为或被承认为主权国家是不够的，它还必须在国内做到不侵犯个人和集体的基本权利。在当代国际政治中，只要涉及国际合法性概念，其含义远不只是主权国家为实现社会安宁而互不干涉内部事务，而是在发生跨越国际疆界的侵略时相互给予援助。如果一国政府不能向其公民提供基本权利，那么这个国家很可能被人们看作不合法而成为国际社会

---

① R. J. Vincent, *Human Rights and International Relations*, London: Cambridge University Press, 1986, p. 150.

实施干涉的对象。① 因为国家的权利源自人民自治的权利，这种
权利要求国家有一些最低程度保证公民权利的道德责任，而且在
世界上也有保护人权的基本义务，这是一个国家国内和国际合法
性的依据。如果"有证据表明某个国家在这方面完全失职（蹂
躏本国公民或触发分裂运动）"和"某个国家因其所作所为而激
起人类良知的义愤"，不干涉原则就不再成为保护那个国家的屏
障，国际社会就有责任对此进行干涉。②

　　不仅如此，文森特还进而把能否确保人的基本权利提高到关
系一个国际经济秩序合法性的问题。他认为，一个国家当它不能
提供公民的生存权时，不仅是这个国家政府的合法性受到质疑，
而且说明我们生活在其中的整个国际经济制度也出现了问题，因
此这种国际经济秩序必须进行改革。不过，他同时指出，将人权
置于国际法的监督之下，这并不是为干涉开出了一张通用许可
证。国际社会尚未达到这种社会连带主义的程度，但这的确使国
际社会的每个成员都面临其他成员对其国内政权合法性做出的评
价，这种情况恐怕是国际社会出现的一种不可忽视的变化。③ 对
于国际合法性问题，克里斯·布朗也明确地指出，国际社会并不
是建立在成员国共同协调的国内结构的基础之上，而是建立在成
员国愿意按照符合国际法和习惯的规范方式行事的基础上的。由
于国家遵守国际法和习惯而不是它们的国内结构，所以国家获得
了国际合法性和不干涉权利。④

　　① 　R. J. Vincent, *Human Rights and International Relations*, London: Cambridge U-
niversity Press, 1986, p. 130.

　　② 　Ibid., pp. 115, 125.

　　③ 　Ibid., pp. 127 - 128, 152.

　　④ 　Chris Brown, *International Relations Theory: New Normative Approaches*, New
York: Harvester Wheatsheaf, 1992, p. 123.

但是，承认国家有保护公民基本权利的职责，并不意味着只要世界上发生侵犯基本人权的情况，国际社会都应该进行干涉，违反人权将自动地证明干涉是正当的；国际社会是否实施人道主义干涉将主要根据那个国家违反人权的性质和程度以及我们对"好国家"概念的界定来决定。① 对文森特来说，人道主义干涉只能适用于反对极端的压迫而非用于日常的压迫，只有在别国发生了大规模侵犯人的生命或饥荒的规模已达到威胁人的生命的情况下，人道主义干涉的义务才可能落到国际社会的肩上。② 虽然他认为在国际社会中不干涉原则将保护"好国家"免受外来的干涉，而不是用来维护有严重不端行为的犯罪国家避免国际干涉，但他仍然担心干涉对国际秩序造成的消极后果。因此，他对人道主义干涉施加了严格的限制。在他看来，人道主义干涉的观念要想既合法又有可能成功的话，就必须以某种连带主义性质的社会为基础，在这一社会里有可能不仅就有关政策的接受度，而且就相关的干预依据的价值达成一致。③ 国际社会中人道主义干涉的合法性主要取决于三个基本要素：个人在国际社会是否具有独立地位，以至于他们的权利构成了干涉的理由；这种地位能否在一般国际法中得到确认；人道主义干涉在国家实践中是否得到支持。但从这三个因素来看，人道主义干涉只能作为国际社会不干涉原则的一个例外。因为：第一，虽然个人已成为国际法的主体，但是他们仍然没有在国际社会中处于与国家平等的地位，因

---

① R. J. Vincent and Peter Wilson, "Beyond Non-Intervention", in Ian Forbes and Mark Hoffman, eds. , *Political Theory*, *International Relations*, *and the Ethics of Interventions*, London: The Macmillan Press LTD, 1993, p. 125.

② R. J. Vincent, *Human Rights and International Relations*, London: Cambridge University Press, 1986, pp. 126 – 127.

③ Ibid. , p. 104.

而他们不可能在国际社会实施他们的权利；第二，人道主义干涉涉及人权国际法和国家的排他性管辖权之间的紧张，而国际社会对于国际关注与国家主权之间的边界以及两者之间的区别仍然存在不同的看法；第三，在当代国家的实践中，各国很难在人道主义干涉问题上达成一致，而且新独立国家和西方国家在维护它们的自由、建立人道主义干涉学说的前景等问题上的看法相距甚远。①

由此可见，文森特晚年虽然主张从社会连带主义角度来探讨国际社会概念，并以是否保证基本人权作为检验一个国家国内和国际合法性的重要标准，但他并不是要超越国家社会的框架，而是仍然接受和承认国家作为世界政治中集体认同的主要承担者和基本人权的保卫者的作用，只不过对国家的实践活动要进行必要的限制。如果国家不能保证它们公民的基本人权，它就丧失了国际合法性和避免外来干涉的权利。与布尔的观点不同，文森特认为国际社会能够在干涉问题上达到一致，这个标准就是看它是否保证了本国公民的基本人权。在主权与人权关系上，与布尔认为在主权国家内人权的发展有可能颠覆主权国家体系的观点不同，文森特虽然承认国家是当今世界政治的主要行为体，但他的国家中心论并没有完全排除个人的行为体地位。换言之，他并不认为在主权国家内人权的发展可能会危及国际社会的生存。而且，他对人权的理解也与布尔有着重大不同。他认为，人权是每个人由于其人的属性而享有平等的权利，普遍人权的基础根植于人性的观念。而布尔则认为人权并不是植根于事物的性质，而是来自于

---

① R. J. Vincent, "Grotius, Human Rights, and Intervention", in Hedley Bull, Benedict Kingsbury and Adam Roberts, eds., *Hugo Grotius and International Relations*, Oxford: Clarendon Press, 2002, pp. 248 – 252.

我们的态度和偏好，我们采取的道德态度是我们生活方式的可靠表达，反映了我们的自身历史和特点。也就是说，人权是人类历史和文化建构的。①

文森特的观点，促使英国学派传统的支持者去探讨人道主义干涉是否应该是不干涉和不使用武力的例外的问题。惠勒认为，富国和强国有责任关心失败国家的无法容忍的人道主义悲剧。如果出现人道主义灾难，在没有危害有序的主权国家共存这个最低限度的条件下，干涉作为一种例外应该是允许的。他强调指出，由联合国安理会支持的人道主义干涉，可以被国际社会视为合法接受的；而且，根据来自于正义战争学说的一套标准，面对极端危险的人道主义危机的紧急情况，即使没有联合国授权的单方面干涉，也应该被国际社会接受为合法的。② 而罗伯特·杰克逊认为，关心人权是所在国家的责任，干涉将削弱国际秩序，人道主义干涉是家长制形式，因而在道德上是必须反对的。③ 惠勒和罗伯特·杰克逊在人道主义干涉问题上存在的分歧，部分来自于一个经验问题，即在没有削弱国际秩序基本目标的情况下，寻求诸如国际人权保护这样的更高目标可以走多远；部分植根于他们对道德责任的地位的不同看法。惠勒假定，人类尽管划分为不同的主权政治共同体，但可以形成一个统一的道德共同体，而罗伯特·杰克逊认为主权政治共同体有责任照顾自己公民的福利。这

---

① Nicholas J. Wheeler and Tim Dunne, "Hedley Bull and the Idea of a Universal Moral Community: Fictional, Primordial or Imagined?" in B. A. Roberson, ed., *International Society and the Development of international Relation Theory*, London and Washington: Pinter, 1998, p. 51.

② Nicholas J. Wheeler, *Saving Strangers: Humanitarian Intervention in International Society*, Oxford: Oxford University Press, 2000, pp. 306, 8, 16, 168 – 169, 309.

③ Robert Jackson, *The Global Covenant: Human Conduct in a World of States*, Oxford: Oxford University Press, 2000, Chapter. 11.

种规范性差异又与他们对主权概念的道德含义的不同理解有关。① 事实上，惠勒和罗伯特·杰克逊对于人道主义干涉问题的不同态度，很大程度上反映了英国学派内部的多元主义者和社会连带主义者在关于国际社会的范围究竟应该有多大这个问题上的两种不同主张。实际的问题是：在无法避免干涉的情况下，如何确保人道主义干涉行动的正当性，一个可能的途径就是"确保集体干涉的公正性，将其保持在一个受限制的且清晰的联合国授权范围内，并且不要让它成为特定权力的工具"②。

①　Hidemi Suganami, "The English School and International Theory", in Alex J. Bellamy, ed., *International Society and Its Critics*, Oxford: Oxford University Press, 2005, p. 40.

②　Stanley Hoffmann, *The Ethics and Politics of Humanitarian Intervention*, Indiana: University of Notre Dame Press, 1996, p. 35.

第六章　英国学派与美国主流理论

怎样看待英国学派在西方国际关系理论中的学术地位和理论贡献？英国学派与美国主流理论存在哪些联系与区别？英国学派和美国主流理论可以从对方中汲取哪些有价值的东西？这些问题一直是国际关系理论研究的焦点。英国学派与美国主流理论的比较研究主要涉及它们关于观念结构的概念、权力和利益的关系。准确地说，这些比较研究是关于国际制度、国际社会的本质的问题。① 为了准确地回答上述问题，本章准备从三个方面论述英国学派与美国主流理论的关系。首先，讨论一下英国学派与新现实主义的关系；其次，考察英国学派与新自由制度主义的关系；最后，分析一下英国学派与建构主义的关系。通过比较研究，我们力图阐明这样一个核心观点，即尽管英国学派与美国主流理论有着一定的联系，但它们也存在着重大的区别，英国学派本质上是一个独特的国际关系理论学派。有些学者将英国学派归入主流理论中某一个学派的主要原因，在于他们没有搞清楚英国学派的方法论和理论的多元主义特点。

---

① Ole Waever, "Four Meanings of International Society: A Trans-Atlantic Dialogue", in B. A. Roberson, ed., *International Society and the Development of International Relations Theory*, London and Washington: Pinter, 1998, pp. 81 – 82.

第一节　英国学派与新现实主义

目前，学术界有一种观点把英国学派简单地归入现实主义的范式，或者认为英国学派是现实主义的另一种表现形式，虽然它不同于沃尔兹的新现实主义，但非常接近摩根索的政治现实主义。例如，弗雷德·哈利德（Fred Halliday）认为，国际关系中的国际社会概念一般被看作现实主义传统部分的中心概念，在现实主义中，国际社会属于国家之间关系，它建立在共享规范和理解的基础之上，这也是英国学派学者使用国际社会概念的本来含义。因此，英国学派实际上是一种现实主义形式，或者说"英国的现实主义"。① 罗伯特·吉尔平（Robert Gilpin）认为，布尔和摩根索一样是当代现实主义的最杰出的拥护者之一，现实主义主张既没有忽视也没有不关心大多数人考虑的正义和道德问题。② 类似的看法在英国学派内部也不乏支持者。赫里尔认为，国际社会理论家力求根据权力与法律和道德规范的作用来理解秩序和合作，它力图坚持现实主义的许多核心观点，同时也承认法律和道德规范的重要作用。因此，英国学派最好被视为自由现实主义形式。③ 在这

---

① Fred Halliday, *Rethinking International Relations*, London: The Macmillan Press LTD, 1994, pp. 94–99.

② Robert Gilpin, "The Global Political System", in J. D. B. Miller and R. J. Vincent, eds., *Order and Violence: Hedley Bull and International Relations*, Oxford: Clarendon Press, 1990, p. 120; else see, Kenneth W. Thompson, *Masters of International Thought*, Baton Rouge and London: Louisiana State University Press, 1980, pp. 44–66; Martin Griffiths, *Realism, Idealism and International Politics: A Reinterpretation*, London and New York: Routledge, 1992, pp. 130–167.

③ Andrew Hurrell, "Society and Anarchical in the 1990s", in B. A. Roberson, ed., *International Society and the Development of International Relations Theory*, London and Washington: Pinter, 1998, p. 18.

些学者看来，英国学派属于现实主义范式主要基于以下三个方面的理由：第一，英国学派的核心主张主要集中在现实主义所关注的问题上，如国际无政府状态、主权国家和均势等，特别是英国学派承认无政府状态下国家间合作的有限性；第二，英国学派过分重视国际秩序的思想，忽视了国际正义的政治、社会和经济问题，因而它对国际变革持相当保守的看法；第三，由于英国学派强调国际无政府状态和政治理论与国际理论的重大区别，以至于忽视了规范性问题。[①] 确实，英国学派拥有一些现实主义的假设和主张，但两者之间存在的共同点并不意味着它们属于同一个范式。其实，英国学派的理论方法和本体论内容与新现实主义是不一致的，这不仅反映在两者在无政府状态假设、均势、规范和制度等方面的认识上，而且也体现在方法论问题上。因此，把英国学派归入现实主义范式事实上是一个极大的误解。

　　无疑地，英国学派的国际社会理论最初是从批判政治现实主义的过程中发展起来的，因而它保留了现实主义关于权力与法律、权力与道德关系的许多特点。英国学派的代表人物在他们的著作中，对现实主义所关注的问题如无政府状态、均势、主权国家的地位和作用等都给予了极大的关注。无政府状态的观念一直处于国际政治学的中心地位。当代许多国际政治理论都把无政府状态视为国际政治的基本假设，特别是新现实主义学者，他们把无政府状态描述为国际关系唯一最重要的特征，认为国际政治的其他现象都是从这个因素派生出来的。因此，理解无政府状态就成为新现实主义分析一切国际问题的基本出发点。英国学派的理

---

　　① Joao Marques de Almeida, "Challenging Realism by Returning to History: The British Committee's Contribution to IR 40 Years On", *International Relations*, 17 (3), 2003, p. 274.

论家在研究国际关系时，承认无政府状态对理解国际关系的重要性，认为在无政府状态下每个国家都要考虑其他国家的所作所为，尤其是所有国家必须容忍整体的军事力量分配和不断的潜在战争。而且，他们承认随着技术的发展，国家变得越来越相互依赖，把国际体系连接在一起的各种客观的利益和压力网络将变得越来越紧密。① 换言之，只要国与国之间有经常性的交往，而且它们之间的互动足以成为影响各自行为的一个必要因素时，我们就可以说它们构成了一个国际体系。② 这里，布尔提出的国际体系概念几乎与沃尔兹阐述的国际体系概念完全一致。

怀特和布尔认为，一个国际体系的存在和运行，必须包括主权国家、相互承认、大国、外交机制、国际法和均势等要素，并特别强调大国、战争、均势在维持国际体系中的重要作用。③ 然而，怀特和布尔对大国、战争和均势等因素的考察是放在国家体系而不是权力政治的背景下进行的。也就是说，他们是在理性主义的框架内，把均势、大国和战争看作国际社会的一种制度，从国家间合作而不是冲突的意义上来考察这些因素的。换言之，他们不是为了探讨大国、战争和均势等权力因素在国家间竞争和冲突中所起的作用，而是为了分析这些因素在维持国际社会秩序中所扮演的角色。在他们看来，国际政治虽然处于无政府状态，但国家之间仍然存在共同规则和制度，它们能够依靠这些规则和制度来维持国际秩序。也就是说，怀特和布尔虽然认识到现实主义的重要性，但他们并不满意现实主义否定国际社会的存在以及狭

---

① Adam Watson, "Foreword", in James Der Derian, ed., *International Theory: Critical Investigations*, New York: New York University Press, 1995, p. xi.

② Hedley Bull, *The Anarchical Society: A Study of Order in World Politics*, London: Macmillan Press LTD, 1995, pp. 9 – 10.

③ 关于这方面的讨论，可详见本书第五章第一节。

隘地定义政治家道德的做法，他们感兴趣的是国际社会的生存和对国家之间协议的理解；他们坚持世界政治秩序依赖于国际社会的存在，当代国际政治的秩序最好通过加强国际社会的制度来加以维持。英国学派与新现实主义之间分歧的中心点在于，现实主义过分夸大了无政府状态对国际社会的重要性；错误地把规范、规则、制度和价值视为只是物质力量的反映；没有理解国际关系某种程度上是由物质力量和规范、制度的互动构成的。这些分歧伴随着现实主义发展为新现实主义而急剧扩大了。事实上，正是新现实主义在 20 世纪 80 年代美国的支配地位，使国际社会观点被严重边缘化。[①] 因此，英国学派与新现实主义之间仍然存在着十分重大的区别。

　　首先，双方对无政府状态假设的认识是不一样的。沃尔兹认为，无政府状态并非意味着混乱和无序，而仅仅是指"缺乏具有全系统范围的权威机构"，[②] 即国际社会不存在一个统一的政府。怀特和布尔也持有同样的看法。他们认为，无政府状态只是指国际社会缺少共同的政府。[③] 但政府的含义究竟意味着什么？新现实主义与英国学派的认识就存在重大差异。沃尔兹把政府界定为拥有合法使用武力的垄断权，即拥有"合法的集中控制力量"。他指出，国内政治和国际政治的区别，不在于武力的使用，而在于两者处理暴力的组织方式的不同。一个有效力的政

---

① Kai Alderson and Andrew Hurrel, eds. , *Hedley Bull on International Society*, London: Macmillan Press LTD, 2000, p. 25.

② ［美］肯尼思・沃尔兹：《国际政治理论》，胡少华等译，中国人民公安大学出版社 1992 年版，第 104 页。

③ Martin Wight, *Power Politics*, Leicester: Leicester University Press, 1978, p. 105; Hedley Bull, *The Anarchical Society: A Study of Order in World Politics*, London: Macmillan Press LTD, 1995, p. 44.

府，垄断了对武力的合法使用。① 而英国学派学者则把政府与确保秩序的制度和法律联系起来。怀特指出，无政府状态具有将国际政治与一般政治区别开来的特性，国际政治研究的前提是不存在一个政府体系，正如国内政治研究的前提是存在这样的体系一样。但实际的情况是，在国内政治中，权力斗争受到法律和制度的支配与制约；而在国际政治中，法律和制度受到权力斗争的支配与制约。② 由于英国学派和新现实主义对政府含义的理解不同，从而导致他们对无政府状态的认识也存在一定的差异。

沃尔兹认为，国际政治缺乏中央权威或政府是理解国际关系的关键。他从国内政治和国际政治的区分中推导出国际政治是一个独特的政治领域。他指出，国内政治体系的组成部分之间是上下级关系，某些部分有权指挥，其他部分要服从，国内政治体系是集中和等级制的。国际政治体系的组成部分之间是同等的关系，在形式上，每一个国家与其他所有国家都是平等的，谁也无权指挥，谁也不用服从谁。国际政治体系是分散的和无政府状态的。③ 国际无政府状态决定了国际政治体系必然是自助体系。由于在无政府状态下，在国家之上没有一个权威机构来确保各国的安全，而对国家的现实威胁或可能的威胁随处可见，所以国家必须依靠自身的力量来维护自己的安全。在无政府秩序中，自助必然是行动的准则，国家为了保护自身的利益经常使用武力。既然国际政治体系只能是一个自助体系，这使得国家之间不可避免地

---

① ［美］肯尼思·沃尔兹：《国际政治理论》，胡少华等译，中国人民公安大学出版社1992年版，第122页。

② Martin Wight, *Power Politics*, Leicester: Leicester University Press, 1978, p. 102.

③ ［美］肯尼思·沃尔兹：《国际政治理论》，胡少华等译，中国人民公安大学出版社1992年版，第104页。

出现安全困境，一国为保障安全而采取的措施，意味着降低了其他国家的安全感，一方聊以自慰的源泉成为另一方为之忧虑的根源。国家面临的安全困境使得它不得不在对外政策中寻求和推行权力政治，以确保自己的安全，而权力政治的必然结果是无休止的权力竞争和利益冲突。因此，国家政治是权威、行政和法律的王国，国际政治则是权力、斗争与和解的领域。① 只要无政府状态继续存在，国家之间就不可避免会发生战争；只有建立世界政府，无政府状态才能结束，但建立世界政府是既不合人们心愿又无可能的。② 沃尔兹从国际无政府状态中推导出国际体系必然是一个自助体系，自助体系又必然导致权力政治的结论，即所谓的无政府逻辑。

与新现实主义对无政府状态的认识不同，国际社会思想本身是以批判现实主义将国际关系视为一个纯粹无政府状态的观点作为自己研究的出发点的。在英国学派看来，国际政治虽然在结构上是无政府状态的，但它仍然能够建立一个没有中央权威的无政府社会。他们反对国内与国际类比的思想，认为国际社会的特性不能简单地从国内社会的类比中推导出来，因为国际社会与国内社会是不同的，它是独特的。因此，维持国际秩序的各种制度不能从国内社会中照搬而来，而是"必须根据它与众不同的制度来解释，这些制度包括国际法、外交和均势体系"③。布尔特别强调国际法在国际社会中的中心作用，他认为国家应该按照加强

---

① ［美］肯尼思·沃尔兹：《国际政治理论》，胡少华等译，中国人民公安大学出版社 1992 年版，第 132—136 页。

② ［美］肯尼思·沃尔兹：《人、国家与战争》，倪世雄等译，上海译文出版社 1991 年版，序言。

③ Hedley Bull, "Society and Anarchy in International Relations", Herbert Butterfield and Martin Wight, eds., *Diplomatic Investigations*, Massachusetts: Harvard University press, 1966, p. 48.

国际社会规范原则的方式行事，通过加强国际社会的制度，无政府逻辑就可能得以缓和。

其次，英国学派与新现实主义的分歧还涉及对国际社会的规范和制度的不同认识上。它们之间的分歧不是权力、均势与规则和制度谁对国际生活的解释力大，而是权力、均势与规范和制度哪个更重要、谁决定谁的问题。新现实主义强调国际体系中权力分配对国家行为和它们之间互动产生的重大影响，认为权力分配是国际生活中唯一的、决定性的变量。虽然它承认国际规范和规则的存在，但规则和制度只是权力和利益等基础变量中派生出来的从属变量，其作用很大程度上取决于国家对权力和利益因素的考虑。由于沃尔兹强调国际体系中物质力量分配对国家行为的决定性作用，否定了国际规则和制度的独立作用，因而新现实主义的变量就不可能充分重视国际社会依赖的规范和制度框架。温特在《国际政治的社会理论》中曾对沃尔兹的物质主义结构决定论作过深刻的分析。他认为，权力分配的作用固然是重要的，但是权力分配怎样起作用，对于行为体来说具有什么意义，却取决于行为体从事什么样的博弈游戏。沃尔兹的物质主义结构决定论是导致他看不到国际体系中规范和规则的社会意义的重要原因。① 对于国际社会的规范和制度的作用，英国学派有着与新现实主义完全不同的解释。尽管英国学派也强调国际秩序的维持在一定程度上是建立在均势和大国间共享的一套理解和相互承认的利益基础之上，但它定义的国际社会概念的中心点是强调共享规范、理解的重要性及大国相互作用的方式和它们对物质力量和结构产生的意义。在英国

---

① ［美］亚历山大·温特：《国际政治的社会理论》，秦亚青译，上海人民出版社 2000 年版，第 126—138 页。

学派看来，国际秩序并不取决于权力分配，而是取决于外交力量和国际政治文化；这种秩序的再产生依赖于成员国的一致愿望以及遵守关于外交、主权和国际法的基本规范。① 也就是说，国际社会的规范形成和建构了权力政治的游戏、行为者的属性和身份、使用武力的目的，以及行为者认为它们行为正当和合法的方法。② 正是从这样的观点出发，英国学派在国际体系和均势问题上形成了不同于新现实主义的解释。

沃尔兹认为在国际体系中均势的出现有一种自动的趋势，因为所有国家都追求它们相对权力地位的最大化，如果一个国家对均势构成挑战，那么其他国家必然会极力阻止该国的行动，从而产生了均势。"不管是一些国家还是所有国家有意识地寻求建立和维持平衡状态，或者不管是一些国家还是所有国家想要征服世界，均势形成的趋势还是会出现。"③ 而布尔认为在国际体系中并不一定存在自动产生均势的趋势，因为国家并不总是追求它们相对权力地位的最大化，而是经常更愿意把资源和能力用于别的目标，国家只有在需要维持国际秩序的时候，才会去维持均势，这样布尔形成了偶然均势的观点。偶然均势并不是有关国家有意促成的均势，而是两个主要大国都致力于在国际体系中获得霸权，结果出现的均势。④ 沃尔兹把均势视为国际体系必然出现的一个特征，是不管国家是否寻求建立和维持平衡都必然会发生的

---

① Peter Wilson, "The English School of International Relations: A Reply to Sheila Grader", *Review of International Studies*, 15 (1989), p. 56.

② Kai Alderson and Andrew Hurrel, eds., *Hedley Bull on International Society*, London: Macmillan Press LTD, 2000, p. 23.

③ [美] 肯尼思·沃尔兹:《国际政治理论》，胡少华等译，中国人民公安大学出版社 1992 年版，第 143 页。

④ Hedley Bull, *The Anarchical Society: A Study of Order in World Politics*, London: Macmillan Press LTD, 1995, pp. 100 – 101.

一种体系趋势；而布尔把机械的均势看作是国际体系的一个暂时的和偶然的特征，认为如果不使国际社会和世界社会发挥作用，就不可能理解国际关系。因为在他看来，均势不应该仅仅视为一种促使国家按特定的方式行动的机械的力量结构，而应该根据国家间对均势的意义和它应该发挥作用的共享的理解来了解；均势涉及大量有关国家拥有均势的共享观念，随着时间的推移逐渐发展成为一种连贯的和完善的学说，并形成为国际制度的一部分。① 因此，他在讲国际社会时，把均势视为维持国际社会的一个重要制度；而为了使均势成为一种国际制度，他提出人为均势的概念，以区别于偶然均势的概念。可见，英国学派与新现实主义经常用半机械的术语来看待国际体系不同，它强调稳定和秩序并不是无政府国际体系的结果，而是作为国际社会特征的共同利益、共同规则、价值观和制度的产物。

　　第三，英国学派和新现实主义的分歧还反映在方法论上。新现实主义在研究方法上坚持科学实证主义，它强调对国际关系进行科学和系统研究的重要性，认为只有体系理论才能称为国际关系理论。他们相信国际政治的系统结构是独立存在的社会事实，可以通过科学方法获得关于国际政治现象的客观知识和规律。在沃尔兹看来，理论只有合乎逻辑，并能够进行严格的、实验性的检验，才能算得上是科学的理论；而要建立一种科学的国际政治理论，采用一种系统方法是必需的。而任何一种研究方法或理论，如果被正确地称为"系统的"，那它必须说明系统层次或结构如何与相互作用的单元层次不同。一个系统是由一种结构和相

---

　　① Kai Alderson and Andrew Hurrel, eds., *Hedley Bull on International Society*, London: Macmillan Press LTD, 2000, p. 23.

互作用的单元组成的。①他遵循科学研究议程的要求，首先设立一个严格的科学假定，把几个理论概念同几个变量（结构、单元）连接起来，以便对国际政治做出科学的解释，然后从中推导出假定，并对假定进行实验的或观察的检验。他把国家比作公司，国际体系被比作市场，国家在这个体系中相互竞争。"国际政治体系，像经济市场一样，在根源上说是个人主义的，是在自发的情况下无意识地产生的。"同时，他把国际体系的结构定义为无政府状态下大国物质力量的分配，体系结构的不同完全是根据主要国家数量（大国数量）在物质力量分配的不同而定的。结构的变化以及随之而来的国际体系的变化也主要是由大国的物质力量对比的变化而实现的。②沃尔兹正是以这种个体主义和科学实证论为研究方法，以物质主义的本体论为理论内容，通过系统层次分析和演绎推理的方法，创立了一种系统的国际政治理论，即新现实主义理论。

与新现实主义坚持个体主义和科学实证主义的研究方法不同，英国学派在方法论上明确拥护多元主义的整体论，始终坚持用人文主义的综合方法来研究国际关系，他们尤其强调历史方法和对国际关系进行历史研究的重要性。布尔认为，历史是理解事实的最好的、也是唯一的指导，历史研究是理论研究本身的伴侣，因为历史是社会科学的实验室，是对一般命题进行论证或证伪的资料来源，而且理论本身就是历史。③这种社会科学的历史方法假定

---

①　［美］肯尼思·沃尔兹：《国际政治理论》，胡少华等译，中国人民公安大学出版社1992年版，第一、三章。

②　同上书，第五章。

③　Hedley Bull, "The Theory of International Politics, 1919 – 1969", in James Der Derian, ed., *International Theory: Critical Investigations*, New York: New York University Press, 1995, pp. 182 – 183.

不必通过创立合理的、普遍适用的理论来说明任何一般的规律。虽然布尔承认新现实主义强调体系和对体系层次进行理论化的重要性，但他批评科学方法存在的局限性。因此，布尔与沃尔兹首先设立一个严格的科学假定，然后从其中推导出假定，并用客观的标准进行检验和观察的做法不同，他一开始就对社会和文化问题、战争的地位和概念、体系的影响和国家本质之间的关系、国家干涉别国事务的权力等问题提出疑问。[①] 在他看来，国际体系不能仅仅根据功能上没有差别的单元间的物质力量分配来理解，因为体系是历史发展变化的产物，体系的核心是历史上创立和发展的共同理解、规则、规范和相互期望的结构，国家主权、国际法或战争的概念并不是权力政治的博弈赋予的，而是历史上形成的。关于战争和主权的理解确定了游戏的性质、运作的方式以及它可能的变化和发展。因此，国际体系不能根据系统的层次分析和抽象的演绎推理的方法来理解，而应该把它放在历史环境的场景中才能得到准确的理解。[②] 正如罗伯特·考克斯（Robert Cox）所指出的，人类活动的规律性，确实可以在特定的时代观察到，因此实证主义方法在限定的条件下仍然能够取得丰硕的成果。但是，人们既不能在超越历史时代的任何普遍有效的意义上谈论"规律"，也不能外在于历史或先于历史来谈论结构。[③]

　　总之，英国学派与现实主义和新现实主义一样，都把国际无政府状态作为国际政治的基本假设和理论研究的基本出发点，承

　　① Stanley Hoffmann, "International Society", in J. D. B. Miller and R. J. Vincent, eds., *Order and Violence: Hedley Bull and International Relations*, Oxford: Clarendon Press, 1990, p. 17.

　　② Kai Alderson and Andrew Hurrel, eds., *Hedley Bull on International Society*, London: Macmillan Press LTD, 2000, pp. 24 – 25.

　　③ ［美］罗伯特·基欧汉主编：《新现实主义及其批判》，郭树勇译，北京大学出版社 2002 年版，第 227 页。

认大国、均势、战争等在国际关系中的重要性，承认从国际体系的无政府结构出发研究国际关系的必要性。但与新现实主义不同的是，"英国学派只认为观念塑造政治现实，而不同意自然法则和固定不变的现象深嵌于国际体系结构之中的观点"。① 对他们来说，国际秩序虽然在一定程度上是建立在均势和大国间共同理解和相互承认的基础之上，但国际体系中的物质力量只有通过国际社会的规范结构才赋予意义。因为这些规范结构是观念或信仰的结果，而这些观念或信仰产生了行为，行为基础是内嵌于制度和实践中的被普遍接受的规则和价值。② 英国学派本体论的多元主义是导致它们在无政府状态、均势、规范和制度等问题上的认识不同于新现实主义的主要原因，而英国学派坚持人文主义的方法意味着它不可能与新现实主义强调因果的、科学的方法相一致。可见，英国学派采取的方法论和本体论的多元主义立场，是它区别于新现实主义的重要特点，也是导致许多学者难以分清英国学派与现实主义和新现实主义之间差异的重要原因。

第二节　英国学派与新自由制度主义

目前在英国学派与新自由制度主义的关系问题上，学术界有一种意见认为，两者在许多方面有着相同点，它们是相互补充的，本质上属于同一个理论学派。布赞认为，国际社会理论和机制理论是同一个传统的一部分，只是由于学术讨论的缘故，它们才变得彼此分离了。机制理论本身已经获得了相当的发展，如果

---

① 　[美] 詹姆斯·多尔蒂、小罗伯特·普法尔茨格拉夫：《争论中的国际关系理论》，阎学通、陈寒溪等译，世界知识出版社 2003 年版，第 179 页。

② 　同上书，第 178 页。

我们现在把机制理论与现代国际体系的基本政治法律框架联系起来，把两者置于一个系统和历史的更为广阔的背景下进行考察，机制理论就可能从与古老的国际社会传统的联系中获得好处。[1] 他指出，国际社会理论与机制理论有一些相似之处，但比机制理论更深刻，它是建构的而不仅仅具有工具性含义。[2] 因此，他主张把国际社会理论与机制理论结合起来。罗伯特·杰克逊和乔治·索伦森（Georg Sorensen）也认为，怀特的理性主义概念和布尔的国际社会概念非常接近于制度自由主义的思想，它们都集中于制度建设和反对现实主义关于制度是多余的观点。[3] 中国国内也不乏持有类似观点的学者，比较有代表性的是王逸舟研究员。他认为："国际制度学派的着眼点和世界观更接近国际社会学派；国际制度理论与国际社会理论从一个特定问题上，反映出美国人和英国人经常出现的'异曲同工'之妙：英国国际社会学派主要从哲学、特别是历史角度阐述国际制度的问题，美国国际制度学派侧重从实证、尤其是博弈角度分析国际社会的构造。"[4]

那么，究竟应该如何看待英国学派和新自由制度主义之间的关系呢？无疑地，这两个学派之间确实存在不少共同之处，它主要表现在以下几个方面。首先，英国学派和新自由制度主义都把国际无政府状态作为其理论研究的出发点，并且它们对无政府状

---

① 　Barry Buzan, "From International System to International Society: Structural Realism and Regime Theory meet the English School", *International Organization* 47 (3), 1993, p. 328.

② 　Barry Buzan, "The English School: An Underexploited Resource in IR", *Review of International Studies* 27 (2001), p. 475.

③ 　Robert Jackson and Georg Sorensen, *Introduction to International Relations*, New York: Oxford University Press, 1999, p. 167.

④ 　王逸舟：《西方国际政治学：历史与理论》，上海人民出版社 1998 年版，第 390 页。

态含义的理解是一致的。怀特认为，国际政治的无政府状态并非意味着混乱和无序，而是仍然有着外交体系、国际法以及使权力政治的运作缓和或复杂化的国际制度。无政府状态仅仅是指国际社会缺少一个共同政府。[①] 基欧汉也指出，世界政治虽然是非集中、分散化的，但这并不意味着世界政治缺乏组织和秩序，也不意味着世界政治存在无休止的战争。尽管无政府状态这个术语因为与混乱和无序相联系而容易产生误解，但它的基本含义是指世界政治中缺少一个共同的政府来实施规则。他认为，世界政治既是非集中的，又是制度化的，也就是说，尽管世界政治不存在共同的权威，但国家之间还是进行着有限的合作，存在一定的规则、规范和协议，如外交承认、司法豁免权、管理多边组织议事日程的结构等。[②] 然而，世界政治的无政府结构意味着，获得合作既不能依赖于对等级权威的顺从，也不能依赖于集中化的强制力量，而只能依靠国家间的相互利益或互惠来实现。

其次，在国际政治的行为体问题上，英国学派和新自由制度主义都坚持"国家中心论"。怀特和布尔把国际社会看成是由国家组成的社会，在他们看来，国家是国际社会的主要和直接的成员，现代国家不管相互之间存在什么样的分歧，它们都团结在一种信念之下，即认为它们是世界政治中的主要行为体和权利与义务的主要承担者。[③] 尽管基欧汉在《权力与相互依赖》中曾强调非国家行为体的重要性，但后来他认识到非国家行为体仍然是从属于国家行为体的，跨国行为体实质上通常是由来自特定国家的

[①]　Martin Wight, *Power Politics*, Leicester: Leicester University Press, 1978, p. 105.

[②]　Robert Keohane, *International Institutions and State Power*, Boulder: Westview Press, 1989, pp. 1, 132.

[③]　Hedley Bull, *The Anarchical Society: A Study of Order in World Politics*, London: Macmillan Press LTD, 1995, pp. 8, 16.

人所管理的，所以他又回到了国家中心论上来。他认为，世界政治中存在着各种各样的行为者，包括像跨国公司这样的非国家行为者，但只有国家才是世界政治中最重要的行为者，因此在分析国际合作和国际机制问题时，我们将把国家置于分析的中心地位。① 而且，新自由制度主义把国家视为单一的、理性的利己行为者。由于国家是单一和理性的，所以它需要国际秩序，需要合理地解决冲突，以及能够考虑以最小的代价取得最大的利益。

第三，英国学派和新自由制度主义理论研究的中心问题是要探讨无政府状态下国际秩序是怎样获得的，并且它们都强调规则和制度在维持国际秩序中的核心作用。国际秩序是布尔理论关注的中心。对他来说，国际关系理论的中心任务是要确定在无政府状态下的秩序是怎样获得的。② 新自由制度主义同样也将世界政治秩序作为其理论研究的中心任务。基欧汉在谈到他为什么要研究国际机制的问题时曾指出："我们研究国际机制，是因为我们对了解世界政治秩序感兴趣。冲突可能是自然法则，若如此，则尤其需要解释合作的制度化模式。"③ 也就是说，为了在世界政治中寻求秩序，我们需要研究国际制度和国际机制，因为国际制度是世界政治秩序的一种重要模式，它是根据共同的规则和原则来限制和引导国家行为，由此形成有序的行为模式。而任何社会秩序的维持，不仅需要一个创立秩序或者避免无序状态的共同利益观念，而且需要详细说明有秩序行为的规则。布尔认为，规则

① ［美］罗伯特·基欧汉：《霸权之后》，苏长和等译，上海人民出版社2001年版，第28—29页。

② R. J. Vincent, "Order in International Politics", in J. D. B. Miller and R. J. Vincent, eds. , *Order and Violence: Hedley Bull and International Relations*, Oxford: Clarendon Press, 1990, p. 39.

③ Robert Keohane, *International Institutions and State Power*, Boulder: Westview Press, 1989, p. 101.

就是要求或者准许某一类人或团体以特定方式行动的一般强制性原则，这些规则包括国际法、道德准则、习惯或惯例、操作规则或"游戏规则"等，而制度的重要作用就是通过阐述、传达、管理、实施、解释、合法化和适用等方式，确保规则得到国际社会成员国的遵守。[①] 基欧汉强调国际机制包括原则、规则、规范和决策程序四个要素，并认为它们对国家行为都具有禁制的含义：它们限制着特定的行动并禁止其他的行动。他把国际机制定义为："在国际关系的某一问题领域内行为体的愿望汇集而成的一整套隐含的或明确的原则、规范、规则以及决策程序。所谓原则，是指对事实、因果关系和诚实的信仰；所谓规范，是指以权利和义务方式确立的行为标准；所谓规则，是指对行动的专门规定和禁止；所谓决策程序，是指流行的决定和执行集体选择政策的习惯。"[②]

虽然英国学派和新自由制度主义强调规则和制度对国家行为的约束作用，但是他们都认识到，国际社会的规则和制度不可能像国内社会的制度和法律那样具有高度的约束力和强制性。因为国内社会有一个统一的政府，它是高度制度化和集中化的，而国际社会是多元的、非集中化的多文化体系。在一个组织良好的国内社会中，行动的单位是在一个宪法原则的框架下活动的，这个宪法原则界定了财产权，确定了谁可能控制国家，确定了公民必须服从政府管制的哪些条件。而世界政治是非集中、分散化的而不是等级制，主权和自助原则意味着国际社会缺乏一个强制性的权力机构来实施规则，因而在世界政治中国际机制的原则、规范

---

① Hedley Bull, *The Anarchical Society: A Study of Order in World Politics*, London: Macmillan Press LTD, 1995, pp. 52 - 54, 64.

② ［美］罗伯特·基欧汉：《霸权之后》，苏长和等译，上海人民出版社 2001 年版，第 68—69 页。

和规则必然要比国内社会中的要脆弱。由于在国际无政府状态下，国际机制只能在国家自愿的基础上得以建立、维持和遵守，因此，国际机制不应该被视为构成一种超越主权国家之上的新国际秩序的要素，而只能作为国家权力结构和国家与非国家行为体之间的"调节因素"和"干预变量"。① 显然，国际政治结构的无政府性质决定了国际制度的自主性和强制性要弱于国内政治制度。

　　尽管英国学派和新自由制度主义都关注国际制度和秩序，但这两种制度分析的传统是不一样的。首先，它们对国家体系和国际生活的本质特征有着不同的认识。英国学派学者所说的国际社会，是由国家之间的共同利益、共同价值和共同规范构成的，它可以根据国家之间有关规范、价值和目标的主体间一致和认同来描写。这种国际社会概念采取了格劳秀斯的国际体系方法，主张国际关系的整体应该受到法律规范的制约，国家在处理彼此关系时要受到国际社会的规则和规范的约束。这种强调规范的整体性和国家间秩序的方法，是与新自由制度主义强调无政府状态的竞争和国家间冲突的霍布斯或者洛克的国际体系观点根本不同的。② 后者对社会秩序采取契约的方法，它强调国际社会是由国家的理性选择行为建构起来的，认为在无政府状态的环境中，主权国家之间为了解决"囚徒困境"或集体行动困境问题，对各种相互冲突的利益和目标进行不断的谈判和协调，通过制度的选择和安排，达成彼此之间相互约束的契约和准则，从而组成了一

---

① ［美］罗伯特·基欧汉：《霸权之后》，苏长和等译，上海人民出版社 2001 年版，第 74—77 页。

② Alexander Wendt and Raymond Duvall, "Institutions and International Order", in Ernst-Otto Czempiel and James N. Rosenau, eds. , *Global Changes and Theoretical Challenges*: *Approaches to World Politics for the* 1990*s*, Lexington Books Issues, 1990, pp. 52 – 53.

种国际社会。因此，所谓的制度选择，国际社会的构成，无非是国家为克服集体行动困境而进行不断的博弈和选择，最终达成复杂的制度安排而完成的。苏长和认为，这种基于个体理性选择基础上形成的"国际社会"（新自由制度主义强调的"国际社会"）与英国学派所说的国际社会概念存在着根本的差异。[①] 两者的差别，有点类似于滕尼斯所说的"共同体"（礼俗社会）和"社会"（法理社会）之间的区别。

礼俗社会是建立在共同的感情、经验和认同的基础上的，它是个人之间由共同的忠诚、价值和血缘联系在一起的一种原始的人的意志完善的统一体。而法理社会是一种有目的的联合体，个人出于共同实现某一特定目的的需要，因而聚集在一起共同行动。因此，法理社会是建立在基于以契约为基础的竞争和交易之上的，它是一种有意识的组织形式，可以由共享规则和规范建构的相互作用的模式来描写；而礼俗社会是建立在规范驱使和合作性互动的基础上的，它可以根据一个有关规范、价值和目标的主体间一致和认同来描写。用克里斯·布朗的话来说，"共同体"意味着秩序的存在需要一个规范性基础，它以人们构成相互要求、权利、责任和义务的网络关系为基础。共同体意味着共同利益和共同认同，世界共同体概念意味着相信人类统一的世界主义，它的核心是一个基于兄弟感情观念的统一体思想。而"社会"是一个有规范治理形式的联合体，但规范是从社会合作的需要中发展起来的，它并不一定要求人们承认除社会共存这一要求外的任何共同方案、利益或认同。而且，构成社会的规范也是与构成世界共同体的规范不同的，它们基本上是国家成功寻求和

---

① 苏长和：《全球公共问题与国际合作》，上海人民出版社 2000 年版，第 284—291 页。

平共处的规范，而世界共同体的规范既没有限定在那些共存的目标上，也没有限定在国家间关系上。① 布赞也指出，共同体意味着一种共同的价值观，它建立在各成员之间权利、义务和责任的相互关系的基础之上；而社会意味着规则、规范和制度的存在和维系，这些规则、规范和制度旨在促进体系中各个施动者之间的共存和某种程度的秩序。②

其次，英国学派与新自由制度主义的不同还体现在它们处理的制度类型上。基欧汉把国际制度（International Institutions）界定为一套持续的、相互关联的正式与非正式的规则体系，这套规则体系可以界定行为规范、制约行为体活动和形成行为体期望。它包括三种形式：（1）有着明确规定的规则和章程的正式的政府间国际组织和非政府组织；（2）国际机制（International Regimes），即由政府同意建立的、那些具有明确规则、适用于国际关系某一特定问题领域的制度，如国际货币体系、海洋法等；（3）国际惯例（International Conventions），指没有非常明确的规定和谅解、可以帮助行为体协调各自的行为，形成行为体期望的非正式制度，如在未明文规定之前的传统外交豁免权、国际互惠行为等。③ 然而，基欧汉将集中论述的制度是指"可以根据空间和时间加以确定的各种规则和规范相互联系的复合体"。④ 这个制度概念排除了作为行为范畴的制度，以及可以与大量规则复合

---

① Barry Buzan, *From International to World Society? English School Theory and the Social Structure of Globalization*, Cambridge：Cambridge University Press, 2004, pp. 112 – 113.

② 巴里·布赞、安娜·冈萨雷斯·佩莱兹：《"国际共同体"意味着什么？》，载《史学集刊》2005 年第 2 期。

③ Robert Keohane, *International Institutions and State Power*, Boulder：Westview Press, 1989, pp. 3 – 4.

④ Ibid., pp. 162 – 163.

体相联系的一般规则，而仅仅包括为特定目的而设立的国际组织和国际机制。因此，新自由制度主义所关注的国际制度，实际上集中在为特定目的而设立的具体制度和惯例上，它强调国际机制和正式的国际组织。① 而英国学派所涉及的制度则与新自由制度主义有很大的不同。

英国学派所说的国际制度，并不一定是指组织或者管理机制，而是指一整套趋向于实现共同目标的习惯和惯例。这些习惯和惯例来自于主权国家相互关系的长期实践，它们对许多具体制度的形成、发展和消亡起着限制和塑造的作用。英国学派研究的国际制度基本上涉及的是历史上建构的规范结构、惯例和共同文化等因素，它集中体现在国际社会的基本制度上，如均势、国际法、外交机制、大国管理和战争等，基本上不涉及诸如国际机制这样的具体制度。这些基本制度并没有否定国家在实现国际社会政治功能中的核心作用，也不充当国际体系的中央权威代理机构，而相当程度上只是表明国家在发挥各自政治作用过程中需要相互合作，同时它们也是维持这种合作的手段。它们象征着国际社会的存在，表明了国家之间在发挥自己的政治作用中所进行的相互合作具有实质性和持久性，并且有利于缓和成员国忽视共同利益的倾向。② 也就是说，主权、均势、国际法、外交机制这些制度代表了国家行为体共享主体间理解的前提条件，它们使国家行为体成为国际生活的主体，并使国家之间进行有意义的互动。就国际制度在国际社会中的作用而言，英国学派主要关注国际制度建构国家实践的方式，以及这些制度建构或规定国家之间互动

---

① Robert Keohane, *International Institutions and State Power*, Boulder: Westview Press, 1989, pp. 165 – 166.

② Hedley Bull, *The Anarchical Society: A Study of Order in World Politics*, London: Macmillan Press LTD, 1995, p. 71.

的方式。而新自由制度主义主要关注国际制度组织国家实践的方式，就是说在一个既定的国际制度环境下，国际制度限制国家在国际关系中的行动范围和活动方式。[1]　显然，英国学派对国际制度的特定理解是它区别于新自由制度主义机制理论的重要内容之一。

第三，英国学派与新自由制度主义的不同不仅体现在它们对制度的解释上，而且也明显地体现在它们对国际制度的形成和作用所作的解释上。制度是行为体理性选择的结果？还是将行为体视为主权制度构成的？英国学派和新自由制度主义对此有着不同的回答。新自由制度主义的国际制度研究是建立在个体主义的方法论基础上的，它以理性选择理论作为解释国际合作行为的主要依据。它把行为体和行为体的偏好看作是既定的，试图解释在无政府状态下，利己的国家行为体之间的合作为什么不必依赖于利他主义和共同信仰，而可以从理性行为体的估算中发展起来。理性主义的制度理论假定行为体有既定利益作为其理论的出发点，然后研究行为体是否或者什么时候选择建构制度。这种国际制度研究的前提是，在国际政治领域，如果不能从协议中获得潜在的收益，那么就不会有建立具体制度的需求。正是协议的潜在价值（从相互协议中可以获得相当大的利益）与达成协议的困难两者相结合，才使建立国际制度富有意义。[2]

在新自由制度主义看来，国家间合作的最大障碍来自于国家在相互交往中的欺骗行为以及各方对于对方欺骗行为的担心。而

　　① Alexander Wendt and Raymond Duvall, "Institutions and International Order", in Ernst-Otto Czempiel and James N. Rosenau, eds., *Global Changes and Theoretical Challenges: Approaches to World Politics for the* 1990s, Lexington Books Issues, 1990, pp. 53 – 54.

　　② Robert Keohane, *International Institutions and State Power*, Boulder: Westview Press, 1989, p. 166.

要解决无政府状态下国际合作困境问题，建立国际制度是一种有效的途径，因为国际制度可以减少某种形式的不确定性，改变交易成本。也就是说，制度降低了制定、监督和实施契约的成本，而契约是以交换为基础的，即使在缺少等级制权威的情况下，制度也能提供信息（通过监督过程）和稳定预期。例如，通过创造实现互惠的条件，制度也可以使分散化的实施方案变得可行。按照该理论，确保各成员国遵循其承诺的主要是互惠和声誉，国际制度的创建和国家遵守国际规则主要由于制度提供的功能性利益。只要交流、监督、实施的成本相对低于从政治交换中获得的利益，那么人们就可以预期国际制度会出现；只要制度中的成员有维持制度的动力，这种制度就会一直维持下去。① 对基欧汉来说，国家的行为在相当程度上依赖于通行的制度安排，这些制度安排影响国家之间的信息流动和协商，影响政府监督其他国家遵守和实施他们做出承诺的能力，以及关于国际协议稳定的主要期望。② 简言之，在严格的理性主义模式中，对合作问题的阐述是根据规范的功能性获益、互惠的概念、合作在利己的行为体之间发展的方式这样的思路进行的，即合作能够为彼此带来明显的利益。③ 可见，理性主义的制度研究采取了一种方法论的个体主义途径，它倾向于从行为体的利益关系演变的功能主义解释中寻找国际制度的生成规律。

　　与理性主义的制度研究方法不同的是，英国学派的制度研究

---

　　①　Robert Keohane, *International Institutions and State Power*, Boulder: Westview Press, 1989, pp. 166 – 167.

　　②　Ibid. , p. 2.

　　③　Andrew Hurrell, "International Society and the Study of Regimes: A Reflective Approach", in Volker Rittberger, ed. , *Regime Theory and International Relations*, Oxford: Clarendon Press, 1993, pp. 71 – 72.

采取了一种整体主义的历史社会学方法。他们对试图完全根据抽象的、非历史的理性主义来理解合作和制度表示怀疑，而是主张通过历史上国家的实践以及共同利益发展变化的历史过程来理解合作和制度。对他们来说，国际制度是体现在国际社会结构中的实践，它们比 20 世纪快速增长的国际机制有着更长的历史；而且，这样的国际制度等同于主权、均势、国际法、外交对话和战争的实践。因此，为了理解主权制度，英国学派的方法主张对主权和在特定历史时刻国家领导人赋予这个术语的特定含义进行历史社会学的研究。[1] 这种制度研究方法的核心就是，强调国际制度活动的主体间意义的重要性，以及这种主体间的意义体现在历史实践和历史上建构的规范结构中，正是共同文化和价值形成了国家外交和政治实践的方式。在他们看来，国家之间成功的合作某种程度上依靠先前的共同体观念或者至少是一套共同的社会或语言习惯，而国家的行为受到国际社会的共同道德和认同的约束。[2] 也就是说，英国学派主要关注的是国际制度建构国家实践的方式，国际制度构成或使固有的社会或有意义的国际实践成为可能的方式。在这种制度研究中，规范使国家行为依赖于过去的事件或者假设的结果，一个国际社会似乎是从地区的社会和文化基础上发展起来的。因此，要准确地理解规范的组成，我们需要采取一种诠释学的方法，而不能采用一般的、抽象的术语来把握。

显然，英国学派强调制度研究的历史社会学方法，与新自由制度主义试图寻求更客观的、可检验假定的理性主义研究方法是

---

① Tim Dunne, *Inventing International Society: A History of the English School*, London: Macmillan Press LTD, 1998, p. 186.

② Kai Alderson and Andrew Hurrel, eds., *Hedley Bull on International Society*, London: Macmillan Press LTD, 2000, p. 27.

明显不同的，后者的方法更接近科学实证主义方法而不是经典的方法。在英国学派看来，国际关系研究并不是寻求经得起逻辑或数学的论证和检验的行为体的行为规律，而是在于揭示人类做出决定的偶然性，不同行为体赋予同一个事件的相对意义以及文化价值形成外交和政治实践的方法。① 制度研究在方法论上的分野，正是导致英国学派和新自由制度主义产生重大差异的关键。正如文森特所指出的："英国学派把社会制度作为一个整体来看待的方法与社会科学中的功能主义方法是不同的。功能主义对任何社会对象的解释都是目的论的，它把社会的整体置于部分之前，根据整体的需要来解释部分。由于这类解释偏爱最终原因而忽视了社会制度的直接原因，导致人们对功能主义理论是否能够解释所有事情表示怀疑。"②

　　总之，英国学派与新自由制度主义尽管在国际无政府状态、国际政治基本行为体、国际秩序和国际制度等问题的认识上存在着一些相似之处，但两者的分歧也是非常明显的。造成英国学派与新自由制度主义在国际秩序和国际制度研究方面的差异，既有理论或方法论的因素，也有两国学术传统和国情的因素。

　　首先，英美学界对社会科学的解释以及对认识论和方法论的理解有着很大的差异。虽然两国学者都把国际关系看作是一门社会科学，但许多美国学者著作的特色无疑是实证主义的，而英国大多数学者则是在经典的意义上定义科学的，它包括使用分析

---

　　① Tim Dunne, *Inventing International Society: A History of the English School*, London: Macmillan Press LTD, 1998, p. 9.

　　② R. J. Vincent, *Nonintervention and International Order*, New Jersey: Princeton University Press, 1974, pp. 335 - 336.

的、法律的、哲学的和历史的各种途径系统而广泛地获得知识。① 而且，美国学者普遍相信自然科学和社会科学是统一的，认为社会世界和自然世界一样存在着客观规律，可以采用相同的方法论，通过建立严格的科学研究议程、经过科学验证而获得关于社会世界的客观知识。因此，他们注重科学方法，强调理论的超历史特征、价值中立性以及经验实证性，倾向于从政治学和经济学的角度来研究国际制度。而英国学者大都认为社会科学与自然科学是不同的，社会事实不同于自然事实。对于自然事实，人们可以采取发现规律和说明因果关系的实证主义方法；但在社会科学领域，人们没有办法发现规律，因为类似自然界那样的规律在社会世界中是不存在的，社会科学的目的是理解其意义。因此，社会科学的研究不可能采取与自然科学相同的方法论。在他们看来，国际关系研究不可能像自然科学那样通过阐明规律或靠法则预测人类的行为而获得理解，而只有用人文科学的方法，用直觉、判断和有感情的理解和解释才能准确把握国际关系的社会世界，理解行为体在决定采取外交方略时经常面临的相互矛盾的政治价值与目标等难题，解释国际关系实践者的思想和行为。② 所以英国式的研究思路与美国盛行的思路相反，他们注重经典方法，强调理论的思辨性、历史性以及理论必然具有的价值内涵，倾向于从社会学和历史学的视角去研究国际社会和国际制度。

其次，英美学者所处的学术传统和环境的不同，也是造成英

---

① Christopher Hill, "History and International Relations", in Steve Smith, ed., *International Relations: British and American Perspectives*, Oxford: Basil Blackwell LTD, 1985, pp. 126 – 145.

② 朱瀛泉：《西方国际关系理论：一种学科史视角的鸟瞰》，载《国际关系评论》第 4 卷。

国学派和新自由制度主义在研究方法和研究风格方面出现差异的重要原因。美国的国际关系学科是在有利于社会科学方法论的学术环境中发展起来的。由于受 20 世纪 60 年代行为主义革命的影响，美国学界寻求把国际关系学科建立在科学的基础之上，他们坚持经验的不断增加的定量方法论，使用科学知识中一些有用的概念在所谓中立的立场上来解决国际问题，确信科学可以找到解决各个问题的钥匙；而且大学教育也非常重视定量分析和统计方法的训练。再者，美国学术体制的组织结构和运行模式，使大多数学者在发表论著和学术创新方面总是面临很大的压力。而 60 年代以后定量方法在社会科学领域的普及化，导致学者的研究集中围绕定量分析的线索进行学术创新，例如广泛使用定量方法研究以前未知的领域。另外，美国的学术与外交政策的密切联系，也使学者的研究更多地关注美国在当今国际体系中的地位。然而，英国的学术传统和环境与美国有着很大不同，英国国际关系内在的自由主义教育以及国际关系与历史和哲学之间存在的密切关系，使强烈的科学研究方法在英国不可能出现很多的追随者。[①] 英国的国际关系学科植根于传统的哲学、历史和法律的研究之中，大学教育非常重视人文社会科学各学科之间的沟通和交流，许多从事国际关系教学的学者最初接受的是历史训练，他们强调历史知识作为当代研究和理论分析的基础价值。因此，英国学者一般主张采用经典方法而不是使用量化数据作为国际关系研究的基础。另外，英国的学术体制对学者出版论著没有硬性的要求，学者的活动基本上是在不受政府政策影响的背景下进行的。

---

① 奥利·维弗尔：《国际关系学科的社会学：美国与欧洲国际关系研究的发展》，载［美］彼得·卡赞斯坦、罗伯特·基欧汉和斯蒂芬·克拉斯纳编：《世界政治理论的探索与争鸣》，秦亚青等译，上海人民出版社 2006 年版，第 78 页。

这种学术环境,使学者能够有充裕的时间和自由从国际体系和国际社会的角度对国际制度进行整体的和历史的研究,而不是着眼于当代的国际组织和国际制度。[1]

最后,英国学派和新自由制度主义在国际秩序和国际制度研究方面出现差异的一个更重要原因,在于英美战后在国际体系中所处的历史地位和面临的问题不同。英国历史上是一个在世界事务中发挥着领导作用的大国,它有积极参与世界其他地区事务的悠久传统。然而,第二次世界大战后,英国成为一般性大国,在世界事务中的作用下降,它面临的问题是如何维持它在国际体系中的大国地位和参加欧洲一体化进程。战后尽管美国成为国际体系的霸权国,但它的霸权地位不断遭到苏联的挑战,因而它面临的问题是如何维护其在战后国际体系中的领导地位以及确保这种霸权体系的秩序和稳定。这一时空坐标的定位,对英美两国的国际政治理论研究产生了重大的影响。它在很大程度上使美国人更多地关注国际体系,使英国人更多地关注国际社会;使美国人更多地注重霸权护持,英国人更多地关注国际社会的建构与运作;使美国人更加注重软硬权力,使英国人更多地注重国际社会的规范和制度。[2] 尽管70年代后美国实力相对衰落,新自由制度主义已经不像现实主义和新现实主义那样关注权力和国际体系,但他们理论关注的焦点仍然是美国霸权衰落后国际机制的维持问题。在他们看来,国际机制影响着政府可能获得的信息和机会,政府对支持这类国际制度的承诺的破坏,会对其声誉造成损害,国际机制因而改变着政

---

[1]   Steve Smith, ed., *International Relations: British and American Perspectives*, Oxford: Basil Blackwell LTD, 1985, pp. xi – xiii.

[2]   秦亚青:《国际关系理论的核心问题与中国学派的生成》,载《中国社会科学》2005年第3期。

府对其利益或有利地位的估算。① 为了考察国际机制对国家行
为的重大影响，他们把当代的国际组织和国际机制作为其理论
研究的主要内容。而作为与霸权无缘的英国，在历史和现实坐
标上的定位，使其无法像美国学者那样将焦点集中在霸权体系
上，而只能将关注集中在国际社会的本质和作用以及它的历史
发展上，主要研究作为一个整体的国际社会的特点和运作。而
欧洲战后的基本情况是试图克服传统大国的悲剧，建立一种制
度框架中的超国家市民社会。于是，英国国际政治学界的国际
社会学派经过几代学者的努力，成为全球认可的重要国际政治
理论。②

第三节　英国学派与建构主义

目前，西方学术界对于英国学派与建构主义的关系，有一种
较为流行的观点，就是将英国学派归入建构主义的谱系，认为它
是美国建构主义的一部分。例如，温特认为布尔对国际关系研究
的建构主义发展作出了重要贡献，并称英国学派是建构主义理论
的先驱。虽然这个学派没有明确地讨论国家身份形成的问题，但
是它把国际体系作为由共有知识管理的社会。温特强调，他把无
政府状态看成三种具有不同逻辑、不同趋势的文化，即霍布斯文
化、洛克文化和康德文化，就是借鉴了怀特关于国际关系的三个

---

① ［美］罗伯特·基欧汉：《霸权之后》，苏长和等译，上海人民出版社 2001
年版，第 30 页。
② 秦亚青：《国际关系理论的核心问题与中国学派的生成》，载《中国社会科
学》2005 年第 3 期。

传统（现实主义、理性主义和革命主义）的思想。① 建构主义者
的这种观点在英国学派内部有不少支持者，赫里尔、布赞、惠勒
和罗伯特·杰克逊等人也持有大致类似的看法，其中以邓恩的观
点最有代表性。邓恩认为，温特与怀特、巴特菲尔德和布尔的观
点基本类似，即无政府状态并不是发展国家高度合作形式的障
碍；而且他们都致力于一种国际体系的非理性主义理论的研究，
没有把规则、单元的身份和利益视为预先给定的；他们都假定国
家中心论，以及通过国家构成的主体间实践来探讨国际体系或国
际社会的意义。因此，"英国学派是建构主义者"，"在温特的建
构主义与英国学派之间有着家族的相似性"，曼宁、怀特和布尔
的著作应当被看成是社会建构主义的例证，"国际社会是一种社
会建构"。② 在国内学界，也有学者将两者看成是同一个谱系，
认为建构主义的主要渊源是英国学派的国际社会学说，建构主义
理论中近乎核心作用的三种文化概念，即霍布斯文化、洛克文化
和康德文化，在英国学派那里早就是关键性的范式之一，甚至名
称也大致相同。③

　　那么，英国学派与建构主义究竟存在怎样的关系呢？我们认
为，两者确实有着许多共同点，它们都致力于理解国际关系的社
会基础这个相似的议题，特别是它们都对国家身份的文化基础、
国际社会规则治理的性质和无政府状态下国际生活的各种形式感
兴趣。④ 具体地说：第一，在国际政治的行为体问题上，英国学

① ［美］亚历山大·温特：《国际政治的社会理论》，秦亚青译，上海人民出版
社 2000 年版，第 3、37 页，第 388 页，注释 29。

② Tim Dunne, "The Social Construction of International Society", *European Journal of International Relations*, 1（3），1995, pp. 372, 384.

③ 时殷弘：《历史·道德·利益·观念》，载《欧洲研究》2003 年第 5 期。

④ Christian Reus-Smit, "Imagining Society: Constructivism and the English School", *British Journal of Politics and International Relations*, 4（3），2002, p. 489.

派和建构主义都坚持"国家中心论"。英国学派把国家看作是国际政治的主要行为体，把国际社会理解为由主权国家组成的社会。布尔认为，国家是国际政治的基本行为体，现代国家不管相互之间存在什么样的分歧，它们都认为自己是世界政治中的主要行为体和权利与义务的主要承担者。① 布尔的观点比较集中地体现了英国学派在这个问题上的看法。温特也明确维护"国家中心论"。他认为国家是一种政治权威结构，具有合法使用有组织暴力的垄断权，因此在考虑国际政治中控制暴力问题的时候，最终要控制的正是国家。由于国家是现代世界政治中占主导地位的主体形式，所以国家应该是研究全球范围内控制暴力的首要分析单位。由于温特和布尔相信人类划分为主权国家是件好事，所以他们竭力想探讨的是无政府状态下一种有序的国家间共存如何获得的问题，只不过布尔关注的是国家间秩序，而温特则关注国家间暴力的控制问题。在温特看来，控制暴力是社会生活秩序的最根本问题之一，因为暴力技术的特性、谁掌握了暴力技术、怎样使用暴力技术等都会深刻地影响着一切其他社会关系。如果其他社会关系，如经济或家庭，不与"暴力"尤其是"毁灭性关系"相关联，那么这些社会关系就可能不是以其现有的形式存在了。②

　　第二，从本体论上看，英国学派和建构主义都坚持理念主义，认为人类关系的结构主要是由共有观念而不是物质力量决定的，国际政治的本质是观念的而非物质的，强调国际体系的文化和观念对国家身份和利益的建构作用。温特认为，国际结构不是

---

　　①　Hedley Bull, *The Anarchical Society*: *A Study of Order in World Politics*, London: Macmillan Press LTD, 1995, pp. 8, 16.

　　②　[美] 亚历山大·温特:《国际政治的社会理论》，秦亚青译，上海人民出版社 2000 年版，第 9—10 页。

物质现象，而是观念现象，这种观念结构是一种社会意义上的结构，其本质是知识或观念的分配。国际生活的特征取决于国家之间相互存有的信念和期望，这些信念和期望在很大程度上是由社会结构而不是物质结构造就的。这不是说物质力量和利益不重要，而是说物质力量和利益的意义和效用只有通过观念结构才具有意义和价值，具体地说，就是取决于霍布斯、洛克和康德这三种无政府文化中哪一种占主导地位。这种观念结构不仅对国家行为产生影响，而且也建构了国家的身份和利益。尽管国家的身份有国内建构的一面，但建构国家的身份和利益的观念在很大程度上是由国际体系层次的整体规范结构造就的。①

英国学派也把国际政治的基本结构看作是社会的，而不是物质的，认为国际社会的结构是一种观念结构，承认国际政治中规范和制度的核心地位，相信国际社会是通过不同的政治实践围绕行为体之间共享的、主体间的理解建构而成的。怀特的"国际体系观"强调规范、价值和制度的重要作用，这样一个拥有共同文化的国际体系观，与美国主流的"国际体系论"截然不同。后者强调机械互动的作用，把国家体系的研究完全看作机械因素如国家数目、相对规模、政治格局、武装技术的状态决定的，忽视了文化因素的重要性。② 布尔国际社会定义的核心是强调共同利益观念和共同价值，以及受法律和道德规则约束的共同意识，也就是强调国际政治的社会维度。他认为："如果一群国家意识到它们拥有共同利益和共同价值，从而形成一个社会，在此意义上，这些国家认为它们之间的关系受一套共同规则的制约，并且

---

① ［美］亚历山大·温特：《国际政治的社会理论》，秦亚青译，上海人民出版社 2000 年版，第 23—24、28—37 页。

② Hedley Bull, "Introduction: Martin Wight and the Study of International Relations", in Martin Wight, *Power Politics*, Leicester: Leicester University Press, 1978, p. 17.

它们一起在共同制度下运作，那么一个国家社会（或国际社会）就出现了。"① 显然，这些共同利益观念、规则和制度本身是观念的，它构成了英国学派的本体论内容。可见，建构主义和英国学派一样，他们研究决策者、外交官和广大公众是如何构建国际社会的？在何种程度上强调国家利益？如何定义和解释由国家组成的广泛国际社会中的国家利益？无政府状态是否能够转型？建构主义的答案是主观上的认识一致体现在主观上的国际体系结构之中，特别是行为标准或规范在一定程度上使规则和新的价值观出现。换句话说，一个社会构建的国际社会为什么和怎样转变为另一个国际社会。②

第三，在哲学方法论上，英国学派和建构主义都坚持整体主义的研究方法，也就是在结构与施动者之间关系问题上，它们都以整体为分析单位，强调国际体系结构对施动者的制约作用和建构作用，因此它们都明显地体现了整体主义特征。温特认为，建构主义是一种结构性理论，其理论基础是假定行为体是社会建构的，尽管国家的身份有国内建构的一面，但建构国家的身份和利益的观念在很大程度上是由国际体系层次无法还原的整体规范结构造就的。这类结构可以具有合作性质，也可以具有冲突性质。他强调体系结构不只具有因果作用，还具有建构作用，即体系结构不仅对行为体的行为产生影响，而且也塑造了行为体的身份和利益。身份和利益不同，行为体的行为也不同。行为体的身份是由体系结构建构而成的，也就是国家之间互为敌人、竞争对方和朋友的角色身份，是由它们生活在其中的无政府文化建构的。不

---

① Hedley Bull, *The Anarchical Society: A Study of Order in World Politics*, London: Macmillan Press LTD, 1995, p. 13.

② ［美］詹姆斯·多尔蒂、小罗伯特·普法尔茨格拉夫：《争论中的国际关系理论》，阎学通、陈寒溪等译，世界知识出版社 2003 年版，第 178—179 页。

同的体系文化确定了国家不同的角色身份，不同的身份确定了不同的国家利益。这种强调"有目的行为体的身份和利益是由共有观念建构而成的"原则，是一种"整体主义"或"结构主义"的研究方式，因为它强调社会结构的层创进化力量，这与把社会结构还原为个体主义方法是截然不同的。①

英国学派在研究国际社会的规则和制度时，也注意到它们对国家的制约作用和建构作用。布尔认为，国家社会观念实际上是这样一个思想，即普遍政治秩序应该由领土上明显不同的政治权威来维持，而这些政治权威都受一套共同规则的约束，这个思想明显是一个国际政治的构成性原则。他强调，所有国际制度的首要作用都是认同和维护国家作为国际舞台上的合法行为体，并因此把国家社会视为世界政治的最高规范性原则。② 对怀特和布尔来说，主权和不干涉概念不仅是有关国家允许做什么和不允许做什么的规则，它们同时也是国家内涵的构成性原则。如果主权原则改变了，国际制度和国际体系就会出现变化。不同的国家体系有不同的构成性原则。因此国际社会并不是既定的，而是由国家的互动实践建构的，而且是不能还原的。作为一种结构，它包含了通过制度体现高度发展的主体间认同形式的国家行为。但国家是怎样建构国际社会的规则和制度的，国家和国际社会之间结构的动力是什么，英国学派并没有对此进行清晰的分析。③

---

① ［美］亚历山大·温特：《国际政治的社会理论》，秦亚青译，上海人民出版社 2000 年版，第 1 页。

② Kai Alderson and Andrew Hurrel, eds. , *Hedley Bull on International Society*, London: Macmillan Press LTD, 2000, pp. 36 – 37.

③ Ole Waever, "Four Meanings of International Society: A Trans-Atlantic Dialogue", in B. A. Roberson, ed. , *International Society and the Development of International Relations Theory*, London and Washington: Pinter, 1998, pp. 97, 95; Tim Dunne, *Inventing International Society: A History of the English School*, London: Macmillan Press LTD, 1998, p. 9.

尽管英国学派与建构主义之间存在着许多相似之处，但是两者的差别也是非常明显的。首先，在研究方法上，英国学派偏爱从历史、哲学和法学中派生出来的理论方法，强调采用人文主义的综合性方法来研究国际关系，力图通过对国际关系思想史和国际法的系统研究，发现指导国家领导人行为的原则和他们赋予自己行动的意义。几乎所有的英国学派成员都坚持这样一种信条：好的国际关系学者至少需要熟悉 1648 年以来国家体系的变化，尤其是掌握 20 世纪以及许多特定时期的详细知识，并且认为理论概括需要由广泛的历史事例来充实和加强。[①] 在他们看来，如果国家和其他行为体的利益、身份是通过历史的互动过程构成的，那么进行详细的历史研究就是必需的。怀特通过对历史上各种国家体系的比较分析，得出的结论是每个国家体系都是建立在共同文化的基础上的，一个国家体系的存在必须具备共同文化、规则和制度这三个基本要素。布尔从理论和历史两个方面对国际社会进行研究，他不仅在理论上分析了国际社会概念，考察了主权国家产生以后国际社会的特点、运行规则和制度，而且还从历史的角度考察了国际社会如何从欧洲国际社会转变为全球国际社会这一问题。他从中概括出维持国际秩序的基本要素包括：共同利益观念、共同规则和制度。怀特和布尔所发展的国际社会概念，类似于围绕共存的规范基础的"对话体验"，是最接近诠释学的方法。[②] 英国学派在方法论上强调诠释学的方法，部分地由于他们对国际社会的思考，部分地出于他们偏爱历史所致。他们

---

①　Christopher Hill, "History and International Relations", in Steve Smith, ed. , *International Relations: British and American Perspectives*, Oxford: Basil Blackwell LTD, 1985, pp. 130 – 131.

②　Roger Epp, "The English School on the Frontiers of International Society: A Hermeneutic Recollection", *Review of International Studies* 24 (1998), p. 49.

认为，国际社会的研究无法用权力和利益这样抽象的术语予以理解，而必须把它们置于特定的文化和历史背景下进行考察，通过历史的和社会学的研究才能得到适当的描述。虽然英国学派强调历史研究的重要性，但是他们同时认为，人们要理解国际关系，仅有历史方法是不够的，① 实证主义和其他方法都是国际关系研究所不可缺少的方法。这就是说，他们实际上采取了一种多元主义的方法论立场。

与英国学派不同，建构主义主张采用科学方法来研究国际关系。建构主义是一种科学理论，它坚持科学实在论的原则，相信任何社会理论或国际政治理论都可以用科学实在论方式进行解释。温特在《国际政治的社会理论》中反驳了一些人认为建构主义是主观唯心论的批评，指出虽然建构主义认为社会类别不同于自然类别，社会现象主要是由人的观念建构起来的，但是两者的不同之处并没有从根本上否定以观念为核心的社会类别仍然具有客观性这一论断。因为社会类别在不同程度上植根于物质，它是自行组织的现象，这种自行组织能力决定了其客观存在的特征。他认为，建构主义虽然承认像国家和国家体系这种社会类别不能独立于建构社会类别的集体话语，但却通常可以独立于试图解释这些类别的个人话语，是实在的（本体论）和可知的（认识论），因此从方法论角度来说，我们仍然可以通过科学方法获得关于这些社会现象的客观知识，即通过建立严格的科学研究议程，提出能够证伪的科学假设，获得关于国际政治现象的客观知

---

① Hedley Bull, "The Theory of International Politics, 1919 - 1969", in James Der Derian, ed., *International Theory*: *Critical Investigations*, New York: New York University Press, 1995, p. 182.

识。① 温特以这样的认识论、本体论和方法论立场为基础，建构了一种不同于新现实主义和新自由制度主义的国家体系理论。在这个理论体系中，体系结构和施动者通过进程而相互决定，围绕三个关于结构—施动者问题的因素的阐述都是逻辑的和演绎的，而不是历史的，因此历史分析方法不是建构主义的重要特点。

　　英国学派与建构主义的第二个差别涉及它们对伦理规范的态度上。在英国学派的传统中，国际社会的方法是通过伦理维度来表达的，这明显地体现在他们对国际政治中人权规范的研究之中。这种伦理维度的明显特点就是它的道德世界的二元性，即在政治领域之外还存在一个个人道德领域，它假定跨越国界的人类道德责任的观念是建立在对善的生活和团结原则的个人道德的理解之上。鉴于政治涉及的内容表现为对国际关系中正义的自由主义理解，所以国际关系是由政治和个人的道德价值所支撑的。② 怀特曾对国际社会传统与被描述为责任伦理的道德义务之间的内在关联作过系统论述。他认为，理性主义传统坚持"双重道德标准"，即以仁爱为原则的个人道德和以正义为原则的政治道德，伦理的有效性在于维持这两者之间的平衡。他指出，政治道德具有近似和暂时的特点，它的基础是理性主义的人性论。"政治是从一个暂时阶段到另一个阶段的永恒运动。没有完美的解决办法，只有在具体处理方式中反复出现的接近于实现正义的状况。因此理性主义的政治家总是面临现实与期望之间的道德紧张。"对理性主义者来说，所有治国方略和政治行动的模式都是

---

　　① ［美］亚历山大·温特：《国际政治的社会理论》，秦亚青译，上海人民出版社 2000 年版，第二章。

　　② Janine Kissolewski, "Norms in International Society: English School meets Constructivists", Paper prepared for presentation at BISA conference, http://www.leeds.ac.uk/polis/englishschool/Kissolewski00.htm.

妥协，而指导妥协的原则是选择次恶。政治是一个追求次优和在"两个坏的"解决方式之间不断进行选择的领域。"理性主义对待政治道德的典型态度，就是坚持唯一可能的道德选择是'坏的和更坏的'解决方式之间的选择。"选择次恶是政治道德的原则，但它在政治上并不意味着存在一套适用的检验标准，怎样在特定形势下适用这个原则是一个政治判断问题，而判断是经常变化的。因为确定次恶需要对难以判定和偶然的形势做出评估，而这样的评估是不同的。① 这就是说，国际关系实践伦理的主要目的，不是进行道德哲学的纯理论思考或阐述国际伦理的一般理论，而是探究国家领导人处理内外政策时所适用的规范标准，其核心是政治家在特定的时间、地点和形势下的道德选择问题。在英国学派看来，这涉及如何平衡各种不同的，甚至相互冲突的道德原则或道德要求的问题。政治家在处理外交事务和重大国际问题时必须尽量兼顾国家责任、国际责任和人类责任三者之间的平衡，把政治审慎与道德义务结合起来。理性主义的伦理内涵在于：国家不仅受到审慎和权宜之计规则的约束，而且也受到国际社会的道义和法律原则的制约。可见，国际社会理论不仅是一种有关对国际政治性质的认识，而且也体现了它关于国际法、国际义务和国际伦理的一种基本观念，是对人类政治行为的一种规定。② 它所涉及的秩序、正义、主权、人权、干涉、文化以及共同利益、共同价值等问题，既是国际政治的一些基本问题，也具有丰富的伦理和人文内涵。

---

① Martin Wight, *International Theory: The Three Traditions*, New York: Holmes & Meier, 1992, pp. 241-244.

② 关于英国学派的伦理特点的讨论，参见石斌：《英国学派的伦理取向》，载陈志瑞、周桂银和石斌主编：《开放的国际社会：国际关系研究中的英国学派》，北京大学出版社 2006 年版，第 62、42—45 页。

　　虽然强调规范、认同和观念在国际政治中的重要作用也是建构主义学者关注的主要内容，但是他们涉及的规范并不具有英国学派那样鲜明的伦理内涵和人文关怀。目前学术界对规范概念的界定主要有两类：一类是坚持对规范进行狭义界定的研究者，他们主张将规范与规则等其他行为准则区分开来，认为规范是指"根据权利和义务界定的行为准则"，它包含了应然和共同道德评价的内容，而规则是指"对行动所作的规定或禁止"。英国学派所涉及的规范基本上是这种狭义意义上的规范。另一类是主张对规范进行广义界定的建构主义学者，他们认为规范本身包含了规则等其他形式的行为准则。这种对规范的界定方式，它不再简单地按照权利和义务的特点来划分和认识规范，而是把规范从广义上分为"限制性的"和"构成性的"两大类。[1] 彼得·卡赞斯坦认为，规范是指"有着特定认同的行为者对适当行为的共同期望"，不同的规范所起作用的方式也不同。限制性规范涉及确定合适行为的标准，进而塑造政治行为体的利益，协调它们的行为；而构成性规范表明了行为体的认同，也规定了行为体的利益。[2] 芬尼莫尔接受把规范划分为限制性规范和构成性规范的做法，但对规范概念作了另一种界定，她认为规范的一个普遍接受的定义，即"具有给定身份的行为体适当行为的准则"。她还指出，政治学中建构主义称之为规范的概念与社会学称之为"制度"的概念实际上是同样的行为准则。根据社会学理论，"规范"和"制度"的一个不同之处是聚合性问题：规范指的是单独的行为准则，而制度强调的是诸多行为准则的组合汇集与相互

---

　　① 高尚涛：《国际关系的权力与规范》，世界知识出版社 2008 年版，第 69—71 页。

　　② ［美］彼得·卡赞斯坦：《文化规范与国家安全》，李小华译，新华出版社 2002 年版，"译者的话"，第 3 页。

关联（一组实践活动和准则）。① 根据这一定义，规范不仅包括
规则，而且还包括制度。所谓制度，实际上也是规范的一种组合
和表现形式。

　　从上述对规范问题的讨论中，我们可以明显地发现，建构主
义使用的规范概念是与英国学派所涉及的规范不同的。英国学派
所说的规范是一种道德和法律意义上的规范，它包含了应然和价
值判断的伦理内涵和维度。而建构主义所说的规范既是一种涉及
"适当"或"合适行为"的准则，又是存在于主体间的一种客观
的社会实在。"社会规范的一个重要特征就是它们创造了行为模
式——社会科学试图解释的那种行为模式"，"这些模式可能是社
会实在——规范与理解——和主流范式强调的物质实在的结
果"②。也就是说，建构主义涉及的规范在本质上是客观的和价
值中立的，它并不包含对规范进行道德和价值判断的伦理内涵。
芬尼莫尔对此曾明确地指出，建构主义规范研究的一个核心问题
是要考察规范对国家行为产生的作用，也就是侧重于考察构成性
规范在一定程度上是怎样构成、创造、修正了行为体和利益的，
《国际社会中的国家利益》这本书主要想从经验上证明：社会规
范事实上怎样影响了国家的行为，并阐明影响的方式。她强调，
我们"说社会规范在国际上起作用并不是对这些规范的伦理和道
德进行判断"。③

　　事实上，建构主义并不是关于世界应该是什么样的规范理

　　① 马莎·芬尼莫尔、凯瑟琳·斯金克：《国际规范的动力与政治变革》，载
［美］彼得·卡赞斯坦、罗伯特·基欧汉和斯蒂芬·克拉斯纳编：《世界政治理论的
探索与争鸣》，秦亚青等译，上海人民出版社 2006 年版，第 299—301 页。
　　② Martha Finnemore, *National Interests in International Society*, Ithaca and London：
Cornell University Press, 1996, p. 130.
　　③ Ibid., p. 128.

论，而是关于世界实际是什么样的科学理论，[①] 因而它本质上并不涉及国际关系应该怎样做的规范性主张。温特的建构主义就是明显的例证。他认为，施动者和结构之间是一种相互建构的关系，施动者之间的互动造就了结构，而结构反过来也建构了施动者的身份和利益。一方面，施动者的互动导致了结构的形成。国家之间的互动可以产生不同特征的无政府状态，建构不同的无政府文化。根据国家之间互动性质的不同，可以产生多种无政府文化，即霍布斯文化、洛克文化和康德文化。不同的无政府状态有不同的内涵，哪一种文化占据主导地位关键要看国家怎样通过自己的实践活动进行文化建构。因此，无政府状态并不像新现实主义所描述的那样，只存在一个单独的"无政府逻辑"，而是存在多种类型的无政府逻辑；一切取决于国家互动过程中建构的共有的观念结构。另一方面，国际体系的结构也建构了施动者的身份和利益。理性主义假定行为体的身份和利益是先验给定的，也就是说，行为体的身份和利益是外生于行为体的互动进程。体系结构约束了行为体的行为，但它没有改变行为体的身份和利益。建构主义认为，体系结构不仅仅具有因果作用，还具有建构作用，即体系结构不仅对行为体的行为产生影响，而且也塑造了行为体的身份和利益。从某种意义上说，建构主义是一种身份政治理论。[②] 可见，建构主义是一种有关规范的解释理论而不是规范理论。

　　英国学派和建构主义的第三个差别还表现在它们对国际体系变化的认识上。毫无疑问，建构主义是一种有关国际体系的进化

---

　　① 温特明确地指出了这一点，参见［美］亚历山大·温特：《国际政治的社会理论》，秦亚青译，上海人民出版社 2000 年版，第 28 页。

　　② ［美］亚历山大·温特：《国际政治的社会理论》，秦亚青译，上海人民出版社 2000 年版，译者前言，第 25—30 页。

理论，因为它比较系统地论述了霍布斯文化主导的体系如何转变为康德文化占主导的体系的问题。温特认为，当国家开始建立国家体系的时候，它们是在一个没有制度性制约的环境中进行的。在这样一个不存在共有观念的世界里，自然选择的物质逻辑可能是最强有力的。那些选择侵略性的利己身份的国家得以昌盛，而那些没有这样做的国家却成为牺牲品，没有什么可以阻止这种事情发生，这导致所有行为体的身份和利益被降低到最利己行为体的水准之上。这种自然选择可以解释霍布斯文化在 3000 年前出现的原因，即国际体系演变为霍布斯文化的原因，但在解释今天的国家身份方面却只能起到很小的作用。从 1648 年威斯特伐利亚体系建立以来，由于主权制度的建立，国家承认相互都有生命、自由和财产权利，结果就限制了国家的侵略，所以，虽然战争频繁，权力分配不均，但是国家的死亡率却大大降低。于是，国际体系进入了以竞争为特征的洛克文化阶段。① 然而，温特并没有说明国际体系怎样从充满敌意的霍布斯文化进化到充满竞争的洛克文化，他只是重点讨论了洛克文化怎样转化为康德文化的问题。

温特认为，有四个主变量推动国际体系从洛克文化转变为康德文化，它们是相互依存、共同命运、同质性和自我约束。他指出，国家的利己身份并不是先天给定的，而是需要通过实践活动不断再造的个体性条件；如果有人明确地把当前的状态看成是相互依存的，那么相互依存将有助于集体身份的形成。即使在互动开始时自我的行为是出于自私考虑的，但自我在社会困境中选择合作，就含蓄地承受了集体身份。因为根据"行动确定身份"

---

① ［美］亚历山大·温特：《国际政治的社会理论》，秦亚青译，上海人民出版社 2000 年版，第 407—409 页。

的社会互动理论，行为体"好像"根据其新的身份行动，并教给他者怎样做才能支撑这种新的身份，这样一来，各方原来的身份都在减弱，各方都在学习以他者的眼光看待自己，也在改变着自己对自我身份的定义。而且人能够在象征意义上掌握相互依存，并在此基础上从事"意识劳动"，如谈话、讨论、教育等。这样，在任何人进行关于行为的讨论之前，就能够创造相互依存的共同再现以及相互依存所建构的"群我意识"。他认为，相互依存程度越高，国家间的互动密度就会越大，集体身份也就越容易形成，最终导致"核心地带"。在这样的地方，认同的同心圆就会出现。对于共同命运怎样才能影响集体身份的形成以及为什么能够起到这样的影响的问题，温特根据"群体选择"理论认为，在群体竞争中，利他群体在进化方面比利己群体更具优势，因为前者能够比较容易地采取集体行动，可以使用较少的资源规范其成员行为。虽然共同命运并不必然导致集体身份，但共同命运导致的合作有助于集体身份的形成，如果至少是在"好像"的基础上采取集体身份，反复合作就会导致促进行为体合作的思维习惯，即使是共同命运的客观基础不复存在也是如此。他指出，在不具备严重威胁的情况下，共同命运的感觉可能要取决于"倡导者"和"认知共同体"的作用，这些人会率先界定行为体悟知自我的方式。[①]

　　至于同质性，温特认为，它会以两种方式促进集体认同的产生。一是减少由于团体或类别身份不同而导致的冲突的数量和严重程度。在其他条件相同的情况下，减少国家之间的不同会加大它们利益的趋同，这就会减少利己身份的影响，促进集体身份的

---

　　① ［美］亚历山大·温特：《国际政治的社会理论》，秦亚青译，上海人民出版社 2000 年版，第 433—441 页。

形成。二是如果行为体根据将他们构成群体的特征相互视为同类，那么也会有利于集体身份的形成。虽然同质性也不是集体身份形成的充分条件，但它可以减少冲突和增加自我和他者相互视为同一群体成员的能力。① 以上三个主变量都是集体身份形成的有效原因，这些因素的加强会使行为体更加具有从事亲社会行为的动因。但这一进程只有在行为体克服了自我将被他者吞没的担心和恐惧之后才能得以进展。温特认识到，在无政府状态下要建立起自我与他者的信任关系，光靠外部约束是不够的；要真正消除国家之间的相互担心，自我约束是必需的。但国家怎样知道其他国家会自我约束呢？温特给出了三种回答：第一，国家通过不断地服从规范，逐渐将多元安全共同体的制度内化。通过观察相互的习惯性服从，国家就逐渐知道其他国家没有破坏制度的意图，从而在国家之间形成一种尊重自我需求的信任感。第二，通过在国内建立民主制度的方式，使它们自然而然地服从安全共同体的规范。第三，自我束缚，即通过单方面行为来减轻他者对自我意图的担心。如戈尔巴乔夫在"新思维"的指导下，通过单方面和平行动极力"消除西方害怕采取的理由"。②

　　显然，温特较为系统地探讨了一个利己身份占主导的体系怎样转变为集体身份占主导的体系的问题。虽然他承认在利己身份向集体身份进化过程中往往会存在阻力，集体身份很少能够达到至善至美的状态，"在大多数情况下，可能达到的最佳状态是同心圆，即行为体依其身份和利益在不同程度上与其他行为体认

---

① ［美］亚历山大·温特：《国际政治的社会理论》，秦亚青译，上海人民出版社 2000 年版，第 441—445 页。

② 同上书，第 445—452 页。

同，同时又满足自己的需求"。① 但他相信这样一种国际政治文化的转变是可能的，除非发生外来的震荡性冲击。一旦洛克文化得以内化，就很难再退回到霍布斯文化中去。康德文化之于洛克文化也是一样。换言之，建构主义对国际体系结构变化的认识是动态的，在时间上有先后顺序。在国际历史的大部分时间里，国家生活在霍布斯文化之中，在这种文化中，无政府逻辑就是杀戮或被杀。但是 17 世纪欧洲国家建立了洛克文化，在这种文化中，相互承认主权的做法限制了国家之间的冲突，这种文化在 20 世纪中叶最终成为全球性的文化。到了 20 世纪后期，国际体系正经历着另一种结构变化，即向着集体安全的康德文化迈进。到目前为止，这种变化主要限于西方，虽然在西方这种变化也是初步的，但是可以说变化确实开始了。不过，这种变化并不是随意发生的。事实上，结构性变化是很困难的。②

　　但是，在英国学派的著作中，我们没有发现任何有关国际体系的政治文化变迁的比较系统的理论阐述，也没有看到有关霍布斯的国际体系转变为格劳秀斯的国际社会的因果解释过程。尽管英国学派的著作并没有排除因果分析，但他们把因果解释看成是历史分析的一部分来处理的。虽然他们也使用如国际体系、国际社会和世界社会概念作为描述国际关系的方法，但他们几乎没有从理论上阐述这三个概念之间变化的因果过程。在英国学派的早期著作中，他们更多地关注国际秩序退化的可能性，以及怎样防止这种退化，而不是阐述无政府状态下可能产生更多合作的国际环境，或者世界社会的要素成为支配

---

　　① ［美］亚历山大·温特：《国际政治的社会理论》，秦亚青译，上海人民出版社 2000 年版，第 452 页。

　　② 同上书，第 386、398—399 页。

性力量的因果过程。① 为什么英国学派的学者会对国际体系变迁的因果机制缺乏兴趣呢? 对于这个问题,我们认为,它本质上是由英国学派的理论特点及关注焦点决定的。

首先,国际政治文化的变迁是温特理论阐述的一个重要问题,因为他首先假定在无政府状态下第一次相遇将导致霍布斯文化的形成,这样他在理论上就必须解释国际体系由洛克文化怎样向康德文化转变的问题。因此,无政府状态下合作怎样成为可能成为温特理论关注的一个重要问题。但对于英国学派来说,无政府状态下合作的可能性并不重要,因为他们的理论出发点假定了无政府状态下国家之间存在相当程度的合作,因此他们理论研究的重点在于怎样解释这一现象。虽然布尔也曾对无政府状态下国家间维持秩序的可能性作过一些研究,但他并没有正面去阐述这个问题,而是通过批驳无政府状态下不可能有秩序这个论点来说明的。因此,无政府状态下合作怎样成为可能并不是布尔真正关心的问题。② 英国学派和建构主义在这个问题上的差异,很大程度上反映了英美两国学者对无政府状态的本质存在着认知上的差异。美国大多数学者把无政府状态视为混乱、无序之源,而在英国学派看来,虽然无政府状态这个术语含有混乱、无序和缺乏政府的意思,但它并不意味着混乱和无序。准确地说,无政府状态意味着存在一个社会,在这个社会里,有序和稳定的社会关系可以不必通过一个政府的强

① Andrew Linklater and Hidemi Suganami, *The English School of International Relations: A Contemporary Reassessment*, New York: Cambridge University Press, 2006, pp. 106 – 108.

② 苏格拉米对此作了很好的分析,参见 Hidemi Suganami, "Alexander Wendt and the English School", *Journal of International Relations and Development*, 4 (4), 2001, p. 414。

制方法来获得。① 因此，英国学派认为没必要花精力去研究无政府状态下怎样开始合作的问题。同样地，他们对现有体系朝更高层次的秩序和正义方向推进的问题也不太感兴趣，因为他们更关心的是如何在威斯特伐利亚体系的框架内维持现有秩序的稳定性，以及有关维持秩序的规则、规范和制度等一系列具体问题。他们更注重洛克文化向霍布斯文化倒退的可能性，而不是洛克文化进化到康德文化的可能性问题。英国学派在研究内容上关注维持现有秩序的稳定性，这是导致他们在理论上没有比较系统探讨有关洛克文化向康德文化进化问题的一个重要原因。②

其次，英国学派在总体上注重考察国际社会的结构、功能和作为国际社会整体的历史，他们对特定区域内国家关系的演变不感兴趣。康德文化在英国学派活跃于国际政治学界的时候，还只限于欧洲几个核心国家，而非全球性的。况且，当时欧洲一体化基本上还只局限于经济领域，还没有向政治领域发展。即使在 20 世纪 80 年代欧洲一体化运动开始创建一个超国家共同体时，它对成员国的主权和全球政治结构的影响也是十分有限的。正如布尔所指出的，欧洲的发展可能代表了世界政治发展的一种方向，但它在不久的将来不会取代主权国家体系，也没有充分的理由认为这种转变一定会有利于人类。英国学派更关心国家间暴力的控制以及主权国家体系作为组织世界政治方式的价值。因此，他们不重视洛克文化向康德文化的转

---

① Michael Banks, "Charles Manning, the Concept of 'Order', and Contemporary International Theory", in Alan James, ed., *The Bases of International Order: Essays in Honour of C. A. W. Manning*, Oxford: Oxford University Press, 1973, p. 190.

② Hidemi Suganami, "Alexander Wendt and the English School", *Journal of International Relations and Development*, 4 (4), 2001, pp. 414 –415.

变也就不难理解了。① 最近，布赞在其新著中对英国学派忽视次全球层次或地区层次的做法提出了新的解释。他认为，英国学派过分关注全球规模和普世原则，或者担心次全球层次和地区层次的国际社会将会威胁全球性国际社会的发展，这是他们不重视国际社会的次全球层次和地区层次的根本原因。② 另外，英国学派注重历史分析，无疑使它的研究更多地关注现代国际体系的历史演变，而不是理论本身的逻辑演绎，这是导致他们在理论上不太关注国际体系结构变迁的另一个重要原因。

第三，英国学派在讨论国际体系时注重考察体系内部存在的权力分配不平衡问题。沃森在《国际社会的演变》中注意了霸权、支配和帝国等问题。他认为任何国家体系总是摇摆于众多独立国家和帝国、霸权和支配地位之间，并且始终存在着一种追求霸权、支配地位和帝国秩序的趋势，同时也存在一种众多国家寻求更大自主性从而促使帝国和支配地位走向瓦解的反向趋势。③ 布尔在《无政府社会》中论述世界秩序时也注意到大国和小国的权力不平衡问题。他认为要有效地确保世界秩序得到维持，大国之间达成共识是十分重要的。然而，大国之间所达成的共识，如果没有考虑那些在世界上占据人口大多数的贫穷落后的亚非拉国家的要求，那么国际秩序也是不能持久的。④ 但是，温特在分析国际体系的霍布斯文化、洛克文化和康德文化时却忽视了权力

---

① Hidemi Suganami, "Alexander Wendt and the English School", *Journal of International Relations and Development*, 4 (4), 2001, pp. 415 – 416.

② Barry Buzan, *From International to World Society? English School Theory and the Social Structure of Globalization*, Cambridge: Cambridge University Press, 2004, p. 205.

③ Adam Watson, *The Evolution of International Society*, London and New York: Pinter, 1992.

④ Hedley Bull, *The Anarchical Society: A Study of Order in World Politics*, London: Macmillan Press LTD, 1995, pp. 301 – 302.

分配不平衡问题。他在讨论国家互动时，只谈到自我与他者，根本不提两者的权力关系问题，似乎两者权力关系上的不平等对国际体系并不重要。显然，建构主义存在的一个重大问题在于，它忽视了国家间力量分配的差距对国际体系的影响，也就是说，它看不到国家间形成的共有知识往往体现了大国意志的事实。

　　总之，尽管英国学派和建构主义在国际政治行为体、本体论和哲学方法论方面存在一些共同之处，但两者在研究方法、对伦理规范和国际体系变化的认识上仍然有着重大差异，那种把英国学派与建构主义混同起来的观点，实际上是对两者关系的重大误解。造成这种误解的重要原因，很大程度上是他们在解读彼此的著作时有意或无意地忽视了两个学派的其他重要思想。建构主义的学者在讨论英国学派理论时几乎完全集中在它的本体论特点上，特别是国家形成国际社会而不是国际体系的思想上，而忽视了它对国际关系中秩序和正义关系的强烈规范性研究的传统，以及注重历史、哲学和法学的传统研究方法的特点。而英国学派的学者很大程度上是根据温特的著作来定义建构主义的，他们将温特看作建构主义的主要代表，认为他的著作表达了"建构主义的核心要素"，"抓住了国际关系研究中建构主义的基调"，是"建构主义的关键文本"，因而赋予了建构主义一个不合适的国家中心主义、结构主义和实证主义的特点。但实际上，温特的建构主义并不是建构主义唯一可能的形式，建构主义理论内部各个学派之间也有着很大差异，它们在国家身份与利益界定的来源、国际关系分析层次和方法论等方面都存在着很大的争论。① 由于

---

　　① 　Christian Reus-Smit, "Imagining Society: Constructivism and the English School", *British Journal of Politics and International Relations*, 4 (3), 2002, pp. 488 – 499; Christian Reus-Smit, "The Constructivist Challenge after September 11", in Alex J. Bellamy, ed., *International Society and Its Critics*, Oxford: Oxford University Press, 2005, pp. 83 – 87.

两派学者只集中于对方的某一个思想，而忽视了其他重要思想，导致他们看不到两者之间存在的重大差异，从而得出了英国学派是建构主义的错误结论。由此可见，搞清英国学派和建构主义理论的基本内容和特点，是区分两个学派关系的关键。

第七章 对国际社会理论的评价

通过前面六章的分析，我们可以看到，英国学派的国际社会理论总体上是一种不同于美国主流理论的国际关系理论，它有独特的研究方法、理论视野和伦理取向。

英国学派国际社会理论的总体特征就是：它既是结构的，又是规范的和历史的。英国学派的结构性表现在，尽管他们认为国际体系的结构是无政府状态的，但国际关系仍然是由规则和制度管理的世界，因此在无政府状态下，国家之间的关系仍然表现出一定的社会秩序，所不同的是国际社会中的规则和制度不同于国内社会而已。在他们看来，国际体系的结构更多的是与国家间世界的制度框架相联系，而不是与物质力量相联系，也就是英国学派的结构主要表现为对当代国际社会的制度结构的认同上。显然，这种制度结构是与新现实主义的体系结构概念完全不同的，因为后者所说的国际体系结构本质上是一种物质结构，它表现为大国物质力量的分配。这种制度结构同时又使英国学派对国际社会理论的探讨必然是规范的。实际上，国际社会理论既是一个有关国际关系怎样起作用的经验事实，又是一个有关在国际关系中应该怎样做的规范性主张。这种两重性被英国学派看作是国际秩序问题的基本特征，同时也是英国学派社会和秩序观念的一些来源。① 怀特关于国际思想三大传统的区分本质上是一种伦理区分，三大传统根据各自对国际政治性质的认识，分别提出了一套国际行为规则和国际伦理原则。这种双重性特征在布尔的著作中体现得尤为明显。布尔一方面认为秩序是国际关系历史记录的一部分，它植根于国家的实践之中，而不是存在于有关国家关系的思想之中。但另一方面他又把秩序看成是规范的，认为任何一种秩序如果要得以维持和获得，国际社会就必须要有一定的规范和制度。英国学派内部关于多元主义和社会连带主义的争论，实质上是有关多元主义"薄"的道德观和社会连带主义"厚"的道德观的争论。不仅如此，国际社会理论还是历史的。承认历史或历史知识对国际关系研究的重要性，是将英国学派联结起来的共同纽带。② 对英国学派来说，国际社会像任何变化的社会一样，是一个历史上特定的社会，它是历史上特定的法律结构和特定的共同理解的产物。③ 因此，对国际社会的研究必须将它置于特定的文化和历史背景下来进行，而不能像沃尔兹那样把国际体系的研究看作是超历史的、抽象的概念。

国际社会是英国学派的核心概念和理论关注的中心问题，但英国学派对它的研究和阐发又是在国际体系和世界社会两个概念的观照下进行的。也就是说，英国学派理论的基础是关于国际体系、国际社会和世界社会这三个要素都同时存在的思想，它们既

①　N. J. Rengger, *International Relations, Political Theory and the Problem of Order*, London and New York: Routledge, 2000, p. 75.

②　Andrew Linklater and Hidemi Suganami, *The English School of International Relations: A Contemporary Reassessment*, New York: Cambridge University Press, 2006, p. 84.

③　Cornelia Navari, "Diplomatic Structure and Idiom", in James Mayall, ed., *The Community of States: A Study in International Political Theory*, London: George Allen & Unwin, 1982, p. 17.

是作为学术讨论的对象，又是作为国际现实的特征。这种理论上的多元主义阐述将焦点从大量对立的国际关系理论方法中分离出来（如现实主义与理想主义、理性主义与反思主义等），而趋向于一种描述三个要素之间相互作用模式特征的整体的、综合的理论方法。① 而且，英国学派本体论的多元主义是与方法论的多元主义密切相关的。英国学派的代表人物承认人们需要考虑国际结构的政治层面和社会层面，同时需要研究政治结构层面下的问题和考虑共同文化，也就是说，英国学派始终认为需要用一种多元主义的方法来研究国际关系。② 方法论和本体论上的多元主义，是英国学派的一个重要特点，也是英国学派区别于美国主流学派国际关系理论的一项重要内容。英国学派强调从国际社会而不是从国际体系出发来研究国际关系，它对国际社会概念的主要因素、本质和方法的系统阐述，为我们理解国际关系提供了一个重要的分析框架。

国际体系概念一直是当代国际关系研究的重要内容，国际关系的主流理论都把国际体系置于其理论研究的中心地位。根据温特的看法，在国际关系理论中有两种可以称之为"体系"理论的观点：一种是把国际体系作为因变量，将总体层次上的国家行为方式即国家体系层次上的国家行为方式，作为它的解释对象。沃尔兹将这种理论称之为"国际政治理论"。另一种是把国际体系作为自变量，它强调国际体系结构和国家行为之间具有因果性解释关系，这种理论通常被国际关系学界称之为

---

① Barry Buzan, *From International to World Society? English School Theory and the Social Structure of Globalization*, Cambridge: Cambridge University Press, 2004, p. 10.

② Richard Little, "The English School and World History", in Alex J. Bellamy, ed. ,*International Society and Its Critics*, Oxford: Oxford University Press, 2005, pp. 62 - 63.

"体系理论"。体系理论不同于解释国家行为的"还原"理论，因为后者只是在个体参与者或单位层次上进行分析，它强调决策者心理状态和国内政治等单位层次因素，所要研究的行为可能是单位层次，也可能是总体层次；而体系理论的分析层次是国际体系，它试图根据国际体系因素解释单位的行为，其目的是要表明施动者怎样被体系以不同的方式构建起来，因而产生了不同的结果。体系理论解释国际政治的时候，指涉的是国际体系"结构"，而还原理论解释国际政治的时候，指涉的是"施动者"（国家）的特征和互动。这两种理论之间的关系是互相竞争的，竞争的重点在于不同分析层次上自变量的重要程度。在温特看来，体系理论和还原理论都使用了体系结构解释国家行为方式，因而这两种理论都可称之为体系理论。但是，这两种理论也都使用了单位层次的特征和互动，只不过由于它们各自界定的结构不在同一个分析层次上，所以使用的方法也显现出不同而已。他认为，原则上存在许多不同的体系理论，存在不同的关于结构和施动者关系的理论，这些体系理论的不同之处在于怎样对体系结构进行概化。①

目前主流的国际关系理论存在着三种体系理论，即沃尔兹的新现实主义、基欧汉的新自由制度主义和温特的主流建构主义。它们都强调从国际体系层次出发研究国际关系的重要性，认为只有体系理论才能称为国际关系理论，但是它们的内容以及它们对国际体系的认识又有着很大的不同。② 新现实主义把国际体系的结构看作是大国物质力量的分配，认为结构的变化以及随之而来

---

① ［美］亚历山大·温特：《国际政治的社会理论》，秦亚青译，上海人民出版社 2000 年版，第 12—14、17—26 页。

② 秦亚青：《权力·制度·文化：国际关系理论与方法研究文集》，北京大学出版社 2005 年版，第 15 页。

的国际体系的变化是由各单位实力对比的变化造成的，更简单地讲，是由大国数量的变化造成的。① 而国家实力是由物质力量构成的，国际体系中权力分配体现为大国之间物质力量的分配。新现实主义强调国际体系中权力分配对国家行为和它们之间互动产生的影响。新自由制度主义承认国际体系中权力分配作用的重要性，但他认为仅仅强调结构是不够的，因为国际体系层次上的人类活动同样会产生重要的影响，国家间相互依赖所产生的国际制度也是国际体系的重要特征。为了解释国家的行为，必须把权力分配和国际制度结合起来。因此，新自由制度主义把国际体系看作是物质力量加国际制度，强调国际制度及其实践对国家行为的重要影响，把制度的变化看作是由行为体的共同利益不同造成的。② 建构主义认为，国际结构不是物质现象，而是观念现象，在物质世界之外，还存在一个意义与知识的世界，或者说存在一个主体间的世界。在这样的世界里，行为体的行为以及由此而形成的国际体系，最终都是由行为体共同具有的理解和期望决定的。因此，建构主义把国际体系看作是观念的分配，强调观念分配对国家行为的影响，把国际体系结构的变化看作是国家间共有观念的变化造成的。③

与主流理论侧重于国际体系的研究方法不同，英国学派把国际社会作为国际关系研究的出发点，强调共同利益观念、共同规则和制度在国际关系中的重要性，它关注国家间合作的因素和有

---

① ［美］肯尼思·沃尔兹：《国际政治理论》，胡少华等译，中国人民公安大学出版社 1992 年版，第 3 页。

② ［美］罗伯特·基欧汉：《霸权之后》，苏长和等译，上海人民出版社 2001 年版，第 30 页。

③ 李少军：《国际政治学概论》（第二版），上海人民出版社 2005 年版，第 173 页；［美］亚历山大·温特：《国际政治的社会理论》，秦亚青译，上海人民出版社 2000 年版，第三章。

规范的交往关系。布尔和沃森在分析国际关系的时候，一方面，承认国际体系的无政府状态对国家行为的影响，认为无政府状态的压力会迫使一个国家在对自己的行为进行估算时，需要考虑其他国家的经济和战略行为，这种体系的压力是在共同体关心的意愿之外机械地发挥作用的。这意味着布尔和沃森承认国际体系中权力分配在国际关系中的重要性，承认在国际体系中存在着冲突的因素和国家争夺权力的斗争。但另一方面，布尔和沃森又认为，国家在一定程度上能够通过形成国际社会制度的办法来改善国际体系结构的影响，这些制度可以大大缓解体系力量对国家间关系产生的巨大压力。"国家领导人为国际社会设计的一套规则和制度是一种上层建筑，它有意识地被用来减缓体系的机械运作。这些规则很大程度是统治者和领导人面对体系的压力而发展起来的实践经验的总结和概括。"① 这种强调国际社会的研究方法促使他们在分析国家间互动和国际体系的时候，更多地对体系中社会性的大小程度、规则的特征以及国家的共同利益而非权力关系感兴趣。这就使他们不仅把战争和均势看作是权力冲突的经常性结果，而且也把它视为创建秩序的可能手段和制度，因为战争可以遏制麻烦制造者的野心与贪心，有限战争毕竟是均势的工具；这也使得他们从外交和国际法，而非均势和战争的角度，来考察秩序的模式。②

这种强调国际社会的研究方法与侧重于国际体系的研究方法相比，它具有两个重要的优点。首先，它为国际体系的研究

① Adam Watson, *The Evolution of International Society*, London and New York: Pinter, 1992, p. 311.

② Stanley Hoffmann, "Foreword: Revisiting 'The Anarchical Society'", in Hedley Bull, *The Anarchical Society: A Study of Order in World Politics*, London: Macmillan Press LTD, 1995, pp. viii – x.

重新引入了三个被沃尔兹的简化理论所忽视的因素，即跨国性观念、国际制度和相互依赖，其中，跨国性观念可以产生共同规范和共同利益，而相互依赖有助于缓和无政府体系对国家间关系产生的巨大压力，从而推动国家之间的国际合作。沃尔兹的体系研究方法存在的问题在于，它只看到了国际体系中物质力量分配因素的作用，而忽视了国家之间经常性合作和有规则交往的重要性。但实际上，主权国家之间的关系经常建立在无政府社会的规范、规则和制度基础之上。因此，当我们解释无政府状态如何影响国家行为时，了解在国际社会中创立秩序的规范结构同样是十分重要的；同样地，理论家在解释国家如何对国际体系的无政府结构做出反应时，必须理解由国际社会中现有秩序促进的目标和被视为世界政治中正义属性的选择性目标之间的关系。[①] 其次，国际社会的研究方法也促使我们注意国家间互动与国家的性质和制度之间的关系，也就是说，它不仅注意单元间的权力分配，而且也注意单元本身。国际社会范围的大小取决于单元政治体系中的自由空间与政府控制之间的比例，国际社会的紧密程度或深度取决于单元所具有的共同点的多少，国际社会的本质或内容取决于主导性的观念、意识形态或文化。[②] 英国学派这种强调国际社会的规范和制度维度的观点把它与美国主流理论的观点区分开来。英国学派的国际社会理论告诉我们，可以从国际社会的角度来分析所有的国际体系。正如有学者所指出的，英国学派对国际关系的重要贡献，不仅

---

① Edward Keene, *Beyond the Anarchical Society: Grotius, Colonialism and Order in World Politics*, Cambridge: Cambridge University Press, 2002, p. ix.

② Stanley Hoffmann, "Foreword: Revisiting 'The Anarchical Society'", in Hedley Bull, *The Anarchical Society: A Study of Order in World Politics*, London: Macmillan Press LTD, 1995, p. x.

在于重新发现了国际社会的规则和制度的重要性，用国际社会
而不是国际体系的视角去分析国际关系，而且在于它始终坚持
对规则和制度进行历史诠释。[①]

　　同时，与主流学派侧重从一元论的立场和视角来考察国际
体系不同，英国学派采取了方法论的多元主义立场，这使他们
能将国际体系、国际社会和世界社会的理论主张结合起来，对
国际关系的复杂现象进行整体的和综合的研究。一方面，采取
多元主义的方法论立场，英国学派可以把国际体系、国际社会
和世界社会置于不同的分析层次上，从不同的角度观察和研究
国际关系。英国学派假定为了理解体系内出现的各种行为模式，
有必要了解在体系内运行的各个国家的文化观，这种文化观起
到了支撑国家行为的作用。[②] 怀特和沃森通过对历史上不同国家
体系的比较分析，着重考察了不同国家体系的行为模式存在的
差异，力图探索国家体系与非国家体系的不确定界限。在他们
看来，通过历史和比较的方法可以最有效地推进对国际体系的
理解。而布尔重点考察了主权国家产生以后国际社会的特点、
运行规则和制度。另一方面，尽管英国学派承认理性主义思想
的重要性，但他们并没有排斥现实主义和革命主义思想的价值。
在他们看来，国际社会中现实主义、理性主义和革命主义这些
要素都同时存在，对国际关系的综合理解必须采取这三种传
统。[③] 为此，他们把国际体系、国际社会和世界社会三者有机地

---

　　① Joao Marques de Almeida, "Challenging Realism by Returning to History: The British Committee's Contribution to IR 40 Years On", *International Relations*, 17 (3), 2003, p. 275.

　　② Barry Buzan and Richard Little, *International Systems in World History*, Oxford: Oxford University Press, 2000, p. 29.

　　③ Richard Little, "The English School's Contribution to the Study of International Relations", *European Journal* of International Relations, 6 (3), 2000, pp. 395 – 422.

统一起来。他们既承认国际体系的无政府状态和国家间冲突的现实，同时也认为国家间仍有理性的交往和共同规范；他们既强调权力、均势、大国管理在国际关系中的作用，又认识到共同利益、共同规范和制度的重要性；他们既承认主权国家在当今国际关系中的重要作用，主权平等、不干涉是国际关系的基本原则，同时又认识到人权的普遍价值和人道主义干涉的合法性。这些看似矛盾的思想和内容在英国学派那里有机地结合在一起。英国学派理论和方法的兼收并蓄的特点，对于解释国际关系的复杂现实无疑拥有更大的整合力和包容性。

英国学派的多元主义不仅为综合各种各样的国际关系理论观点提供了一个基本框架，而且为它们之间的对话架设了一个理想的平台。英国学派的研究议程与其他社会科学和世界历史有着密切的联系，它加强了国际关系与历史社会学、世界历史、国际法、哲学或伦理和国际政治经济的联系。英国学派始终坚持用哲学、历史、法学的综合性方法来研究国际关系，注重各个学科之间的相互交流和借鉴，他们把历史学、哲学、法学、政治学和社会学的方法融入国际关系的研究中去。在阐述国际社会概念时，他们不仅注重从历史角度去理解国际体系的"历史和社会深度"，关注人类及其政治价值观，而且从政治和社会的角度分析了影响国际体系的政治、军事和社会因素。他们认为，欧洲在扩张过程中虽然把源自西方的国际关系规则和制度扩展到世界其他地区，并最终实现了欧洲国际社会的全球化，但并未使世界其他地区完全欧洲化或西方化，许多国家仍然保持了自己独特的政治、经济制度和民族文化，也即国际社会仍然保持着它的多样性。但另外，他们又强调国家在保持个性的同时还拥有共性，国家在国际社会中必须遵守共同的规则和制度，它们在确保国际社会正常运作上拥有共同利益，国际法、外交惯例和国际制度不只适用于西方国家，而是所有国际社会成员都应该共同遵守的。英国学派强调国际社会的多样性和普遍性的统一，为我们展现了一幅全面而又丰富多彩的国际社会画面。可见，国际关系的整体主义和跨学科性质在英国学派的著作中得到很好的体现。它的核心概念和多元主义的方法论为综合各学科的研究方法，对国际关系进行整体研究提供了一个很好的工具。①

此外，英国学派的国际社会理论也为我们观察和分析当前国际政治的复杂现实和政治态度提供了一个有益的视角。英国学派的国际社会概念抓住了人们描写国际生活经常面临的悖论，即国际政治领域中既存在着经常寻求它们自身价值和利益的特殊国家，同时这些国家也可能创建和分享共同价值和利益，甚至彼此学习。② 一方面，英国学派的国际社会概念揭示了国际体系中国家之间的权力分配是有重大差异的，大国和小国在国际关系中所起的作用也不一样。大国在国际舞台上往往拥有较大的行动自由，它们经常会利用自己的实力优势追求自己的利益和价值，并为了各自的国家利益而进行相互争夺，因而大国之间经常存在矛盾和冲突。但另一方面，大国出于维持自身的长远利益和国际社会共同利益的需要，又经常会彼此相互合作，共同创建国际社会的规则并实施这些规则。尽管这些规则、规范和制度主要是由少数大国制定的，体现了大国的意志和利益，但它们也在很大程度上反映了国际社会所有成员国的共同利益。例如，核不扩散机制作为国际安全领域的一个重要制度，它开始是由西方大国和苏联

① Barry Buzan, "The English School: An Underexploited Resource in IR", *Review of International Studies* 27 (2001), p. 480.

② Alex J. Bellamy, ed., *International Society and Its Critics*, Oxford: Oxford University Press, 2005, p. 2.

通过谈判制定和实施的，但由于这个机制对于国际社会防止核扩散和维护世界和平能够发挥重大的作用，因而它逐渐得到国际社会大多数成员的支持和认可，成为国际社会的一项重要制度。经济领域的贸易体制、货币体系的情况也是如此。国际生活中经常存在的这种悖论，很大程度上反映了国际体系的结构特征，它表明在无政府国际体系中力量分配仍然在国家间关系中发挥着重大作用，大国不可能不寻求自身的利益和价值；但同时大国与小国在国际社会中又存在许多共同利益，它们不可能不顾国际社会的共同利益而一味地追求自己的国家利益。这种悖论在全球化时代的今天仍然表现十分明显。

随着全球化的发展，各国之间的相互依赖日益加深，恐怖主义、核武器扩散、生态环境恶化、贩毒走私、跨国犯罪等全球性问题日益成为国际社会面临的共同威胁。这些全球性问题，单靠一国或几国的力量是无法解决的，只有通过所有国家在国际社会的合作和协调才能得到解决，这就要求各国、特别是大国在实现本国利益和国际社会的共同利益之间寻求一个大致的平衡。一味追求本国的国家利益或过分强调国际社会的共同利益都是有害的。两者如何达成大致的平衡，在这方面，英国学派的国际社会理论无疑为我们提供了一个有益的视角。

然而，英国学派的国际社会理论并不是没有问题的。国际社会理论的最大缺陷就是其理论主张的模糊性和不一致性。在英国学派的著作中，存在着保守的现实主义和激进的革命主义之间的内在紧张，这种紧张明显地体现在他们对权力与规则、主权与人权、不干涉与人道主义干涉原则摇摆不定的认识上，也体现在他们对国际社会概念的多元主义和社会连带主义的争论之中。在英国学派那里，国家和个人孰轻孰重，主权和不干涉原则与世界社会能否兼容，国际社会的内涵、成员资格、边界、文化价值和道

德基础以及未来前景究竟是什么，并无确切的答案。① 国际社会
理论的内在紧张源自英国学派对理性主义中间道路的选择。理性
主义的中间道路一方面使国际社会理论具有包容和整合现实主义
和自由主义理论观点的特点，因而其理论视野广阔，内涵丰富；
但另一方面，理性主义的二元性倾向又使其理论主张显得摇摆不
定，缺乏自身立场的一致性和连贯性。怀特本人也承认，理性主
义是欧洲思想中的一条宽广的中间道路，但正因为如此，它的范
围有时变得不确定：边界难以辨别，道路有时显得狭窄。② 理性
主义强调世界政治的文化维度，特别是把社会编织进国家大社会
中的民族和国际的信念和思想，这种集中于国际社会规范和制度
的维度有自己的逻辑，它并不能简单地被理解为经济利益或生产
过程的反映，而很大程度上是历史和文化的产物。③ 然而，作为
英国学派核心的国际社会模式必须应对全球化的资本主义经济和
假定的世界公民社会以及其他发展出现的问题，这可能使世界社
会的逻辑在国际政治中发挥越来越大的作用，这就需要我们发展
英国学派理论，而世界社会是英国学派早期著作中相对没有得到
发展的领域。但加强世界社会的努力客观上又会与国际社会的规
范和主张相冲突。林克莱特（Andrew Linklater）曾尖锐地指出，
国际社会的规范和制度在当前世界文化日益多样化的背景下，要
建立一种促进个人和社会群体福利的世界共同体，需要保持理性
主义力量，特别是建立在比较激进形式基础上的分析模式，只有

---

① 石斌：《英国学派的传统与变迁》，载陈志瑞、周桂银和石斌主编：《开放的
国际社会：国际关系研究中的英国学派》，北京大学出版社 2006 年版，第 20 页。

② Martin Wight, *International Theory: The Three Traditions*, New York: Holmes &
Meier, 1992, pp. 14 – 15.

③ Hedley Bull and Adam Watson, eds., *The Expansion of International Society*, London: Oxford University Press, 1984, p. 9.

这样才能确保国际社会朝世界社会的方向发展，但坚持这种观点客观上又减弱了强调中间道路的理性主义主张，因为革命主义赞成用暴力推翻现存的政治制度作为实现单一的普遍政治共同体的一种方式。因此，主张国际社会的理性主义逻辑不可能与通过强调一种革命主义形式的趋势相协调。[1]

英国学派在论述权力与国际社会的共同规则和制度之间的关系时存在一些含糊不清的地方。一方面，他们认识到在无政府的国际体系中，大国和均势在维持国际秩序中发挥了重要作用，均势的存在是国际法发挥作用的基本条件；但另一方面，他们又认为需要用国际法作为约束国家无止境地追求自身利益的方式，而且国际法要求大国承担实施法律的责任。英国学派力图适当地理解权力、利益和规则的关系，避免陷入否定法律规范领域的独立作用或者低估权力创造规范框架本身的双重陷阱。但他们这样做的结果使人们对英国学派关于权力与规范的关系产生了疑问：到底是权力决定规则和规范，还是规则和规范建构了权力政治的游戏、行为者的属性和身份？[2] 最主要的是，英国学派对有关国际社会如何形成和变化的论述很少，他们没有处理好体系与社会之间复杂的均衡以及阐明两类社会之间的区别和联系。他们认为，国际体系虽然是无政府状态的，却又是有秩序的，无政府状态是与社会相协调的，但在无政府状态下合作是怎样开始的？合作为什么成为可能？社会要素怎样才能克服从无政府结构中发展起来的对抗要素？国际社会变化的动力又是什么？对于这些问题，英国学派并没有在理论上进行清晰的阐述。

---

① Andrew Linklater, "Rationalism", in Scott Burchill and Andrew Linklater, *Theories of International Relations*, London: Macmillan Press LTD, 1996, pp. 114 – 115.

② Tim Dunne, "The New Agenda", in Alex J. Bellamy, ed., *International Society and Its Critics*, Oxford: Oxford University Press, 2005, p. 69.

对布尔来说，从体系转向社会是由共有知识的增长促成的，共有观念与合作存在一定的关系。实际上，这种观点把社会性秩序问题简化为政治性秩序问题：假定共有观念的存在与否取决于是否为同一个目标而共同努力。这样做的错误是把"文化"（共有知识）和"社会"（合作）等量齐观。因为共有知识及其各种表现形式，如规范、规则等，从分析的角度来看，都是中性的，它既可能导致冲突，也可能导致合作。①事实上，导致国际社会形成的因素既可能是相互依赖模式的产物，也可能是战争状态的结果，后者常常通过暴力方式把一系列规则和制度强加给国际社会。②国家之间的共同利益既可能导致国家之间的合作，又可能导致不合作，因为在无政府状态下国家间的合作还受制于对相对获益的考虑。布尔认为，合作首先可以在没有任何社会和文化价值的真正一致的基础上出现，只要国家之间在维持国际社会的基本目标上拥有共同利益观念，具有不同文化的国家便可能建立起国际社会。但他没有进一步探讨"共同利益"这个概念的含义，也没有解释共同利益到底从何而来，以及如何变得具有约束力？怀特认为，历史上所有的国际体系都是以共同文化作为先决条件的，并明确地主张现代国际体系是西方或欧洲经验的产物，但这种观点不能解释当代文化多元化的全球性国际社会是如何出现的。现代国际社会至少可以追溯到16、17世纪的欧洲，它经历从基督教国际社会到欧洲国际社会再到全球性国际社会的扩张过程。然而，欧洲国际社会的扩张是怎样连同欧洲人和非欧洲人的

---

① ［美］亚历山大·温特：《国际政治的社会理论》，秦亚青译，上海人民出版社 2000 年版，第 320—321 页。

② Stanley Hoffmann, "Foreword: Revisiting 'The Anarchical Society'", in Hedley Bull, *The Anarchical Society: A Study of Order in World Politics*, London: Macmillan Press LTD, 1995, p. x.

关系一起发展的？是哪些因素和力量推动了国际社会的变化和发展？如果没有共同文化的框架，一个全球性国际社会如何产生？怀特和布尔的著作对此基本上没有多少讨论。只是到了最近，英国学派的著作才开始探讨历史上国际社会出现的问题，以及国际社会产生和消亡的动力问题。[①]

　　根据怀特和布尔的阐述，国际生活现实中实际上存在着两种类型的国际社会：一种是以共同文化为基础的国际社会；另一种是以共同利益为基础的国际社会。虽然他们在阐述国际社会的扩张时认识到欧洲国际社会与全球性国际社会的基础不同（前者是以共同文化或文明为基础，后者则以共同利益为基础），但却没有能够阐明在这一时期存在着两种非常不同的国际秩序模式，而这两种秩序模式在规范原则、法律规则和制度安排上存在着深刻的差异。在欧洲，国际秩序是建立在国家相互承认主权独立和平等，并容忍它们之间文化和政治差异的基础之上，这种秩序是在威斯特伐利亚体系和欧洲国家社会中发展起来的；而在欧洲之外，秩序模式是建立在殖民地和帝国体系的基础之上，它的明显特点是不容忍差异性，不承认国家之间的主权独立和平等，而是强调个别国家统治其他民族的等级制度的合法性，并致力于促进一种特殊文明的目标，即按照它的方式改变"不文明的"文化、社会、经济和政治制度。[②] 从国际秩序的观点来看，这种以共同文化为基础的国际社会和仅仅依靠共同利益来加强的国际社会显然是不同的，它们依赖的价值、规范和制度的本质与特点不可能是

---

　　①　Barry Buzan and Richard Little, *International Systems in World History*, Oxford: Oxford University Press, 2000; Edward Keene, *Beyond the Anarchical Society: Grotius, Colonialism and Order in World Politics*, Cambridge: Cambridge University Press, 2002.

　　②　Edward Keene, *Beyond the Anarchical Society: Grotius, Colonialism and Order in World Politics*, Cambridge: Cambridge University Press, 2002, pp. xi, 5 - 6.

一样的。① 而且就这两种不同类型的国际社会来说，单元之间的
相互联系也是不同的。由于这些不同的作用和影响可能会在不同
层次上用相当不同的方式表现出来，因此国际社会似乎是一个非
常分散和多层次的现象。然而，关于这两类国际社会之间的区别
和联系，它们这些不同现象是怎样相互联系的以及欧洲国际社会
（怀特所说的礼俗社会）怎样转变为全球国际社会（布尔所说的
法理社会）的这样一些理论问题，英国学派的著作并没有进行必
要的分析。

　　文化与国际社会之间的关系一直是英国学派理论关注的中心
问题。怀特和沃森认为，一种共同文化的存在，可以为支撑国际
社会的核心规范和制度的共识提供重要基础。任何一个拥有共享
价值、共同行为标准的社会都是在一种文化框架中发展起来的；
而如果没有这种共识，国际社会就有失去凝聚力的危险。② 布尔
也指出，历史上出现的国际社会的共同特点是它们都建立在共同
文化和文明的某些要素基础之上，这些共同文明要素的存在从三
个方面有助于加强国际社会的凝聚力。第一，一种共同语言、共
同的认识论和世界观、共同的宗教和道德观以及共同的审美观或
艺术传统的存在，有助于国际社会成员间的沟通和相互了解，从
而促进共同规则和制度的产生与发展；第二，一种共同价值观念
的存在，推动了国家接受共同的规则和制度，从而进一步加强了

---

　　① Stanlay Hoffmann, "International Society", in J. D. B. Miller and R. J. Vincent, eds. , *Order and Violence: Hedley Bull and International Relations*, Oxford: Clarendon Press, 1990, p. 26.

　　② Martin Wight, *Systems of States*, Leicester: Leicester University Press, 1977, p. 33; Adam Watson, *The Evolution of International Society*, London and New York: Pinter, 1992, p. 318.

国家的共同利益观念;① 第三,一种共同价值体系的存在,有助于确保国家致力于秩序、正义、和平等相对有价值的目标。② 显然,在这些学者眼里,某些共同文化的存在是一个国际社会顺利运行所必需的。但是,到底多大程度的共同文化是这样一个国际社会形成的必备条件呢? 在国际社会的形成过程中文化究竟是怎样发挥作用的? 对于这些问题,我们在怀特和布尔等人的著作中很难发现有比较系统的阐述。

另外,我们需要了解维持当代国际社会的文化是真正共享的,还是仅仅体现了强者的文化偏好。一方面,当代国际社会基础的重要特征源自于西方,但它并不是简单地建立在西方的文化和历史经验的基础上的,而同时也是以系统地贬低其他文化的历史为前提的。因此,国际社会作为一个历史实体,它不是一个所有文化都得到尊重、包容文化多样性的水平的和多元的共同体,而是一个具有等级特征的组织结构。另一方面,欧洲国家经常是通过强制(掠夺、暴力、剥削等)而不是彼此同意的方式把欧洲国际社会转变为全球性国际社会的,它们通过殖民化和非殖民化,把非西方的思想和利益某种程度上合并到国际社会的结构之中,尽管有时这种思想采取了使用欧洲国际社会话语的方式。因此,重要的是要承认维持国际社会的文化结构并质疑这种结构。我们需要了解这些结构是什么,它们怎样塑造了不同文化群体之间的互动,它们是否和怎样把一定的知识形式和特定的经验置于世界其他地区之上?③

① Hedley Bull, *The Anarchical Society: A Study of Order in World Politics*, London: Macmillan Press LTD, 1995, p. 15.

② Hedley Bull and Adam Watson, eds. , *The Expansion of International Society*, London: Oxford University Press, 1984.

③ Alex J. Bellamy, ed. , *International Society and Its Critics*, Oxford: Oxford University Press, 2005, pp. 219, 288 - 289.

需要指出的是，支撑国际社会的结构并不仅仅是一个政治和军事结构或者社会和文化结构，而是一个包括政治、经济、社会和文化等多层次的结构，因此，维持国际社会的许多结构必须予以承认和考察。国际社会理论需要承认维持世界政治的政治、经济、社会和文化结构的多样性，"如果不考虑经济和社会类别中的结构，也不考虑军事—政治类别中的结构，人们就不能完全地、甚至不能适当地理解国际体系，尤其是国际体系的历史"①。然而，问题在于传统英国学派对国际社会的研究主要集中在政治和社会类别上，而相对忽视了经济类别的作用。市场的经济结构与无政府状态的政治结构之间存在怎样的关系，两者是如何联系的？怀特和布尔并没有进行必要的分析。正如有学者所指出的，英国学派的主要缺点在于，它相对忽视了国际社会的经济、技术因素和国际合作的不同类型，如果国际社会是一个包括贸易、技术、人员等领域不断进行国际交往的社会的话，那么英国学派很大程度上忽视了国际社会扩张过程中不断增长的贸易和其他经济关系。② 文森特力图克服怀特和布尔在讨论国际社会时忽视经济因素的倾向，他提出的基本权利思想将经济与政治紧密地结合起来，强调生存权优先于安全权，如果不在经济领域解决生存权问题，实际上就无法解决人的基本权利问题。③ 但遗憾的是，文森特没有来得及从理论上系统地阐述国际社会的经济结构与政治结构之间的关系，就过早地离开了人世。由于英国学派忽视了国际

---

① Barry Buzan and Richard Little, *International Systems in World History*, Oxford: Oxford University Press, 2000, p. 84.

② Tony Evans and Peter Wilson, "Regime Theory and the English School of International Relations: A Comparison", *Millennium: Journal of International Studies*, 21 (3), 1992, p. 351.

③ R. J. Vincent, *Human Rights and International Relations*, London: Cambridge University Press, 1986, pp. 143 – 150.

体系结构中的经济类别，这样就使其理论陷入了文化多样性与国际社会秩序稳定的两难困境。但如果我们对国际社会的解释中包括经济类别的基本制度，那么我们的世界画面看上去有更多的社会连带主义，国家和社会之间就会出现更高程度的合作和一致、有更多共享价值和利益的方式，从而也可以解决英国学派在国际社会和世界社会的关系问题上比较混乱的局面。[1]

另外，英国学派认为国际社会的规则和制度与国家是相互建构的，但国家是怎样建构国际社会的规则和制度的，这些规则和制度又是怎样影响国家的行为以及建构国家的身份和利益的？对于这些问题，英国学派并没有从理论上做出明确的回答。很显然，国际社会的规则和制度的产生和再产生只能是微观层次上实践和互动结构的结果，宏观结构需要以微观结构作为基础，这样的基础应该是体系理论的一部分。在英国学派的理论中，国际社会的结构既是国家实践的产物，同时它在其他场合又作为一定类型的国家实践的原因出现（国际社会结构对国家行为的制约作用），但英国学派既没有讨论国家作为施动者的意义，也没有分析国家和国际社会之间结构的动力问题。[2]虽然布尔承认作为独立政治共同体的国家先于现代主权国家出现，但英国学派对国际社会的解释存在的不足在于，它没有对国家怎样有能力形成社会关系进行充分的理论化，也没有解释一旦国家认同国际社会，国际社会的制度规范又是怎样限制国家的行为并使国家的实践成为可能。在这方面，英国学派采用

---

① Barry Buzan, "International Political Economy and Globalization", in Alex J. Bellamy, ed. , *International Society and Its Critics*, Oxford: Oxford University Press, 2005, pp. 115 - 133.

② Tim Dunne, *Inventing International Society: A History of the English School*, London: Macmillan Press LTD, 1998, p. 9.

的施动者语言是太缺乏说服力了。正如邓恩所指出的，我们需要一个关于国际社会的理论解释，它必须说明可变的国内结构、共享规范和目标框架的创建和再生产之间关系是怎样互动的。在非集中化的国际体系中，大国创建了国际社会的规则并实施这些规则，但问题在于规则和制度是怎样开始为国际社会成员所共享的，新成员拥有的各种机制和工具是怎样通过社会化进入国际社会的通行规则的。在这个过程中，武力、算计和说服是如何发挥作用的，权力、利益和规范的关系如何？也就是说，必须说明社会化是怎样发生的，在特定的场合强制和说服是怎样取得相对平衡的？① 布赞也指出，英国学派的代表人物怀特、布尔等人对均势、外交机制、战争等都作了深入的探讨，揭示了国际社会成员普遍承认和遵守的各种制度的内涵和历史演变，但对这些规则和制度是怎样内化的却缺乏必要的分析。② 显然，在结构与施动者之间的关系问题上，建构主义要比英国学派高出一筹。建构主义不仅分析了国家之间的互动造就了国际体系的结构，而且也分析了体系结构反过来建构了国家的身份和利益。

　　最后，必须指出的是，英国学派的核心概念——国际社会——根植于英国帝国和欧洲大国的经验之中，它是历史上英国的国际经验和战后英国在国际体系中地位的集中体现，它本质上是为维护英国国家利益和现存的国际秩序服务的。英国历史上是一个世界大国，它有积极参加世界其他地区事务的悠久传统，这种参与所采取的方式是殖民主义、贸易关系、对外军事义务和在

---

　　① Tim Dunne, "The New Agenda", in Alex J. Bellamy, ed. , *International Society and Its Critics*, Oxford: Oxford University Press, 2005, pp. 68 – 69, 74.

　　② Barry Buzan, *From International to World Society? English School Theory and the Social Structure of Globalization*, Cambridge: Cambridge University Press, 2004.

国际组织中的活动。① 然而，第二次世界大战后，英国已不再是占主导地位的世界大国，它在国际体系中所处的地位既不同于美苏两个超级大国，又不同于中小发达国家和发展中国家，而是处于某种"中间"位置。这种独特的处境，使英国既不像美国和苏联那样容易产生主导世界的强烈欲望，也不像发展中国家那样对国际现状严重不满，② 而是设法通过对外政策中追随美国和参加欧洲一体化进程来维持它在国际体系中的大国地位。正如史蒂夫·史密斯所指出的那样："美国作为世界大国对世界各种问题必须作出与英国不同的反应。这种反应的结果是用管理者的观点看待国际关系，按照这种观点，国际关系需要加以调节；同时，这也为利用某些技术从而对美国的工商企业打开大门大有好处。至于英国，它的历史和当前地位给它确定了完全不同的行为方式，即强调居中调停和谈判的重要性。也就是说，采用那些适合于把国际关系看作是一门艺术的相互作用的方式。"③ 英国一方面，需要借助国际社会的规范和制度来缓和美苏两个超级大国的权力竞争，避免因美苏争霸而给英国和欧洲的安全和利益带来重大危害；另一方面，它又可以利用国际社会的规则和制度在世界事务中发挥有效的影响力和作用，弥补英国力量不足产生的在国际体系中行动能力下降的弱点。

事实上，虽然今天的世界表面上越来越承认多元化，承认多种文化、价值和制度规范的存在，但今天的国际社会显然还是扩

① ［英］亚当·罗伯兹：《国际关系的新时代》，载袁明主编：《跨世纪的挑战：中国国际关系学科的发展》（修订版），北京大学出版社 2007 年版，第 22 页。

② 石斌：《英国学派的国际伦理取向》，载陈志瑞、周桂银和石斌主编：《开放的国际社会：国际关系研究中的英国学派》，北京大学出版社 2006 年版，第 68 页。

③ ［俄］A. Л. 茨冈科夫、Л. A. 茨冈科夫：《国际关系社会学》，刘再起译，武汉大学出版社 2007 年版，第 85 页。

大了的欧洲国际体系。它是以西方的价值、规则、规范和制度为基础展开的，在许多重要方面，国际社会的发展代表了根据西方制度设计和意识形态力量表达的西方霸权的发展。[①] 因此，国际社会实际上是一个划分为不同层次的等级社会，是国际范围的强权结构。在这个等级社会中，处于核心层次的是西方发达国家，它们决定着国际社会的基本议事日程，决定着世界经济和国际安全的大部分事务；而处于国际社会外围的是广大发展中国家，它们虽然有选择地参加和对待国际规则和国际机制，但基本上丧失了对国际事务的大部分发言权。[②] 正如布尔所指出的："尽管今天的国家体系是全球性的，其成员多半为非西方国家，然而该体系本身是一个西方体制，或者说是一系列相关的制度：外交程序、国际法的形式、国际组织，甚至国际社会新成员处理对外关系时所使用的战争和谍报方式也是西方占统治地位时期的做法。在这个意义上，当今全球的国家体系仍然以欧洲为中心，这是西方对世界其他国家影响的重要标志。亚洲、非洲和大洋洲国家的增加标志着欧洲或西方在世界统治地位的下降，但它至少暂时也标志着欧洲或西方的通行政治组织观念的胜利。"[③] 由此可见，英国学派强调国际社会的规范和制度的重要性，强调西方文明价值和欧洲历史经验在塑造国际社会过程中的关键作用，是带有强烈的道德判断和欧洲中心主义思想色彩的。尽管英国学派的有些学者也承认异质文化和文明是建立国际社会的出发点，但该学派的内心

---

① Jacinta O'Hagan, "The Question of Culture", in Alex J. Bellamy, ed. , *International Society and Its Critics*, Oxford: Oxford University Press, 2005, p. 218.

② 王逸舟:《西方国际政治学：历史与理论》，上海人民出版社 1998 年版，第 381—384 页。

③ Martin Wight, *Power Politics*, Leicester: Leicester University Press, 1978, Preface by Hedley Bull, pp. 12 – 13.

深处仍然崇尚西方的文明和价值规范，谋求在世界上维持一个以西方的价值和规范为主导的国际体系。因此，他们讨论的国际社会本质上是为维持既定的国际秩序服务的。

　　所有这些表明，英国学派的国际社会理论为我们理解国际关系提供了一种重要的分析框架，但它的理论仍然是欠完备的，还有待于进一步完善。

参考文献

一 英国学派的主要文献

1. 英文著作

Armstrong, David, *Revolution and World Order: the Revolutionary State in International Society*, Oxford: Clarendon Press, 1993.

Barry, Buzan, *From International to World Society? English School Theory and the Social Structure of Globalization*, Cambridge: Cambridge University Press, 2004.

Buzan, Barry and Richard Little, *International Systems in World History: Remaking the Study of International Relations*, Oxford: Oxford University Press, 2000.

Bull, Hedley, *The Anarchical Society: A Study of Order in World Politics*, London: Macmillan Press LTD, 1995.

Bull, Hedley, ed. , *Intervention in World Politics*, Oxford: Clarendon Press, 1984.

Bull, Hedley and Adam Watson, eds. , *The Expansion of International Society*, London: Oxford University Press, 1984.

Bull, Hedley, Benedict Kingsbury and Adam Roberts, eds. , *Hugo Grotius and International Relations*, Oxford: Clarendon

Press, 2002.

Butterfield, Herbert, *International Conflict on the Twentieth Century: A Christian View*, Connecticut: Greenwood Press, 1960.

Butterfield, Herbert and Martin Wight, eds. , *Diplomatic Investigations*, Massachusetts: Harvard University Press, 1966.

Donelan, Michael, ed. , *The Reason of States: A Study in International Political Theory*, London: George Allen & Unwin, 1978.

Dunne, Tim and Nicholas J. Wheeler, eds. , *Human Rights in Global Politics*, London: Cambridge University Press, 1999.

Dunne, Tim, *Inventing International Society: A History of the English School*, London: Macmillan Press LTD, 1998.

Gong, Gerrit W. , *The Standard of Civilization in International Society*, Oxford: Clarendon Press, 1984.

James, Alan, *Sovereign Statehood: The Basis of International Society*, London: Allen & Unwin, 1986.

James, Alan ed. , *The Bases of International Order: Essays in Honour of C. A. W. Manning*, Oxford: Oxford University Press, 1973.

James, Mayall, *World Politics: Progress and Its Limits*, Cambridge: Polity Press, 2000.

James, Mayall, *Nationalism and International Society*, New York: Cambridge University Press, 1990.

James, Mayall, ed. , *The Community of States: A Study in International Political Theory*, London: George Allen & Unwin, 1982.

Jackson, Robert, *The Global Covenant: Human Conduct in a World of States*, Oxford: Oxford University Press, 2000.

Jackson, Robert, *Quasi-States: Sovereignty, International Relations*, and the Third World, London: Cambridge University

Press, 1990.

Jackson, Robert and Georg Sorensen, *Introduction to International Relations*, New York: Oxford University Press, 1999.

Keene, Edward, *Beyond the Anarchical Society: Grotius, Colonialism and Order in World Politics*, Cambridge: Cambridge University Press, 2002.

Linklater, Andrew and Hidemi Suganami, *The English School of International Relations: A Contemporary Reassessment*, New York: Cambridge University Press, 2006.

Manning, C. A. W. , *The Nature of International Society*, New York: John Wiley & Sons, 1962.

Vincent, R. J. , *Human Rights and International Relations*, London: Cambridge University Press, 1986.

Vincent, R. J. , *Nonintervention and International Order*, New Jersey: Princeton University Press, 1974.

Wheeler, Nicholas J. , *Saving Strangers: Humanitarian Intervention in International Society*, Oxford: Oxford University Press, 2000.

Watson, Adam, *The Evolution of International Society*, London and New York: Pinter, 1992.

Watson, Adam, *Diplomacy: The Dialogue Between States*, Philadelphia: Institute for the Study of Human Issues, 1986.

Wight, Martin, *International Theory: The Three Traditions*, New York: Holmes & Meier, 1992.

Wight, Martin, *Power Politics*, Leicester: Leicester University Press, 1978.

Wight, Martin, *Systems of States*, Leicester: Leicester University

Press, 1977.

2. 英文论文

Bull, Hedley, "The Grotian Conception of International Society", in Herbert Butterfield and Martin Wight, eds. , *Diplomatic Investigations*, Massachusetts: Harvard University Press, 1966.

Bull, Hedley, "Society and Anarchy in International Relations", in Herbert Butterfield and Martin Wight, eds. , *Diplomatic Investigations*, Massachusetts: Harvard University Press, 1966.

Bull, Hedley, "International Theory: The Case for a Classical Approach", in Klaus Knorr and James N. Rosenau, eds. , *Contending Approaches to International Politics*, Princeton: Princeton University Press, 1969.

Bull, Hedley, "Introduction: Martin Wight and the Study of International Relations", in Martin Wight, *Systems of States*, 1977.

Bull, Hedley, "Human Right and World Politics", in Ralph Pettman, ed. , *Moral Claims in World Affairs*, London: Croom Helm LTD, 1979.

Bull, Hedley, "Intervention in the Third World", in Hedley Bull, ed. , *Intervention in World Politics*, Oxford: Clarendon Press, 1984.

Bull, Hedley, "The Revolt Against the West", in Hedley Bull and Adam Watson, eds. , *The Expansion of International Society*, London: Oxford University Press, 1984.

Bull, Hedley, "Martin Wight and the Theory of International Relations", in Martin Wight, *International Theory: The Three Traditions*, New York: Holmes & Meier, 1992.

Bull, Hedley, "The Theory of International Politics, 1919 –
1969", in James Der Derian, ed. , *International Theory: Critical In-
vestigations*, New York: New York University Press, 1995.

Bull, Hedley, "Natural Law and International Relations", in
Kai Alderson and Andrew Hurrell, eds. , *Hedley Bull on International
Society*, London: Macmillan Press LTD, 2000.

Bull, Hedley, "The Importance of Grotius in the Study of Inter-
national Relations", in Hedley Bull, Benedict Kingsbury and Adam
Roberts, eds. , *Hugo Grotius and International Relations*, Oxford:
Clarendon Press, 2002.

Bull, Hedley, "The Emergence of a Universal International Soci-
ety", in Hedley Bull and Adam Watson, eds. , *The Expansion of In-
ternational Society*, London: Oxford University Press, 1984.

Bull, Hedley, "The European International Order", in Kai Al-
derson and Andrew Hurrell, eds. , *Hedley Bull on International Socie-
ty*, London: Macmillan Press LTD, 2000.

Bull, Hedley, "Justice in International Relations", in Kai Alde-
rson and Andrew Hurrell, eds. , *Hedley Bull on International Society*,
Macmillan Press LTD, 2000.

Bull, Hedley, "International Relations as an Academic Pur-
suit", in Kai Alderson and Andrew Hurrell, eds. , *Hedley Bull on In-
ternational Society*, Macmillan Press LTD, 2000.

Butterfield, Herbert, "The Balance of Power", in H. Butterfield
and M. Wight, eds. , *Diplomatic Investigations*, Massachusetts: Har-
vard University Press, 1966.

Buzan, Barry, "From International System to International Socie-
ty: Structural Realism and Regime Theory meet the English School",

International Organization, 47 (3), 1993.

Buzan, Barry, "The English School: An Underexploited Resource in IR", *Review of International Studies*, 27 (2001).

Buzan, Barry, "International Political Economy and Globalization", in Alex J. Bellamy, ed., *International Society and Its Critics*, Oxford: Oxford University Press, 2005.

Dunne, Tim, "The Social Construction of International Society", *European Journal of International Relations*, 1 (3), 1995.

Dunne, Tim, "The New Agenda", in Alex J. Bellamy, ed., *International Society and Its Critics*, Oxford: Oxford University Press, 2005.

Dunne, Tim, "New Thinking on International Society", *British Journal of Politics and International Relations*, 3 (2), 2001.

Epp, Roger, "The English School on the Frontiers of International Society: A Hermeneutic Recollection", *Review of International Studies* 24 (1998).

Gong, Gerrit W., "China's Entry into International Society", in Hedley Bull and Adam Watson, eds., *The Expansion of International Society*, London: Oxford University Press, 1984.

Hurrell, Andrew, "International Society and the Study of Regimes: A Reflective Approach", in Volker Rittberger, ed., *Regime Theory and International Relations*, Oxford: Clarendon Press, 1993.

Hurrell, Andrew, "Society and Anarchy in the 1990s", in B. A. Roberson, ed., *International Society and the Development of International Relations Theory*, London and Washington: Pinter, 1998.

Howard, Michael, "The Military Factor in European Expansion", in Hedley Bull and Adam Watson, eds. , *The Expansion of International Society*, London: Oxford University Press, 1984.

Jackson, Robert, "The Political Theory of International Society", in Ken Booth and Steve Smith, eds. , *International Relations Theory Today*, Pennsylvania: The Pennsylvania State University Press, 1995.

Jackson, Robert, "The Weight of Ideas in Decolonization: Normative Change in International Relations", in Judith Goldstein and Robert O. Keohane, eds. , *Ideas and Foreign Policy: Beliefs, Institutions, and Political Change*, Ithaca and London: Cornell University Press, 1993.

James, Alan, "System or Society", *Review of International Studies*, 19 (3), 1993.

Keens-Soper, Maurich, "The Practice of a States-System", in Michael Donelan, ed. , *The Reason of States*, London: George Allen & Unwin, 1978.

Little, Richard, "International System, International Society and World Society: A Re-evaluation of the English School", in B. A. Roberson, ed. , *International Society and the Development of International Relations Theory*, London and Washington: Pinter, 1998.

Little, Richard, "The English School's Contribution to the Study of International Relations", *European Journal of International Relations*, 6 (3), 2000.

Little, Richard, "The English School and World History", in Alex J. Bellamy, ed. , *International Society and Its Critics*, Oxford: Oxford University Press, 2005.

Louis, Wm. Roger, "The Era of the Mandates System and the

Non-European World", in Hedley Bull and Adam Watson, *The Expansion of International Society*, London: Oxford University Press, 1984.

Lyon, Peter, "The Emergence of the Third World", in Hedley Bull and Adam Watson, eds. , *The Expansion of International Society*, London: Oxford University Press, 1984.

Naff, Thomas, "The Ottoman Empire and the European States System", in Hedley Bull and Adam Watson, eds. , *The Expansion of International Society*, London: Oxford University Press, 1984.

Nicholas. J. Wheeler and Timothy Dunne, "Hedley Bull's Pluralism of the Intellect and Solidarism of the Will", *International Affairs*, 72 (1), 1996.

Nicholas J. Wheeler and Tim Dunne, "Hedley Bull and the Idea of a Universal Moral Community: Fictional, Primordial or Imagined?" in B. A. Roberson, ed. , *International Society and the Development of international Relation Theory*, London and Washington: Pinter, 1998.

Reus-Smit, Christian, "The Constitutional Structure of International Society and the Nature of Fundamental Institutions", *International Organization*, 51 (4), 1997.

Reus-Smit, Christian, "Imagining Society: Constructivism and the English School", *British Journal of Politics and International Relations*, 4 (3), 2002.

Reus-Smit, Christian, "The Constructivist Challenge after September 11", in Alex J. Bellamy, ed. , *International Society and Its Critics*, Oxford: Oxford University Press, 2005.

Suganami, Hidemi, " British Institutionalists, or the English School, 20 Years on", *International Relations*, 17 (3), 2003.

Suganami, Hidemi, "The Structure of Institutionalism: An Anatomy of British Mainstream International Relations", *International Relations*, 7 (5), 1983.

Suganami, Hidemi, "The English School and International Theory", in Alex J. Bellamy, ed., *International Society and Its Critics*, Oxford: Oxford University Press, 2005.

Suganami, Hidemi, "Alexander Wendt and the English School", http: //www. leeds. ac. uk/polis/englishschool/suganami00. htm.

Vincent, R. J. , "Order in International Politics", in J. D. B. Miller and R. J. Vincent, eds. , *Order and Violence: Hedley Bull and International Relations*, Oxford: Clarendon Press, 1990.

Vincent, R. J. , "Grotius, Human Rights and Intervention", in Hedley Bull, Benedict Kingsbury and Adam Roberts, eds. , *Hugo Grotius and International Relations*, Oxford: Clarendon Press, 2002.

Vincent, R. J. and Peter Wilson, "Beyond Non-Intervention", in Ian Forbes and Mark Hoffman, eds. , *Political Theory, International Relations and the Ethics of Interventions*, London: The Macmillan Press LTD, 1993.

Vincent, R. J. , "Edmund Burke and the Theory of International Relations", *Review of International Studies*, 10 (1984).

Vincent, R. J. , "Racial Equality", in Hedley Bull and Adam Watson, eds. , *The Expansion of International Society*, London: Oxford University Press, 1984.

Watson, Adam, "Hedley Bull, States Systems and International Societies", *Review of International Studies*, 13 (2), 1987.

Watson, Adam, "European International Society and Its Expansion", in Hedley Bull and Adam Watson, eds. , *The Expansion of In-*

ternational Society, London: Oxford University Press, 1984.

Watson, Adam, "New States in the Americas", in Hedley Bull and Adam Watson, eds. , *The Expansion of International Society*, London: Oxford University Press, 1984.

Watson, Adam, "Foreword", in James Der Derian, ed. , *International Theory: Critical Investigations*, New York: New York University Press, 1995.

Wight, Martin, "Western Values in International Relations", in Herbert Butterfield and Martin Wight, eds. , *Diplomatic Investigations*, Massachusetts: Harvard University Press, 1966.

Wight, Martin, "Why Is There No International Theory?" in Herbert Butterfield and Martin Wight, eds. , *Diplomatic Investigations*, Massachusetts: Harvard University Press, 1966.

Wight, Martin, "The Balance of Power", in Herbert Butterfield and Martin Wight, eds. , *Diplomatic Investigations*, Massachusetts: Harvard University Press, 1966.

3. 中文著作

［英］爱德华·卡尔：《20 年危机（1919—1939）：国际关系研究导论》，秦亚青译，世界知识出版社 2005 年版。

［英］巴里·布赞、理查德·利特尔：《世界历史中的国际体系》，刘德斌主译，高等教育出版社 2004 年版。

［英］赫德利·布尔：《无政府社会：世界政治秩序研究》，张小明译，世界知识出版社 2003 年版。

［加］罗伯特·杰克逊、［丹］乔治·索伦森：《国际关系学理论与方法》，吴勇、宋德星译，天津人民出版社 2008 年版。

［英］马丁·怀特：《权力政治》，宋爱群译，世界知识出版

社 2004 年版。

[英] R. J. 文森特：《人权与国际关系》，凌迪等译，知识出版社 1998 年版。

二 有关英国学派研究的文献

1. 英文著作

Alderson, Kai and Andrew Hurrell, eds. , *Hedley Bull on International Society*, London: Macmillan Press LTD, 2000.

Bain, William, *Between Anarchy and Society: Trusteeship and the Obligations of Power*, Oxford: Oxford University Press, 2003.

Bellamy, Alex J. ed. , *International Society and Its Critics*, Oxford: Oxford University Press, 2005.

Roberson, B. A. ed. , *International Society and the Development of International Relations Theory*, London and Washington: Pinter, 1998.

Booth, Ken and Steve Smith, eds. , *International Relations Theory Today*, Pennsylvania: The Pennsylvania State University Press, 1995.

Brown, Chris, *Understanding International Relations*, Houndmills: Macmillan, 1997.

Brown, Chris, *International Relations Theory: New Normative Approaches*, New York: Harvester Wheatsheaf, 1992.

Burchill, Scott and Andrew Linklater, *Theories of International Relations*, London: Macmillan Press LTD, 1996.

Clark, Ian, *Legitimacy in International Society*, Oxford: Oxford University Press, 2005.

Coll, Alberto, *The Wisdom of Statecraft: Sir Herbert Butterfield and the Philosophy of International Politics*, Durham: Duke University Press, 1985.

Derian, James Der, ed. , *International Theory: Critical Investigations*, New York: New York University Press, 1995.

Fawn, Rick and Jeremy Larkins, eds. , *International Society after the Cold War: Anarchy and Order Reconsidered*, London: Macmillan Press LTD, 1996.

Forbes, Ian and Mark Hoffman, eds. , *Political Theory, International Relations, and the Ethics of Interventions*, London: The Macmillan Press LTD, 1993.

Griffiths, Martin, *Fifty Key Thinkers in International Relations*, London and New York: Routledge, 1999.

Griffiths, Martin, *Realism, Idealism and International Politics: A Reinterpretation*, London and New York: Routledge, 1992.

Halliday, Fred, *Rethinking International Relations*, London: The Macmillan Press LTD, 1994.

Knorr, Klaus and James N. Rosenau, eds. , *Contending Approaches to International Politics*, Princeton: Princeton University Press, 1969.

Keal, Paul, *European Conquest and the Rights of Indigenous Peoples*, Cambridge: Cambridge University Press, 2003.

Linklater, Andrew *The Transformations of Political Community: Ethical Foundations of the Post-Westphalian Era*, Columbia: University of South Carolina, 1998.

Linklater, Andrew, *Beyond Realism and Marxism: Critical Theory and International Relations*, New York: St. Martin's Press, 1990.

Miller, J. D. B. and R. J. Vincent, eds, *Order and Violence:
Hedley Bull and International Relations*, Oxford: Clarendon
Press, 1990.

Neumann, Iver B. and Ole Waever, eds, *The Future of International Relations: Masters in the Making?* London and New York:
Routledge, 1997.

Pettman, Ralph, ed. , *Moral Claims in World Affairs*, London:
Croom Helm LTD, 1979.

Rengger, N. J. , *International Relations, Political Theory and
the Problem of Order*, London and New York: Routledge, 2000.

Rittberger, Volker, ed. , *Regime Theory and International Relations*, Oxford: Clarendon Press, 1993.

Thompson, Kenneth W. , *Fathers of International Thought*, Baton Rouge and London: Louisiana State University Press, 1994.

Thompson, Kenneth W. , *Masters of International Thought*, Baton Rouge and London: Louisiana State University Press, 1980.

2. 英文论文

Alderson, Kai and Andrew Hurrel, "The Academic Study of International Relations", in Kai Alderson and Andrew Hurrel, eds. ,
Hedley Bull on International Society, London: Macmillan Press
LTD, 2000.

Almeida, Joao Marques de, "Challenging Realism by Returning
to History: The British Committee's Contribution to IR 40 Years
On", *International Relations*, 17 (3), 2003.

Banks, Michael, "Charles Manning, the Concept of 'Order',
and Contemporary International Theory", in Alan James, ed. , *The*

Bases of International Order.

Cutler, A. Claire, "The 'Grotian Tradition' in International Relations", *Review of International Studies*, 17 (1991).

Evans, Tony and Peter Wilson, "Regime Theory and the English School of International Relations: A Comparison", *Millennium: Journal of International Studies*, 21 (3), 1992.

Gilpin, Robert, "The Global Political System", in J. D. B. Miller and R. J. Vincent, eds. , *Order and Violence: Hedley Bull and International Relations*, Oxford: Clarendon Press, 1990.

Grader, Sheila, "The English School of International Relations: Evidence and Evaluation", *Review of International Studies*, 14 (1988).

Hurrell, Andrew, "The Continuing Relevance of International Society", in Kai Alderson and Andrew Hurrell, eds. , *Hedley Bull on International Society*, London: Macmillan Press LTD, 2000.

Hoffmann, Stanley, "International Society", in J. D. B. Miller and R. J. Vincent, eds. , *Order and Violence: Hedley Bull and International Relations*, Oxford: Clarendon Press, 1990.

Hoffmann, Stanley, "Foreword: Revisiting 'The Anarchical Society'", in Hedley Bull, *The Anarchical Society: A Study of Order in World Politics*, London: Macmillan Press LTD, 1995.

Hill, Christopher, "History and International Relations", in Steve Smith, ed. , *International Relations: British and American Perspectives*, New York: Basil Blackwell, 1985.

Hoffmann, Stanley, "Sovereignty and the Ethics of Intervention", in Stanley Hoffmann et al. , *The Ethics and Politics of Humanitarian Intervention*, Indiana: University of Notre Dame Press,

1996.

Jones, Roy E. , "The English School of International Relations: A Case for Closure", *Review of International Studies* 7 (1981).

Keohane, Robert O. , "Institutionalist Theory and the Realist Challenge after the Cold War", in David A. Baldwin, ed. , *Neorealism and Neoliberalism: The Contemporary Debate*, New York: Columbia University Press, 1993.

Kingsbury, Benedict, "Grotius, Law and Moral Scepticism: Theory and Practice in the Thought of Hedley Bull", in Ian Clark and Iver B. Neumann, eds. , *Classical Theories of International Relations*, London: Macmillan Press LTD, 1996.

Linklater, Andrew, "Rationalism", in Scott Burchill and Andrew Linklater, *Theories of International Relations*, London: Macmillan Press LTD, 1996.

Lauterpacht, H, "The Grotius Tradition in International Law", in Richard Falk, Friedrich Kratochwil and Saul H. Mendlovitz, eds. , *International Law: A Contemporary Perspective*, Boulder and London, 1985.

Neumann, Iver B. , "John Vincent and the English School of International Relations", in Iver B. Neumann and Ole Waever, eds. , *The Future of International Relations: Masters in the Making?* London and New York: Routledge, 1997.

O'Hagan, Jacinta "The Question of Culture", in Alex J. Bellamy, ed. , *International Society and Its Critics*, Oxford: Oxford University Press, 2005.

Shaw, Martin, "Global Society and Global Responsibility", in Rick Fawn and Jeremy Larkins, eds. , *International Society after the*

Cold War: *Anarchy and Order Reconsidered*, London: Macmillan Press LTD, 1996.

Waever, Ole, "Four Meanings of International Society: A Trans-Atlantic Dialogue", in B. A. Roberson, ed., *International Society and the Development of International Relations Theory*, London and Washington: Pinter, 1998.

Wendt, Alexander and Raymond Duvall, "Institutions and International Order", in Ernst-Otto Czempiel and James N. Rosenau, eds., *Global Changes and Theoretical Challenges*: *Approaches to World Politics for the* 1990s, Lexington Books Issues, 1990.

Williams, John, "Pluralism, Solidarism and the Emergence of World Society in English School Theory", *International Relations*, 19 (1), 2005.

Williams, John, "Territorial Borders, Toleration and the English School", *Review of International Studies*, 28 (2002).

Williams, John, "A New Pluralism? Borders, Diversity and Justice in the English School", http://www.leeds.ac.uk/polis/englishschool.

Wilson, Peter, "The English School of International Relations: A Reply to Sheila Grader", *Review of International Studies*, 15 (1989).

3. 中文著作

［美］詹姆斯·多尔蒂、小罗伯特·普法尔茨格拉夫：《争论中的国际关系理论》，阎学通、陈寒溪等译，世界知识出版社2003年版。

［挪威］伊弗·诺伊曼、［丹麦］奥勒·韦维尔：《未来国际

思想大师》，肖锋、石泉译，北京大学出版社 2003 年版。

陈志瑞、周桂银、石斌主编：《开放的国际社会：国际关系研究中的英国学派》，北京大学出版社 2006 年版。

［美］肯尼思·汤普森：《国际思想之父》，耿协峰译，北京大学出版社 2003 年版。

倪世雄等：《当代西方国际关系理论》，复旦大学出版社 2001 年版。

王逸舟：《西方国际政治学：历史与理论》，上海人民出版社 1998 年版。

许嘉等：《"英国学派"国际关系理论研究》，时事出版社 2008 年版。

4. 中文论文

巴里·布赞、安娜·冈萨雷斯·佩莱兹：《"国际共同体"意味着什么?》，载《史学集刊》2005 年第 2 期。

威廉·卡拉汉：《对国际理论的民族化——英国学派与中国特色国际关系理论的浮现》，载《世界经济与政治》2004 年第 6 期。

郭观桥：《国际社会及其机理：赫德利·布尔的国际关系思想》，载《欧洲研究》2005 年第 4 期。

郭树勇：《英国学派的研究方法及其演变》，载《欧洲研究》2004 年第 5 期。

苗红妮、秦治来：《从国际社会到世界社会：巴里·布赞对英国学派的重塑》，载《欧洲研究》2005 年第 4 期。

秦亚青：《国际关系理论的核心问题与中国学派的生成》，载《中国社会科学》2005 年第 3 期。

任晓：《何谓理性主义》，载《欧洲研究》2004 年第 2 期。

石斌：《权力·秩序·正义：英国学派国际关系理论的伦理取向》，载《欧洲研究》2004 年第 5 期。

石之瑜：《英国学派与两岸国际关系研究》，载《国际政治科学》2005 年第 1 期。

时殷弘、叶凤丽：《现实主义、理性主义、革命主义》，载《欧洲》1995 年第 3 期。

时殷弘、霍亚青：《国家主权、普遍道德和国际法》，载《欧洲》2000 年第 6 期。

时殷弘：《历史·道德·利益·观念》，载《欧洲》2003 年第 5 期。

唐小松：《英国学派的发展、贡献和启示》，载《世界经济与政治》2005 年第 7 期。

吴征宇：《主权、人权与人道主义干涉：约翰·文森特的国际社会观》，载《欧洲研究》2005 年第 1 期。

徐雅丽：《国际关系思想传统与英国学派的国际社会理论》，载《欧洲研究》2005 年第 1 期。

徐雅丽：《浅析英国学派的国际社会理论》，载朱瀛泉主编：《国际关系评论》2004 年第 4 卷。

张振江：《英国学派与建构主义之比较》，载《欧洲研究》2004 年第 5 期。

章前明：《论英国学派的国际社会理论》，载《世界经济与政治》2005 年第 7 期。

章前明：《英国学派的方法论立场及其意义》，载《浙江大学学报》（人文社会科学版）2006 年第 1 期。

章前明：《英国学派与新现实主义的比较分析》，载《世界经济与政治论坛》2007 年第 1 期。

章前明：《布尔的国际社会思想》，载《浙江学刊》2008 年第 1 期。

章前明：《英国学派与新自由制度主义：两种制度理论》，载《浙江大学学报》（人文社会科学版）2008 年第 2 期。

章前明：《试论格劳秀斯主义与英国学派的关系》，载《史学月刊》2008 年第 7 期。

周桂银：《历史研究、伦理思考和理论构建：英国学派的思想方法对中国国际关系理论建设的启示》，载郭树勇主编：《国际关系：呼唤中国理论》，天津人民出版社 2005 年版。

周桂银、党新凯：《权力政治、国家体系和国际关系思想传统：马丁·怀特的国际关系思想》，载《欧洲研究》2005 年第 1 期。

周桂银：《基督教、历史与国际政治：赫伯特·巴特菲尔德的国际关系思想》，载《欧洲研究》2005 年第 4 期。

朱瀛泉：《西方国际关系理论：一种学科史视角的鸟瞰》，载朱瀛泉主编：《国际关系评论》2004 年第 4 卷。

三   其他相关的参考文献

1. 英文著作

Baylis, John and Steve Smith, eds. , *The Globalization of World Politics: An Introduction to International Relations*, Second Edition, Oxford University Press, 2001.

Clark, Ian and Iver B. Neumann, eds. , *Classical Theories of International Relations*, London: Macmillan Press LTD, 1996.

Czempiel, Ernst-Otto and James N. Rosenau, eds. , *Global Changes and Theoretical Challenges: Approaches to World Politics for the 1990s*, Lexington Books Issues, 1990.

Dyer, Hugh C. and Leon Mangasarian, eds. , *The Study of International Relations*: *The State of the Art*, London: Macmillan Press LTD, 1989.

Falk, Richard Friedrich Kratochwil and Saul H. Mendlovitz, eds. , *International Law*: *A Contemporary Perspective*, Boulder and London, 1985.

Frost, Mervyn *Ethics in International Relations*, London: Cambridge University Press, 1996.

Goldstein, Judith and Robert O. Keohane, eds. , *Ideas and Foreign Policy*: *Beliefs, Institutions, and Political Change*, Ithaca and London: Cornell University Press, 1993.

Grotius, Hugo, *The Law of War and Peace*, New York: Bobbs-Merrill, 1925.

Hoffmann, Stanley et al. , *The Ethics and Politics of Humanitarian Intervention*, Indiana: University of Notre Dame Press, 1996.

Keohane, Robert *International Institutions and State Power*, Boulder: Westview Press, 1989.

Knutsen, Torbjorn L. , *A History of International Relations Theory*, Manchester and New York: Manchester University Press, 1992.

Oye, Kenneth ed. , *Cooperation Under Anarchy*, Princeton: Princeton University Press, 1986.

Smith, Steve ed. , *International Relations*: *British and American Perspectives*, New York: Basil Blackwell, 1985.

2. 中文著作

G. R. 埃尔顿编:《新编剑桥世界近代史》(第 2 卷), 中国社会科学院世界历史研究所组译, 中国社会科学出版社 2003

年版。

〔俄〕A．Л．茨冈科夫、Л．А．茨冈科夫：《国际关系社会学》，刘再起译，武汉大学出版社 2007 年版。

〔美〕彼得·卡赞斯坦：《文化规范与国家安全》，李小华译，新华出版社 2002 年版。

〔美〕彼得·卡赞斯坦、罗伯特·基欧汉和斯蒂芬·克拉斯纳编：《世界政治理论的探索与争鸣》，秦亚青等译，上海人民出版社 2006 年版。

〔英〕戴维·赫尔德等：《全球大变革：全球化时代的政治、经济与文化》，杨雪冬等译，社会科学文献出版社 2001 年版。

〔英〕戴维·赫尔德：《民主与全球秩序：从现代国家到世界主义治理》，胡伟等译，上海人民出版社 2003 年版。

〔美〕汉斯·摩根索：《国际纵横策论》，卢明华等译，上海译文出版社 1995 年版。

〔英〕哈特：《法律的概念》，张文显等译，中国大百科全书出版社 1996 年版。

〔美〕肯尼思·沃尔兹：《人、国家与战争》，倪世雄等译，上海译文出版社 1991 年版。

〔美〕肯尼思·沃尔兹：《国际政治理论》，胡少华等译，中国人民公安大学出版社 1992 年版。

〔美〕康威·汉得森：《国际关系：世纪之交的冲突与合作》，金帆译，海南出版社 2004 年版。

〔美〕列奥·施特劳斯、约瑟夫·克罗波西主编：《政治哲学史》（上），李天然等译，河北人民出版社 1998 年版。

〔美〕罗伯特·基欧汉：《霸权之后》，苏长和等译，上海人民出版社 2001 年版。

〔美〕罗伯特·基欧汉：《局部全球化世界中的自由主义、

权力与治理》，门洪华译，北京大学出版社 2004 年版。

［美］罗伯特·基欧汉主编：《新现实主义及其批判》，郭树勇译，北京大学出版社 2002 年版。

［英］洛克：《政府论》（下篇），叶启芳、瞿菊农译，商务印书馆 1997 年版。

［英］罗素：《西方哲学史》（下卷），马元德译，商务印书馆 2003 年版。

［日］山本吉宣主编：《国际政治理论》，王志安译，上海三联书店 1993 年版。

［美］斯塔夫里阿诺斯：《全球通史：1500 年前的世界》，吴象婴，梁赤民译，上海社会科学出版社 1988 年版。

［美］亚历山大·温特：《国际政治的社会理论》，秦亚青译，上海人民出版社 2000 年版。

［英］詹宁斯、瓦茨修订：《奥本海国际法》（第一卷第一分册），王铁崖等译，中国大百科全书出版社 1995 年版。

高尚涛：《国际关系的权力与规范》，世界知识出版社 2008 年版。

李少军：《国际政治学概论》（第二版），上海人民出版社 2005 年版。

秦亚青：《权力·制度·文化：国际关系理论与方法研究文集》，北京大学出版社 2005 年版。

苏长和：《全球公共问题与国际合作》，上海人民出版社 2000 年版。

袁明主编：《跨世纪的挑战：中国国际关系学科的发展》（修订版），北京大学出版社 2007 年版。

张曙光、胡礼忠主编：《伦理与国际事务新论》，上海外语教育出版社 2004 年版。

后 记

本书是在我的博士论文基础上修改而成的。这本书从计划写作到最终完成，经历了整整六个年头。当初我选择这一题目时，国内有关英国学派的研究才刚刚起步。当时，我觉得国内学术界有过分强调美国国际关系理论的研究倾向，大量的著作和文章集中在美国国际关系理论，尤其是主流理论的研究上，而对欧洲国际关系理论的研究则重视不够。实际上，在西方国际关系理论中，欧洲学者的著作也占据着重要的地位，其中英国学派就是一个学术特色比较鲜明的国际关系理论流派。这个理论强调从国际社会而不是国际体系出发来研究国际关系，它为我们理解国际关系提供了一个新的视角。因此，这个理论理应受到学界的重视。基于这种想法，我决定花工夫对该理论进行一番研究。

在从事这项研究的过程中，我首先得到了我的导师朱瀛泉教授的大力支持和悉心指导。多年来，先生对我的帮助、鼓励和宽容，一直是我得以按自己的思路和进度来完成拙作的重要保证。不论在确立论文的选题、研究思路和框架结构，还是论文的写作、修改、最后定稿的各个环节，自始至终都得到了先生的细心指导和大力帮助。没有先生的帮助，要顺利完成本书的写作是很难想象的。此外，先生还十分关心我的学术发展，并努力提携和扶持我的学术事业，这令我感动不已。在此，我要特别感谢朱先生多年来对我的指导、支持和帮助。

　　这项研究还得到了许多师长和朋友的支持与帮助。在确定论文的选题时，南京大学国际关系研究院的卢明华教授、洪邮生教授、石斌教授和计秋枫教授，给我提出了许多富有启发性的意见和有益的建议。南京大学——霍普金斯大学中美文化研究中心的蔡佳禾教授和南京大学国际关系研究院的石斌教授，为我论文所写的详细、认真的评语，以及对论文进一步修改所提出的宝贵意见，对书稿的进一步完善起了重要作用。南京大学国际关系研究院的计秋枫教授，华东师范大学国际冷战史研究中心副主任戴超武教授，在我论文预答辩和答辩阶段中提出的许多中肯意见，也使我受益匪浅。南京大学公共管理学院的张永桃教授、南京政治学院的陈显泗教授、解放军国际关系学院的翟晓敏教授和朱听昌教授，拨冗审阅论文，并提出了建设性的意见。在此我谨向他们表示诚挚的谢意。另外，我要感谢中国社会科学院世界经济与政治研究所国际政治研究室主任李少军研究员。他一直关心和支持我的研究，他对某些理论问题的见解以及提供的研究建议，为我的研究提供了不少便利。

　　感谢南京大学——霍普金斯中美文化研究中心图书馆、中国国家图书馆和北京大学图书馆为我研究资料的收集提供的大量便利和帮助。没有这些图书馆在国际问题研究领域的一流馆藏，我是没有办法完成本书写作的。在研究资料的收集过程中，我还得到了许多同学、朋友和学生的热情帮助。南京大学国际关系研究院的郑安光博士、舒建中博士不厌其烦地帮助我复印了许多图书资料，为我论文的写作节省了很多时间；海军指挥学院的钱春泰副教授、河南大学的王新谦副教授、广东工业大学的黄荣斌副教授利用出国机会，从国外为我捎回珍贵的图书资料；芮立平博士多次在中国国家图书馆为我复印部分文献资料。另外，现在加拿大不列颠哥伦比亚大学留学的应晓非同学，多次为我下载急需的英文论文。对于他们的帮助，我至今感念不已，难以忘怀。

本书是我主持的南京大学"985"工程哲学社会科学创新基地"经济全球化与国际关系"项目的子课题和浙江省哲学社会科学规划课题"英国学派的国际社会理论研究"的最终研究成果，本书的出版，得到了上述两个研究单位的资助。对此，我特表示诚挚的谢意。中国社会科学出版社的冯斌编审为本书的出版提供了许多帮助，并和其他工作人员为编辑出版本书付出了大量辛劳。对于他们的辛勤劳动和帮助，我表示由衷的感谢。

最后，我还要感谢我的妻子董肖曼女士和父母，他们多年来一直支持我的研究工作。家人的理解和支持，是支撑我这项研究的重要力量，但愿本书的出版没有辜负他们的期望。

章前明

2008 年夏于杭州